U0863249

怎样选择消费股

丁 峰 著

地 震 出 版 社
Seismological Press

图书在版编目(CIP)数据

怎样选择消费股 / 丁峰著 .—北京：地震出版社，2020. 9

ISBN 978-7-5028-5099-9

Ⅰ. ①怎…　Ⅱ. ①丁…　Ⅲ. ①投资-基本知识　Ⅳ. ①F830. 59

中国版本图书馆 CIP 数据核字(2019)第 210332 号

地震版　XM4196/F(5817)

怎样选择消费股

丁　峰　著

责任编辑：吴桂洪　王凡娥

责任校对：凌　樱

出版发行：地震出版社

北京市海淀区民族大学南路 9 号　　邮编：100081

发行部：68423031　68467993　　传真：88421706

门市部：68467991　　传真：68467991

总编室：68462709　68423029　　传真：68455221

证券图书事业部：68426052　68470332

http：//seismologicalpress. com

E-mail：zqbj68426052@ 163. com

经销：全国各地新华书店

印刷：北京广达印刷有限公司

版(印)次：2020 年 9 月第一版　2020 年 9 月第一次印刷

开本：787×1092　1/16

字数：265 千字

印张：17. 25

书号：ISBN 978-7-5028-5099-9

定价：68. 00 元

序

十多年前，我出版过聚焦消费股的投资书，虽然市场反应平淡，但读过的投资者会发现，当时书里重点阐述分析的几个消费细分行业股，如白酒股、医药股等，在过去的十多年里，上证指数依然在2000多点徘徊不前的情况下，大幅跑赢了上证指数，股价普遍翻了好几倍。比较有代表性的如白酒双子星：贵州茅台和五粮液，涨了10倍以上，这样大的涨幅，是我当初没敢想的。

这本书还是写消费股。这几年消费板块发生了一些变化，出现了一些新的价值导向，在本书中也会有所反映。

前阵子，有位读者告诉我，刚刚看到我以前出版的那本书，感叹要是早点看到就好了，肯定会早点锁定消费股，早点赚钱。我回答说，没事，投资是场不停歇的马拉松，只要上了正道，多晚都不算晚。

是啊，投资是一辈子的事情。巴菲特90岁了，不是还在乐此不疲地工作吗？

其实，就消费领域而言，我们才进入消费型社会，目前仍处于消费股投资的春天。

投资的原则是大道至简，但越简单的事，往往越难做好。譬如大家都知道，茅台酒是好酒，贵州茅台是好股票，有太多太多的人买过贵州茅台，但当贵州茅台稍微涨点或跌点，出现点波动，又有太多太多的人匆匆卖出。最终，在贵州茅台上赚钱的人总是太少太少。究其原因，我总结为，研究有多长，持有便有多长；研究有多短，持有便有多短。股市里能一直赚钱的人总是太少，恐怕是因为肯一直下功夫做研究的人太少，能一直把正确的投资原则坚守下去的人就更少了吧。

很多人说，投资的大道理谁都懂，只不过有时管不住自己的手，没能做到知行合一罢了。其实，很多所谓的懂，很可能只是一知半解，如果是真的懂，知行合一自然就是件水到渠成的事。

坚持正确的投资原则，踏踏实实做好调查研究，找出几只10倍股，以合理的价格组合买入，耐心持有下去，过个10年，资产会涨几倍；过个20年，资产会再涨几倍，或几十倍甚至上百倍。看过这本书，有悟性的读者应该会明白，这并不是件难事。

不多说了，话和道理都在书里了。

祝投资者朋友们轻松加愉快地让利润奔跑！

丁　峰

2020年6月于上海

目　录

第一章　消费时代重仓什么？

- 10 倍股集中营
- 结构性行情下的投资主脉
- 投资看“嘴”“脸”
- 医药领域：快消品的沃土
- 选股也要“特劳特定位”

第一节

10 倍股集中营

快速消费品，即快消品，属于生活日常用品，使用对象主要面向居民消费群体。快消品消耗速度快，消费者购买频次高，重复购买特征明显，因此日常使用量特别大。

典型的快消品分布在食品、饮料、酒类、医药保健、日化用品等，主要是与我们的“嘴”和“脸”相关的领域。

虽然快消品一般属于价格不太高的生活日常用品，但是该行业却是催生世界级跨国公司的领域，资本市场的表现也是非常优异。比如，欧洲的雀巢、路易酩轩集团(LV)、欧莱雅、爱马仕、开云集团(旗下 Gucci)、帝亚吉欧、博柏利(Burberry)、阿迪达斯、彪马，美国的宝洁、可口可乐、百事可乐、耐克、麦当劳、星巴克、雅诗兰黛，以及日本的优衣库、花王、资生堂，等等，它们自上市起都取得了几十倍甚至几百倍的股价涨幅。

据统计，美国股市百年以来，表现最好的行业是食品饮料、医疗、零售、个人和家庭用品，基本上都属于快消品行业范畴。

据美国沃顿商学院金融学教授杰里米·西格尔在其所撰的《投资者的未来》一书中统计，在美国标准普尔 500 指数样本中，1957—2003 年近 50 年期间内，涨幅最大的前 20 家公司，按照涨幅大小排名如表 1-1 所示。

表 1-1　1957—2003 年标准普尔 500

序号	公司名称	业务范围	期间涨幅	年化收益率
1	菲利浦·莫里斯	香烟，收购通用食品卡夫食品	4626 倍	19.75%
2	雅培	医药保健品、医疗器械、奶粉	1281 倍	16.51%
3	百时美施贵宝	医药保健品、护肤护发品	1209 倍	16.36%

续表

序号	公司名称	业务范围	期间涨幅	年化收益率
4	小脚趾圈实业	糖果	1091 倍	16.11%
5	辉瑞制药	医药保健品	1055 倍	16.03%
6	可口可乐	软饮料	1052 倍	16.02%
7	默沙东制药	医药保健品	1003 倍	15.90%
8	百事可乐	软饮料、食品	866 倍	15.54%
9	高露洁	口腔、家居护理和宠物食品	761 倍	15.22%
10	克瑞	自动贩卖机等	737 倍	15.14%
11	亨氏食品	包装食品、调味品和冷冻食品	636 倍	14.78%
12	箭牌口香糖	口香糖等糖果	604 倍	14.65%
13	富俊公司	烟草、酒、高尔夫用品等	580 倍	14.55%
14	克罗格	超市、便利店	547 倍	14.41%
15	先灵葆雅制药	医药保健品	537 倍	14.36%
16	宝洁	美容护肤品、护理产品和食品	514 倍	14.26%
17	好时食品	巧克力等糖果	507 倍	14.22%
18	惠氏制药	医药保健品、奶粉	461 倍	13.99%
19	荷兰皇家壳牌石油	能源	399 倍	13.64%
20	通用磨坊	食品	388 倍	13.58%
同期标准普尔 500 指数			124 倍	10.85%

20 家公司中除了克瑞、克罗格、壳牌石油外，其他基本属于快消品公司。近 50 年期间内，涨幅最大的是菲利浦·莫里斯，高达 4000 多倍，少的也有几百倍。

如果取某一时间区间段计算，涨幅更为惊人，如默克制药公司在约 4000 个交易日中上涨 8000 多倍；辉瑞制药在 3300 多个交易日中上涨 4600 多倍；先灵葆雅制药在 3600 多个交易日中上涨 5500 多倍；惠氏制药在 4300 多个交易日中上涨 1000 多倍。

如果把时间再往前拉长约 50 年，美国百年股市涨幅最大的股票是可口可乐。可口可乐自上市起至今累计上涨了约 5 万倍；如果在 1919 年的历史低点买入可口可乐，回报简直是天文数字，迄今累计高达约 23 万倍。还有强生这样的典型快消品股票，自 1944 年上市以来股价累计约上涨了2.5万倍。

日本情况大致类似，虽然自1992年日本经济进入经济衰退期，但至今20多年股市前20只牛股中有8只为消费品股票。

从经济发展历史形态来看，中国目前所处经济阶段很像30年前的日本和50年前的美国。美国股市快消品股票的表现为中国股市树立了一个很有参考价值的样本标杆。

如今，中国人均可支配收入与美国和日本相比虽然有约10倍的差距，但是人均收入增长速度要快出许多。中国城镇化进程要持续几十年，中国有世界最大基数的消费人群，蕴藏着巨大的消费潜力，国民消费升级特征明显，消费结构会发生巨大变化。

在这个历史进程中，一大批超级消费品公司，尤其是快消品公司，将大大受益于此而脱颖而出，甚至会成为世界级超级消费品公司。目前阶段是投资快消品的黄金时机。

虽然中国股市只有20多年的历史，但目前一些上市约20年的快消品公司在资本市场表现得非常出色。

比如，以考虑分红因素的复权价计，自IPO起算至今，医药股中的云南白药累计上涨了约160倍(20年期间，年化收益率约30%，甚至超过了美国第一涨幅股菲利浦·莫里斯)，恒瑞医药累计上涨了100多倍，长春高新累计上涨了100多倍，片仔癀累计上涨了40多倍。

食品饮料行业中，白酒股中的贵州茅台累计上涨了约200倍，五粮液累计上涨了约80倍，泸州老窖累计上涨了约150倍；食品股中的伊利股份累计上涨约200倍，双汇发展累计上涨了约40倍。

家电股中，格力电器累计上涨了约200倍，等等。

如果缩短些时间，从10年A股市值增长冠军来看，最近10年，即2010年以来，在上市时间满10年的1500多家上市公司中，市值增长10倍以上的约100家。而除去被借壳、被立案、大起落和涨势不持续(10年里市值上涨年份少于下跌年份)的样本后，真正称得上持续增长的领头羊仅有9家，分别为恒瑞医药、长春高新、华东医药、片仔癀、古井贡酒、大华股份、科大讯飞、东方雨虹、亨通光电。其中，医药股和白酒股共5家，占比超一半。

相比上述标准普尔500指数样本股票近50年的上涨表现来说，中国本土快消品股票还有约30年的时间续写传奇。按复利滚动计算，10年10倍，20年是100倍，30年就是1000倍。在复利的作用下，赶超美国快消品样本股，是可以期待的。

第二节
结构性行情下的投资主脉

对比中美股市市值排行可以发现，美国股市以强生、辉瑞、宝洁、可口可乐为典型代表的消费品股票和以苹果、微软、谷歌、亚马逊为典型代表的信息科技类股票是主流，权重最大，周期性的工业及能源类股票权重大约只占20%；中国股市以工、农、建、交为代表的金融股和以“两桶油”为代表的能源类股票权重最大，信息科技类和消费类股票开始异军突起，有加速赶超之势。

目前，我国健康产业仅占GDP的6%，而美国占到17%以上，日本和欧洲占约10%。美国股市中有关健康产品的股票市值在全部上市公司市值占比在20%以上，我国只有约7%；美国金融类股票占比约为10%，我国却高达约25%。

美国道琼斯指数中成份股的变迁见证了美国股市结构变化趋势。1896年5月26日，统计学家爱德华·琼斯和《华尔街日报》编辑兼道琼斯公司创建者之一的查尔斯·道联合创造了道琼斯指数。

道琼斯工业指数最初只有12只成份股，20世纪末期，英特尔、微软、家得宝和AT&T等企业被陆续补充进入成为新的成份股，2008年美国银行、卡夫食品代替霍尼韦尔等工业公司。目前道指覆盖全美30家最大的上市公司(强生、宝洁、可口可乐、卡夫食品、麦当劳、默克制药、辉瑞制药、沃尔玛、威瑞森电信、花旗集团、摩根大通、美国运通、迪士尼、惠普、IBM等)。原来的工业品公司几乎全部被剔除出去，仅剩百年企业通用电气一家保留(其实，目前通用电气的主要盈利也是来自金融业而非工业)。

道指从最初的工业股成员，到现在形成以食品、金融服务、医药、信息电子等以消费股为主的组合，是美国近百年来由工业型经济向消费型经济转型的缩影，对应股市主角也由工业股转向消费股。

100年前，英国股市铁路类公司市值几乎占据了整个市值的一半，但现在只有不到1%。

消费股相比工业股业绩更为稳定，可以有效减缓股市波动幅度。比如，2008年国际金融危机中，当时以工业股为主要代表的上证指数，最大下跌幅度约为3/4；而以消费股为主要代表的道琼斯指数，最大跌幅约为1/2。在2013年收复全部跌幅后，10年后该指数上涨到当时阶段低点的4倍。

由于此前A股上市严重向国有工业类企业倾斜，国内很多知名互联网公司如腾讯、阿里巴巴、百度等，以及大批民营消费品企业转道海外上市，这使A股没能完全反映国民经济结构的变化，加剧了股市的结构失衡，导致股市“抗震性”不足。如果消费股在股市中权重占比能达到30%以上，最好到50%，是比较理想的状态。

对比香港股市，港交所努力创造条件吸引国际知名消费品公司来港上市，优化港股结构。如欧美品牌企业普拉达、新秀丽、欧舒丹等已于近几年陆续上市，还有汇丰、渣打这样的跨国银行几十年来为香港股市的持续上涨做出了很大贡献，在一定程度上起到了“稳定器”的作用。

中美股市差异是中美两国经济结构差异的真实写照。

中国是世界第一工业品制造业大国。煤炭产量约占世界总产量的50%，钢铁产量约占世界总产量的45%，水泥约占世界总产量的60%，化肥约占世界总产量的35%，化工化纤约占世界总产量的45%，玻璃产品约占世界总产量的50%，船舶约占世界总产量的42%，电解铝约占世界总产量的65%，光伏产品约占世界总产量的50%，彩电约占全球出货量的49%，手机约占全球出货量的71%。

中国市场汽车产销量约3000万辆，连续十年居全球第一。

据统计，世界500多种大类产品中，中国有220多种的产量达到了世界第一。

总体上，中国工业品产能相比消费品是过剩的，以重工业品和初级原材料品为主的经济结构已经基本完成了历史性阶段发展，下一步必然让步于消费品的发展。

1978 年，中国 GDP 在世界上的排名位居第 15 名，2018 年已经跃居到第 2 名。但是，中国人均收入在世界上的排名却仅为约第 70 名。

从人均国民收入和消费购买力来看，改革开放刚开始时中国 GDP 约为 3600 亿元，2018 年约为 90 万亿元，增长了约 250 倍（名义增长倍数，未剔除物价因素）。同期，中国城镇居民人均可支配收入从约 350 元/年增长为约 3.93 万元/年，农村居民人均纯收入从约 130 元/年增长为约 1.46 万元/年，增幅均分别约为 112 倍。

对比看，中国人均收入增幅不到 GDP 增幅的一半。

由于居民收入的增长大幅低于整体经济的增长，受制于购买力的制约，消费因而难以扩大。但是随着经济结构的内生性自发调整，这种局面肯定会逐步扭转。

2018 年最终消费支出对国内生产总值增长的贡献率上升到 76.2%，大幅超过资本形成总额 32.4% 的贡献率。这标志着全民“消费时代”正大踏步赶来。

未来，随着生产效率的提高和市场的进一步开放，消费品的性价比会不断提升，为消费的释放创造更好的条件。尤其不可忽视的是中国的年轻消费者群体“千禧一代”（出生于 20 世纪 80 年代后至 2000 年前，跨入 21 世纪后达到成年年龄的一代人），这个群体中 80 后达 2.34 亿元，90 后们有父母加四个老人所提供的经济支持，他们将是未来的超级消费主力军，消费品的春天将持续几十年以上。

在消费品产业结构中，以医药健康、食品饮料、日化用品等为代表、体现为“软资产”和“轻资产”的快消品，与以汽车、家电、家具等为代表、体现为“硬资产”和“重资产”的耐用消费品相比，前者正处于快速成长的青壮年期，后者开始步入中年期，以“吃药喝酒”为典型代表的快消品股在未来有巨大发展空间，这是现阶段 A 股一条重要的投资主脉。

第三节

投资看“嘴”“脸”

快消品公司一般具备以下几个特征：

一是轻资产，资本投资不太大，产能扩张耗时短，可以把握市场机遇，对市场的变化做出及时应变。

二是资金流转快，资金链断裂风险小，不像重资产公司那样遇到市场调整时很容易倒掉。

三是快消品的绝对价格通常不会太高，比如饮料里的奢侈品，进口巴黎水售价也就 20 多元一瓶，大家都买得起。

四是虽然快消品创品牌很难，但是一旦拥有自有品牌，就会形成一定数量的忠实消费者，在重复购买行为中会被不断强化，品牌客户黏性强。

五是快消品行业竞争非常激烈，马太效应明显，优秀的公司强者恒强，天下通吃，新进入者很难撼动原有行业寡头地位。

快消品属于生活日常用品，和居民生活息息相关，快消品主要分布在以下几个领域：

第一类是包装食品和各种饮料。包装食品包括火腿肠、乳制品、饼干、干果炒货、干鲜果、罐头食品、速冻食品、调味品、调味菜、粉丝、方便面、挂面、包装食用油、糖果、巧克力等；饮料包括饮用水、凉茶、茶饮料、碳酸饮料、功能饮料、果汁、果仁汁、奶饮料等。以上产品有包装的才是快消品，没有包装的属于农产品范畴。

另外有一些上市公司涉及粮油、米业、酵母、屠宰业、生鲜肉、海产品、番茄酱、菌类食品等领域，虽然有少部分产品既有包装也有品牌，在大卖场和超市也有售，但是公司大部分收入还是来源于工业或公司客户，而非消费者，加之农业类公司业绩受国家农业政策影响大，存在很大的不确定性，因此不归入快消品范畴。

饮料行业快消属性最为明显。按照国民经济统计分类标准，饮料行业分为碳酸饮料、瓶(罐)装饮用水、茶饮料、果汁及果菜汁饮料、功能饮料、含乳饮料、凉茶和植物蛋白饮料等。目前全国饮料行业产量约2亿吨，近10年复合增长率约20%。

第二类是烟酒。香烟属于国家专营，没有对应的上市公司；酒种类繁多，包括白酒、啤酒、黄酒、葡萄酒、保健酒等。在所有酒类细分品类中，白酒仍是最好的投资品种，尤其是其中的高端品牌，因其稀缺性而同时具有消费属性和金融属性，在今后相当长的时间内，具有较高投资价值。

第三类是个人和家庭卫生护理品。包括化妆品、护肤用品、洗发护发品、洗涤用品、牙膏牙刷、个人卫生用品等。

第四类是医药保健品。包括家庭常用必备药品、简易药品、慢性病药品、中西医营养保健品等。

医药领域主要包括中药、化学药、生物药、医疗器械、医疗服务等细分行业。某些慢性病如高血压、心脑血管病、糖尿病等需每日服药，快消属性非常强。在目前中国老龄化、海量人口基数、保障支付能力提升、人才储备到位、医药监管体制改革等因素作用下，在所有行业中，医药产业面临最大发展潜力。

目前中国龙头医药公司市值只有发达国家同类公司的1/10，收入只有几十分之一，投资机会看起来很多、很诱人，但是这个领域专业性太强，就算是医药界业内人士，跨到别的学科，也要从头学起。该领域投资回报无疑非常高，但同时是块难啃的骨头。

简单地说，快消品与生活中“健康、美丽、快乐”三要素密切相关。其中，健康美丽是人生活的“面子”，快乐是人生活的“里子”。幸福的人生，“面子”和“里子”一样重要。

每个人都离不开吃，离不开喝，离不开生老病死。选择快消品股票有个思路可以做参考——“身上不如头上，手里不如嘴里；看的不如吃的，吃的不如喝的”。

“身上不如头上”指的是人们重视自身形象，更在意自己的脸和头发部位，用在脸上和头发上的用品要比身上的更讲究一些，昂贵一些。因此，化妆品比洗涤品和服装的利润率要高很多。

“手里不如嘴里，看的不如吃的”指的是手表、玩具这类和“手”有关系的行业，以及旅游、娱乐（电影）这类主要“用眼看”的行业的投资机会，不如食品饮料这类和“嘴”有关系的多。

“吃的不如喝的”，指的是用“嘴”吃的固态食品，不如用“嘴”喝的液体食品利润率高。

一张嘴、一张脸是人们日常生活的两大核心。不管科技如何发展，时代如何进步，围绕这两个核心的产业永远不会过时。抓住了嘴和脸，就抓住了投资的“牛鼻子”。

第四节 医药领域：快消品的沃土

目前美国国内生产总值（GDP）约是我国的1.5倍。过去几年，美国经济年均增长约2%，我国约6%，如果趋势持续下去，约10年，我国经济总量就可赶超美国。那么，落脚到资本市场，在这10年黄金赶超期，何种行业机会最大？何种标的投资回报最佳呢？

在这个飞速发展的过程中，人口和需求成为决定性的力量，在未来10年从数量到质量的经济结构调整期内，更长久、更海量的需求来自和民生最为相关的住房、教育和医疗行业，民间戏称“三座大山”。其中，房地产投资总额在过去20多年实现了百倍以上的增长，未来还有较大发展空间；教育的公益性特性决定了市场化进程稳定而长久；唯有医疗，无疑是进入我国各行业协调发展过程中的最短板序列，自然孕育着最大的发展良机。

落脚到医药产品，药品可分为处方药和非处方药，非处方药的快消属性较强。

非处方药，即OTC（Over The Counter），是消费者可不经过医生开处方，直接从药房或药店购买的药品，并且是不在医疗专业人员指导下就能安全使用的药品。非处方药一般要经过较长时间的全面考察，一般要经过20年左右的时间来验证，因此新药不可能成为OTC；非处方药是被实践检验过的老产品，轻易不会因时代的变迁而被淘汰。

在非处方药OTC标识中，红底白字的是甲类，绿底白字的是乙类。甲、乙两类OTC虽然都可以在药店购买，但乙类非处方药安全性更高。乙类非处方药除了可以在药店出售外，还可以在超市、宾馆、百货商店等处销售。

目前，世界上OTC的主要类别有以下6种：解热镇痛药、镇咳抗感冒药、消化系统药、皮肤病用药、滋补药、维生素和微量元素等添加剂。资料显示，在世界范围内，60%~95%的病症最初是用某种自我护理保健的形式来处理的。全世界有60%的人每天服用1种药品，其中约60%属于自我药疗。在美国，自用非处方药者要比看医生治疗者多4倍，90%以上的自用者对疗效满意，自我药疗现象在贫富之间没有差异。

对于消费者来说，非处方药方便进行自我保健，可快速有效地缓解轻微病症，具有确切疗效、毒副作用小、使用方便、便于储存等优点。很多消费者通常认为，身体有些小毛病不算是疾病，调理一下就好了，不需要去医院开药方，这时非处方药可以派上用场，因此非处方药的市场非常大。

虽然“是药三分毒”，但是很多非处方药安全可靠，长期食用毒副作用相对较少。

相比西医的针对性治疗，中医重视调理和预防。《黄帝内经》中提出“圣人不治已病治未病”；《神农本草经》把药品分为下品、中品和上品，“上品延命，中品调性，下品治病”，下品治病指药品，中品调性指保健品，上品延命指功能食品；孙思邈提出了“上工治未病，中工治欲病，下工治已病”的理论。

中医认为药食同源，在此理念下，中医形成“功能食品、保健品、中医药”三个不同的应用领域。中国公布的OTC类药品中，化学类一共有1100多种，中药类多达4300多种。

中医思想体系是中国文化精髓，也是中国国粹。中医是中华民族对“天地人”三才的认识上升到哲学高度，集大成后的思想结晶，是自然科学和社会科学的结合体。“天人相应”“辩证法”等哲学思想以及

“平衡”“和谐”等理念在中医中无处不在。

目前，在国家医疗政策引导方面，正由解决“看病难、看病贵”，逐步到“不得病、少得病、晚得病”，工作重点由以治病为中心转到以健康为中心、预防为主的医疗导向，这样做不仅可以节约医疗费用和医疗资源，更重要的是可以提高人民的生活质量，延长健康寿命。在预防和调理方面，相对现代(西)医学着眼于“治已病”，中医药的作用是难以替代的，这是具有中国特色的医学比较优势。

通俗地讲，一个医生治好了你的病，另一个医生根本就不让你得这个病，你觉得哪个好？你会选择哪个呢？我想答案是不言而喻的。

中国有2500多家三级医院，9000多家二级医院，10000多家一级医院，约40万家药店网点。非处方药和处方药不同，后者实现销售主要靠关系和资源；前者主要的销售渠道是药店，如果没有品牌，根本就没有机会进入药店。因此，做非处方药投资一定要关注品牌企业。目前中医药保健领域已形成了一些广为人知的老字号品牌，消费属性越来越强，市场也在越做越大。

目前，中国逐步进入老龄化社会，对健康医疗方面的需求将持续扩大。目前中国大陆总人口约14亿人，60周岁及以上人口约2.5亿人，约占总人口的18%，其中65周岁及以上人口约1.7亿人，约占总人口的12%。

中国属于较早进入老龄社会的发展中国家，同时是世界上老年人口最多的国家。中国已于1999年进入老龄社会，21世纪的中国将是一个不可逆转的老龄社会。中国老龄人口预计到2025年将突破3亿人，预计到2050年80岁以上高龄人口将突破1亿人，约占老年人口总量的1/4，此后将长期保持在1亿人左右。

老年人慢性病的患病率明显高于其他年龄人，人均医疗支出为其他年龄人的6~7倍。普通人70岁之后的医疗费用可达其一生总花费的2/3以上。在中国人口占比为10%的65岁以上老年人消耗了30%~35%的医疗总费用。

20世纪六七十年代，是中国出生人口婴儿潮高峰时期，每个家庭新生儿一般兄弟姊妹好几个，这期间年均出生人口约2500万人。未来10~20年，这些人陆续退休开始老龄化，将对应产生巨大的医疗健康市场需求。

从世界上来看，在发达国家，健康产业已成为国民经济支柱产业。比如瑞士以精密钟表制造闻名于世，但其健康养生产业规模已超过传统的钟表制造业，在 GDP 中的贡献约为 30%。

美国健康产业支出总额占 GDP 比例约为 17%以上，美国一个四口之家一年的医疗保健成本接近 3 万美元。目前中国卫生总费用约 6 万亿元，约占全国 GDP 的 6%，属于相对偏低的水平，与美国及世界平均水平还有较大的差距。

据国务院发布的《“健康中国 2030”规划纲要》，健康服务产业规模要在 2030 年达到 16 万亿元，未来增长空间巨大。“没有健康，就没有小康”，医疗保健产业将是贯穿整个 21 世纪的朝阳产业。

美国股市权重最大的产业是医药保健健康产业，权重超过 20%，顶峰时期曾达约 27%。目前在日本这一权重约为 10%，而中国股市目前医药制造和医疗行业总市值合计约 4 万多亿元，市值占比约 7%，和医疗健康支出占 GDP 的比例差不多，有很大的提升空间。

单纯从商品效用的角度看，医药产品解决的是人体健康和生活质量问题，医药产品是生活消费品中性价比最高的商品之一。医药健康产业受技术革命冲击小，自主定价空间大，很少受政策限制和管制，是比较理想的投资标的。

哈佛大学公共卫生学院的研究表明，如果进行科学的健康管理，80%的糖尿病和心脏病、70%的中风、50%的癌症都是可以避免的。目前，美国有约 70%的人享有健康管理服务，而中国这一数字却不到 0.1%。未来中国在疾病预防和慢性病管理等健康服务方面将有巨大的市场。很多医药企业已经意识到这一点，正在加大自研产品比例，有的还涉足日化和护理产业，希望可以成为中国的“强生”。

第五节

选股也要“特劳特定位”

在消费品大类中，除快消品之外，还有可选消费品。可选消费品介于快消品和耐用消费品之间，具有快消品的部分特征。可选消费品主要分布在服装、旅游、传媒娱乐、文化教育等行业。

国际知名的可选消费品跨国公司有：耐克、阿迪达斯、ZARA 和 H&M(快时尚服装公司)，以及华特迪士尼、华纳兄弟、新闻集团、华盛顿邮报等。

中国股市中的可选消费品公司主要分为以下几类：

第一类是旅游公司。

从积极因素来看，首先，经过改革开放 40 多年的积累，公路、铁路、高铁网络建设基本完成，为旅游出行提供了交通条件；其次，随着居民收入不断上升，消费升级将是未来中国消费结构的重要特征，作为休闲行业，旅游业面临良好发展机遇，有着很大发展空间，正处于黄金发展期。

从消极因素来看，首先，旅游类上市公司营业收入渠道单一，收入来源分散，难以整合。旅游类上市公司产品线拉得很长，囊括在线预订、交通、连锁酒店、旅行社、景点门票、索道、文化演出、饮食等细分产品，每个细分市场空间都不大，很容易触碰市场天花板。加之中国旅游资源地域分割特征明显，单一公司很难大小通吃，所以很难产生巨型公司。

其次，旅游景点公司靠山吃山、靠水吃水，旅游资源难以复制，限制了收入扩张。在商业模式复制方面做得比较好的是迪士尼公司，一旦迪士尼落户一个地方，同时也垄断了包括快餐、住宿、纪念品等全部配套服务和产品。华侨城试图学习和复制迪士尼模式，但效果并不理想，原因就在于迪士尼的核心竞争力其实是美国文化。对于中国旅游类公司而言，迪士尼模式参考价值不大。

再次，旅游景点公司的主要收入来源是门票销售，酒店住宿收入是补充。中国景点门票价格相对于人均国民收入比例一直偏高，备受舆论诟病。门票价格几年才有一次涨价机会，还要经过听证会程序和政府审批，通过提价来增收的路子行不通。

最后，旅游景点公司吸引客源较被动。哪怕景点资源独一无二，风光非常好，让人流连忘返，也不可能将景点搬迁到消费者家门口，只能被动地等待游客上门。另外，一年的法定假期就那么几个，好不容易碰上井喷期，热点景区还要被迫限流，简直是自断财路。旅游景点公司的酒店业务也是如此，旺季时酒店一房难求；淡季时客源稀稀拉拉，价格跳水，客房大量闲置，产生的折旧无时无刻不在侵蚀利润。

从这个角度来看，相比旅游业，快消品购买方便，家门口和办公楼附近的超市或便利店都可以买到。如果网购的话就更方便了，可以送货上门。快消品营销渠道发达，各级经销商、代理商及销售商备有大量存货，顾客想要多少马上就可以给多少，不存在像旅游业那样的井喷限流问题，也不存在像房地产业那样的限购限贷问题。

简言之，旅游类上市公司投资优势不是特别明显。但是相对于其他工业品行业，旅游公司还是有一定投资机会的。在中国，旅游景点资源毕竟是稀缺的，地方政府也希望景点多创造收入来支持地方经济发展，会配合或默许上涨景区门票价格。

第二类是服装类上市公司。

首先，中国服装类公司整体设计水平比较低，与 ZARA、H&M 相比差距很大。服装产业是时尚产业，很多中国消费者迷信国外品牌，中国服装产业难以与欧美时尚产业抗衡，很难争取到本该属于自己的消费群体。

其次，服装类企业是劳动密集产业。目前中国劳动力价格持续上涨，人口红利逐步丧失，“80 后”“90 后”制造业工人越来越难招。服装类企业面临成本加速上涨的压力，成本压力难以通过“机器代替人”“提高售价”等方式转移。

再次，服装行业进入门槛低，行业内竞争激烈，价格战是最常用，也是最没有技术含量的竞争方式，损敌一千自伤八百，收效不大。

最后，服装类公司自营门店要投入大量的租金成本和装修成本，有重资产公司部分特征，投资价值不大。

第三类是出版传媒和教育娱乐类公司，可以统称为文化教育产业。

文化教育产业带有准快消品属性，尤其在影视产品、书籍、网游等产品方面体现得更为充分。总体来说，这个市场有一定潜力，但是市场比较混乱，多头管理，行业限制过多，市场化深度不够，处于比较尴尬的状态。

就出版传媒类公司而言，目前A股市场有一些图书和教材出版公司以及一些有线电视网建设传输企业。由于国内政策对新闻和出版领域管理非常严格，出版业约80%的利润来自教材出版，非教材市场化业务发展严重受限，出版传媒类企业目前阶段发展空间不大。

娱乐教育类公司市场前景较出版传媒类公司大，比较典型的是电影市场。中国电影市场近几年发展很快，电影票房近年来年均复合增长率约25%。以电影票房收入计，中国电影市场已超越日本，成为仅次于美国的全球第二大电影市场。

中国电影市场目前呈现两个特点：一是随着可支配消费能力的扩大，在全部观影群中，相比一线城市，二、三线城市观众占比越来越高，而且越小的城市，国产电影的票房权重越高；二是电影观众越来越体现出年轻化趋势，“90后”观众成了一支不可忽视的消费群体。据称，目前中国电影观众的平均年龄只有22岁。

目前来看，中国电影产业的收入模式还比较单一，票房收入占据了总产值的90%以上。1980年美国电影票房约占其产业总产值的53%，目前仅约占18%。美国电影可以靠录像带租赁、后产品销售、电视版权等获取其他收入，并不单一依赖票房，受制于院线。中国电影植入广告规模只有10多亿元人民币，而美国植入式广告规模就达数十亿元美元。

另外，国内电影制作和发行公司数量较多且分散，竞争非常激烈。影视类上市公司核心竞争优势不明显，差异化不强。

影视类公司很难长期保持较高利润率。原因也很简单：影视类公司的核心竞争力不是公司品牌，而是大牌导演、制片人和演员。因为大家去看电影，并不是冲着电影公司，而是冲着大导演和明星演员去的。腿长在自己身上，如果有更好的报酬的和条件，导演和明星会离开这家公司。在这种情况下，很多电影公司虽然赚了很多钱，但是可能要拿出很多部分来留住这些导演和明星。因此，好莱坞八大影业公司华纳兄弟公司、米高梅电影公司、派拉蒙影业公司、哥伦比亚影业公司、环球影片公司、联美电影公司、20 世纪福克斯电影公司(已被迪士尼收购)、迪士尼电影公司中，做得最好的是迪士尼公司，这是因为迪士尼公司的核心资源——品牌是任何人也拿不走的。

再来看一下教育类企业。

中国教育类上市公司大多数在美国和中国香港上市，市值最大的几家是美股中的好未来、新东方，以及 A 股中的主营公务员考试培训辅导业务的中公教育等。

民办教育机构纷纷在境外上市，原因在于我国教育有关政策尚在研究落地阶段，涉及盈利与非盈利、关联交易等种种复杂问题，随着相关政策落地，优质教育机构在 A 股回归、上市前景是乐观的。

中国资本市场缺乏教育类公司，这与教育在国家中的地位不相符。教育决定科技发展，科技发展决定生产效率，生产效率决定生产力，生产力决定国家国力。教育是一个国家的立国之本，治国应首先治教。

总而言之，可选消费品虽然有一定投资价值，但是相比快消品还是逊色一些。20 世纪 70 年代，美国著名营销专家艾·里斯与杰克·特劳特提出了享誉全球的定位理论，国内简称“特劳特定位”。做股票是优中选优，首先要做好排除法。

有个小故事说明了定位的重要性：有两匹马自小一起长大，其中一匹马贪图富人家的好草料和好马棚，选择在富人家拉磨，另一匹马则跟随唐僧去西天取经。历经千辛万苦和多年跋涉后，后一匹马驮着经书圆满而归，在老家遇到拉磨的马，拉磨的马感叹道，兄弟，你真有出息！驮经的马说，其实我们哥俩走的路是一样的，我每天在不停地走路，你每天也在不停地转圈，我们都没有歇着，但是我们的方向不同啊！

人生需要定位，投资更需要定位。做投资一定要定好位，选好方向，选对投资品种。周期股、消息股、题材股、重组股等，虽然有时或多或少也可以赚钱，但是长期看是不是管用，投资者有了亲身体会后自然会醒悟明白。

第二章　品牌选股之道

- 挑人看人品，选股看品牌
- 品牌是消费之魂
- 百年品牌历久弥坚
- 品牌和渠道：双轮驱动
- 多品牌战略的优劣

第一节

挑人看人品，选股看品牌

“人而无信，不知其可”，人品和信用是一个人安身立命的本钱。商场上，企业的“人品”要靠品牌和商誉来体现。品牌在本质上是商品的信用担保，是对商品性能和效用的承诺背书。品牌是企业经营的护城河，是获取超额利润的源泉。

做企业难，做品牌企业更难，做国际化品牌企业是难上加难。20世纪七八十年代，可口可乐在美国沃尔玛大卖场热销，看到有利可图，于是沃尔玛推出自有品牌的沃尔玛可乐，并把自产可乐堆放在收银台附近，价格只是可口可乐的1/3~2/3。但是消费者并不买账，购买者寥寥无几，沃尔玛无奈最终还是停掉了这个项目。在中国，娃哈哈也曾生产过低价可乐品牌“非常可乐”，试图抢夺可口可乐市场份额，但是结果也不理想，现在市面上已难以找到非常可乐饮料。

其实可口可乐配方早已不是秘密，沃尔玛可乐也好，非常可乐也好，它们与可口可乐配方基本相同，成分大致相同，口味几乎没有差别，唯一不同的就是品牌。由于品牌的护城河作用，可口可乐的市场地位得以维持，超额盈利得以保证。

普通的企业做产品，优秀的企业做品牌。迪士尼公司大型游乐园收入仅占全部收入的20%，50%来自品牌特许收入，其他30%来自电影收入。国际知名酒店万豪集团的最大利润来源并非来自自有酒店，而是借助于品牌输出，通过管理他人拥有的酒店来获取大笔管理费收入。喜临门是宜家的OEM和ODM商，宜家获取了比喜临门高得多的利润。这些例子说明了品牌的重要性，谁掌握了品牌，谁就掌握了产业链。

人品不是一朝一夕形成的，品牌的塑造也需要一个漫长的过程。品牌形象的塑造需要日积月累，品牌的成功是长年累月所投入的时间、精力和财力的回报。广告轰炸、炒作等其他短期投机取巧的行为可以暂时提升品牌认知度，但是获得品牌美誉度则需要慢功夫。

10多年前的秦池酒业通过标王广告，短期吸引了大家的眼球，虽然陡然提高了品牌认知度，但是却难以获得品牌美誉度。而品牌认知度是非常脆弱的，当秦池遇到突发事件时，短期建立的所谓品牌认知度的大厦顷刻间就坍塌了。

没有品牌的世界是不可想象的，如果商场的商品没有品牌，那么我们将无从选择，无所适从。品牌背后的关键因素是信用。品牌靠信用来支撑，消费者的消费行为是对品牌信用的现金兑现。信用成本是沉落成本，企业不会轻易放弃信用成本，不会为了蝇头小利砸了招牌，它们会不惜代价维护企业品牌。越强大的品牌，其信用成本越高，就越容易获得消费者信赖；不知名的品牌信用成本低，于是鲜有人问津。在品牌马太效应下，企业间的业绩出现分化。

做好一个品牌不但需要及早动手，更需要慢功夫和苦功夫。品牌战略是企业战略核心内容，品牌意识是企业家需要具备的基本因素，品牌经营的好坏往往决定了一个企业的兴衰成败。

品牌不同于知名度，有人将品牌和知名度混为一谈，混淆了两者的区别。兰州拉面、沙县小吃、重庆麻辣烫、北京火锅、北京烤鸭、二锅头等产品知名度很高，但这不是品牌，只是属于地理标志商标的范畴。而味千(拉面)、海底捞(火锅)、全聚德(烤鸭)、牛栏山(二锅头)才算是品牌。品牌要靠产品的特有品质、特殊功效、特别服务等差异化因素来支撑和区分，如果做不到高品质和差异化，知名度再高也无法获得超额利润。

好的品牌不仅要看其认知度，更要看其内涵。中石油、中石化、中国联通、长虹等为大家所熟知，但并不代表上述公司会有很高的投资价值。做投资不能只看企业知名度，被假象迷惑，而要深入把握品牌内涵，挖掘品牌背后的盈利保证要素。

品牌构建了企业核心竞争力，有生命力的企业，其核心资产并不是实物资产，而是包括品牌在内的无形财产，这些无形资产才是企业的“灵魂”。整合营销传播理论的开创者唐·舒尔茨是这样评价可口可乐的。“假使全世界的可口可乐工厂在一夜之间化为乌有，只要可口可乐品牌还在，很快又会形成可口可乐王国。”

品牌内涵还体现在给消费者带来的特别感觉。消费者虽然买的是商品，但商品本身并不是购买的目的，商品所具有的特殊效用才是消费者消费的目的。同样款式、同样成本的运动鞋，耐克就比李宁更受追捧，价格也更高；天津海鸥手表和深圳飞亚达手表，与瑞士手表具有同样的精确度，但是瑞士手表却是白领、金领们的挚爱；对于不具备品酒师舌头的一些人来说，可能喝不出五粮液和二锅头、茅台和赖茅的差别，但是如果用二锅头请贵客吃饭或送礼，肯定是不妥的。消费者所追求的那种特别感觉是品牌内涵的集中体现，因此，选股不但要看品牌，更要关注品牌内涵，选择那些“人品”好的公司做投资。

品牌内涵在我国白酒行业中表现得淋漓尽致。

在我国白酒产业地图中，以茅台为龙头的酱香型白酒与以五粮液为龙头的浓香型白酒形成两大主流，占据绝大多数白酒市场。而在浓香型白酒中，以“六朵金花”为代表的川酒派和以“三沟一河”为代表的江淮派是两大派系，但在发展历程上川酒派一度辉煌，江淮派一度没落，呈一强一弱之势。但随着洋河股份，尤其是今世缘的上市，沪深白酒上市公司崛起了一个江淮板块，与以五粮液、泸州老窖、沱牌舍得、水井坊等为代表的川酒板块构成两大浓香阵营。

江淮酒“三沟一河”指的是产于江淮一带的四种老字号名优酒：灌南县汤沟镇的汤沟酒、泗洪县双沟镇的双沟酒、涟水县高沟镇的高沟酒、泗阳县洋河镇的洋河酒，四县在行政区划上曾均属苏北淮阴。“三沟一河”在往届全国评酒会上均被评为过中国名酒或获得过金质奖、银质奖。洋河酒于2009年上市，目前市值已超越泸州老窖，位居第三，与位列第一的茅台、位列第二的五粮液组成白酒企业市值排名“三鼎甲”；2010年，双沟股份约41%的股权被洋河股份收购，实现了间接上市。今世缘脱胎于高沟酒，在白酒企业市值排行中可进前十。

江淮酒“三沟一河”曾一度被人所淡忘，如今异军突起，渐成气候，其再次崛起与其品牌文化定位等营销组合不无关系。一直以来，对白酒优劣的评价主要聚焦于“香”，且划分为酱香、浓香、清香、凤香等几大香型，每种都有各自典型的品牌代表，形成难以撼动的细分市场格局。2003 年在产品特性定位上，洋河酒另辟蹊径，剑走偏锋，抓住了“味”字大做文章，以入口柔和绵甜为卖点，创出“绵柔酒”概念，突出了其产品的“淡雅”特性，形成了独树一帜的产品风格。

从 2002 年开始，汤沟酒生产商在公司名称中加入“两相和”字样，大力倡导以“两相和”为核心内涵的品牌理念和行为指导，突出其“和而不同”“卓尔不群”的品牌风格特征，将品牌融入中华“和”文化的概念之中。虽然品牌文化定位略显空泛，但其年产值逾 10 亿元，呈现出上升势头。

今世缘股份的前身是江苏高沟酒厂，今世缘品牌创立于 20 世纪 90 年代，定位于“缘文化”酒：友缘、亲缘、情缘、机缘，以及中国人的喜酒。脱胎于高沟酒的今世缘酒，大打文化牌，将文化理念演绎得很出色，与定位“福文化”的金六福酒，“家文化”的孔府家酒，“鬼文化”的酒鬼酒，“舍得文化”的沱牌舍得酒，“梦文化”的红楼梦酒一道，构成了一个中国白酒文化产品组合，在竞争激烈的白酒红海市场树立了一个响当当的蓝海产品。

由此可见，品牌的本质是文化理念，不但要以过硬的产品为依托，更要契合其产品特性，演绎其深层次文化内涵；品牌经营不但要做好产品定位，更要做好文化定位；不仅要在“牌”上做文章，更要在“品”上下功夫。比如，茅台、泸州老窖、汾酒的品格内涵分别定位于“国酒”“国窖”“中国酒魂”。

在世界四大蒸馏酒中，中国白酒在销量及销售额方面，都远远大于法国白兰地、苏格兰威士忌和俄国伏特加。全世界最有历史文化内涵、品牌最多、市场竞争最激烈、最好喝的白酒均在我国。白酒品牌是浓重悠久的历史文化积淀的产物，品牌认知的时间跨度可高达几代人，每个品牌都有独到之处，这说明我国的白酒产业已进入了一个全新的品牌时代。

第二节

品牌是消费之魂

狄更斯曾说："这是一个最好的时代，也是一个最坏的时代。"当下的时代，无疑是一个品牌化的时代。

改革开放之前，中国人鲜有品牌概念。那时城市人喝的奶是从市属奶厂订购的，穿的衣服产自该市第×服装厂，买东西要到该市第×商店，根本没有品牌意识。每个城市的工业体系都是"小而全"自给自足的，重复建设现象严重，资源利用效率低下。全国的商品基本上是标准化的，价格一样，质量一样，功效一样。举国上下，从商品到人，都被打上深深的"计划"和"均一化"的烙印。

如今，我们已经很难找出没有牌子的商品了，连每天吃的大米也有了品牌(福临门、金龙鱼、香满园、金元宝等)，甚至出现了一个舶来的主打无品牌概念的品牌——"无印良品"。这个时代，品牌已经像空气一样无处不在。

10多年前，中国人对旅行箱包还没有多少品牌概念。大家购买箱包时可能仅会注意下产地，如果是产自上海，表明质量还不错，没人去关注箱包品牌。现在，大家出差的机会越来越多，越来越多的白领开始将品牌观念应用到旅行箱包上，以凸显与众不同的个人风格，这为一家专门生产旅行箱包的国际品牌公司带来了巨大商机，这家公司就是港股中的美国轻奢品牌新秀丽(Samsonite)。

新秀丽的很多产品在国外的市场售价不及中国价格的一半，新秀丽全球收入的高增长很大程度上得益于中国买家的海外代购。

其实，旅行箱包的用处无非就是装东西，结实耐用是最重要的因素。箱包本不是高科技产品，为什么中国企业卖不出好价钱呢？——关键在于品牌。同样一个箱包，如果是国产的，只能卖几百块钱；可是一旦在箱包的正上方醒目位置打上"Samsonite"的LOGO，价格立马翻到几千元。就是这个小小的 LOGO，像耐克那个带勾的 LOGO 一样，让消费者心甘情愿地掏钱，为几倍于中国箱包企业的毛利率和利润率埋单。

在与洋品牌竞争过程中，越来越多的本土企业意识到自身存在的“品牌短板”，纷纷投入资金加强品牌化运作。

曾经的央视黄金资源广告招标历来被视为中国经济的晴雨表和市场的风向标。从历史来看，历届标王都是消费品企业，其中有很多快消品品牌。做标王后，有的企业不断发展壮大，有的企业经历短暂辉煌后一落千丈。

央视标王企业不区分广告目标客户，只要砸巨资就可赚取短期眼球效应，要想使产品认知度转换成品牌美誉度和客户忠诚度，更需要在产品品质、渠道建设、品牌文化内涵等方面配套发展，才算得上是一笔合算的买卖。

对于消费品企业来讲，做营销不但要考虑广告投放的“火力”，更要考虑广告投放的“目标”，即尽可能锁定目标市场和目标顾客，精确推送，提高广告投入的性价比。尤其是对于细分化定位非常高的化妆品，广告更需要精准化投放。

第三节
百年品牌历久弥坚

做消费股要优先考虑老品牌，尤其是百年品牌。

中国历史上曾诞生过 1 万多个老品牌，现在有 1000 多个还在使用，其中有 100 个左右的老字号品牌企业效益还相当不错，这 100 个左右的品牌隐藏着巨大的投资机会。

对于百年品牌来说，其产品品质和品牌内涵经历了漫长岁月的检验，是被历史证明了的优秀品牌。百年品牌在几代中国人的家庭生活中口耳相传，除了产品本身具有“制造精工、质量精湛、款式精致”等硬件外，更重要的是所具备的口碑、传说、故事等软件，已经潜移默化为中华文化的构成元素，是最能代表中华民族国粹文化的品牌，也必将受益于中华文化的复兴和中国经济的腾飞。百年品牌中蕴藏着巨大的“金矿”，是投资的“聚宝盆”。

统计发现，中国股市成立以来，百年品牌消费品股票涨幅远高于其他品牌消费品股票涨幅。如果我们把中国股票划分为几只 ETF 基金，一只是工业品 ETF，一只是消费品 ETF，一只是快消品 ETF，一只是百年品牌快消品 ETF。各 ETF 历史涨幅排名结果是：百年品牌快消品 ETF>快消品 ETF>消费品 ETF>沪深 300ETF>工业品 ETF。

从国际范围来看，国际知名消费品品牌，尤其是定位高端，能代表一个国家传统文化的，很多都是老字号。比如路易威登(LV)、香奈儿(Chanel)、迪奥(Dior)、爱马仕(Hermès)、卡地亚(Cartier)等高端品牌是法国老字号，就连可口可乐、雀巢、麦当劳、肯德基、双立人等大众品牌也是百年企业。

著名品牌评级机构 BrandZ 所发起的最具价值全球品牌百强排行榜针对全球 200 多万消费者，就全球数千个“面向消费者”和“企业对企业”品牌进行采访，以此来衡量和评估品牌价值。数据显示，“BrandZ 全球最具价值品牌 100 强”上榜品牌企业业绩明显高于标准普尔 500 指数企业，充分证明拥有强势品牌的公司能大幅跑赢大盘。

喜新厌旧是人的天性。投资者总觉得新股比老股赚钱机会多，新品牌比老品牌好，总想抓个黑马或黑马品牌，一夜暴富。但是中外资本市场的实际表现证明：姜还是老的辣，品牌还是老的好。虽然投资百年品牌企业有些枯燥单调，不够刺激，不够新鲜，但是投资百年品牌企业的成功概率远超投资其他企业，百年品牌企业是投资者首选投资标的。

可口可乐起源于 1886 年美国佐治亚州亚特兰大城，自上市以来累计共上涨高达 5 万倍。像可口可乐这样的百年涨幅第一的品牌，在过去的任何时间购买都不会让投资者失望。中国股市只有 20 多岁，未来还有充分的时间来见证优秀企业的成长，也会诞生自己的万倍股。投资者要把眼光放得远一些，不要重蹈踏空可口可乐投资者的覆辙。

第四节

品牌和渠道：双轮驱动

好的产品要让消费者舍得买、买得到、买得开心。舍得买关乎定价策略，买得到关乎渠道建设，买得开心关乎消费体验。渠道建设是消费品企业经营的重要环节。

商品渠道指连接制造商和消费者之间的众多环节，涉及批发商、经销商、分销商、代理商、零售商、运输商、广告商等，并通过这些网络，使产品从生产者流向最终消费者或用户，完成物流、资金流、信息流、商流的转换，从而实现并增加商品的价值。

没有渠道，就没有商品销售的实现。商品渠道主要可分为三级：

一级渠道，一般指总经销商或大企业代理商，是产品的“蓄水池”，承担着“旱涝保回款”的责任，要保证合理的库存量。

二级渠道，一般指各地区分销商，相当于阡陌纵横的“水管”，起到泄洪的作用，要流畅，不能淤塞。

三级渠道，一般指终端促销商或零售商，其最后一个环节相当于“水龙头”，“水龙头”要处于长期打开的状态，并顺利流动，以实现各级渠道的有序循环流动。

在中国快消品销售领域，就三级渠道而言，一般一批经销商享受约5%的毛利率，二批分销商享受约10%的毛利率，三批终端零售商享受约30%的毛利率。渠道越往下，毛利率越高。

渠道不仅是产品价值实现的途径，也是产品价值增值的场所。价格是价值的标尺，产品的价值取决于建立在自愿和诚信基础上的成交价格。

胡萝卜在菜市场的定价等于胡萝卜的实际价值。胡萝卜从田间地头的几毛钱一斤上涨到菜市场的几块钱一斤，价格涨了10倍，包括收购者、批发者、运输者以及菜贩子、卖菜大妈等在内的渠道参与者的劳动使其价值得以实现并得到提升。

渠道中有营销，很多人错误地认为营销不创造价值。其实，营销通过市场认知宣传，使消费者找到合适对象，并使产品供给方和需求方达成匹配。营销虽然没有改变产品的任何性状，但是营销提高了商品价格，在此价格下，销售得以实现，消费者的购买行为是对商品增值价值的认可。因此，营销同样可以创造价值。

就我国消费品发展历程看，相对于品牌的发展成熟演变，渠道的演进走得更早一些。

从 20 世纪 80 年代市场经济刚开始兴起时，我国消费品市场面临的是一个供不应求、产能严重不足的局面，谁要是能及时扩张产能，谁就能很快拿下市场，获取主动权，电视机行业中的长虹就是典型代表。

2000 年后，多数消费品供求基本平衡，这时渠道的重要性开始凸显，中国消费品市场进入渠道为王的时代，期间催生出娃哈哈、康师傅、统一、海天、洋河等一大批超级快消品企业。

近几年，消费者的品牌意识大大强化，品牌马太效应越来越明显，品牌集中化、高端化被演绎得淋漓尽致，行业龙头或寡头竞争优势越来越领先，逐步形成了诸如茅台、五粮液、伊利、格力、美的、海尔等超级品牌航母。

那么，渠道与品牌到底哪个更重要一些呢？

这就像问一个 NBA 得分高手，是命中率重要还是突破能力重要？其实，渠道与品牌都重要，渠道与品牌两手都要抓，两手都要硬。做品牌要进行广告宣传费用投入，做渠道同样要大笔资金投入。有时一个消费品要实现全国市场的渠道覆盖所产生的渠道进场费与相关销售服务人员的费用，要比在央视做广告的投入还要高，渠道的门槛和品牌的门槛一样高。

中国凉茶行业有两家很著名的企业，一个是王老吉，一个是加多宝，一个在品牌方面较有优势，一个在渠道方面较有优势。预测王老吉和加多宝谁能把对方打倒没有什么意义，实际的情况是，老大和老二打架，老三却遭殃了——除了王老吉、加多宝，消费者几乎不知道其他牌子的凉茶了。品牌和渠道如同一辆车的两个轮子，缺一不可。

如果双方在这两个方面都整合得比较好，双轮驱动，那么它们很可能就是中国凉茶饮料行业中的可口可乐与百事可乐。

第五节 多品牌战略的优劣

一般来讲，提高市场占有率可以提升产品销售收入。但是，如果一个产品获取了非常高的市场占有率，哪怕再增加一个百分点的市场占有率都异常困难，那么企业增长的空间在哪里呢？

马应龙药业是一家非常优秀的公司，百年老字号，生产的马应龙痔疮膏药效非常好，市场占有率曾高达约 70%。刚上市时，马应龙痔疮膏市场占有率呈现持续提高的态势，如果在那时投资这家企业，回报将十分丰厚。

但是近几年马应龙股价出现了一定程度的回落，原因在于：

一是市场容量有限。虽说有十人九痔的说法，但是大多数患者病情较轻，很多人不把痔疮当回事，甚至很多人都不知道自己得了痔疮，只是在感到不舒服时，才稍微注意一下休息和饮食。一般情况下，只要注意保养，症状可以自发缓解甚至消失，所以，产品市场需求比较稳定。不像医药保健品，理论上只要有足够的支付能力，需求可以持续扩大。

二是产品单一。公司主要靠马应龙痔疮膏“单打独斗”，盈利单一化特征较明显。

三是产品提价难。马应龙麝香痔疮膏被列入《国家基本药物目录》，虽然可以大幅提升产品销量，但一般来讲，被列入《国家基本药物目录》的药品售价受国家严格管制，自主提价有很大难度。

另外，马应龙痔疮膏虽然效果较好，但是并非不可替代，况且其他同类产品如云南白药和东阿阿胶生产的类似药品药效和马应龙也相差不大，一旦提价，容易流失一部分消费者。

基于以上原因，马应龙的快速成长期或已经过去，除非企业通过创新再造新的利润源泉，否则重复前10年股价涨幅的可能性不大。

与此类似，江中制药的健胃消食片品牌知名度很高，大家要是吃多了、吃撑了想吃点什么帮助消化的话，一定会想到这个产品，消费者甚至都不知道其他品牌的同类产品。江中制药的健胃消食片已经占据绝对市场份额，但是近年来其收入也遇到了增长瓶颈，市场空间已近天花板。

江中制药的健胃消食片与马应龙的痔疮膏共同的症结就在于没能把单一产品的品牌优势成功转化到其他产品当中，没有成功实施多品牌战略，从而错失了进一步跳跃发展的机会。

一般来讲，单一品牌不是万全之策，因为一种品牌树立之后，容易在消费者心目中形成固定印象，不利于产品的延伸。

所谓多品牌战略(Multibranding)，是指企业利用已经创建起来的某一知名品牌延伸开发多个知名品牌的战略计划，这些品牌相互独立，而又存在一定的关联，在一定程度上产生协同效应。

多品牌战略由宝洁公司首创，旗下的独立品牌多达80多种。

宝洁在中国推出的美容护肤品牌就有近10个，占中国美容品主要品牌的1/3。消费者熟悉的潘婷、飘柔、海飞丝三大洗发护发品牌都是宝洁的产品——飘柔强调使“头发更飘、更柔”，潘婷则突出“拥有健康，当然亮泽”，海飞丝则是“头屑去无踪，秀发更出众”。这三个品牌分别吸引三类不同需求的消费者，从而使得宝洁在中国的洗发液市场占有率一度高达50%以上。在清洁剂领域，宝洁有汰渍、碧浪等品牌。

在同一产品中设立两个或两个以上相互竞争的品牌，虽然会使原有品牌的销量略减，但几个品牌加起来的总销量却比原来一个品牌时更多，可以抓住不同细分市场消费者。

上海家化采取的也是多品牌战略。

上海家化旗下化妆品领域有三大超级品牌六神、佰草集、美加净，细分化品牌高夫、启初等，以及百年传统品牌雅霜，另外还有清洁剂品牌家安、饮用水品牌至上水品等，各品牌各自占领不同性别、不同购买力、不同消费习惯的细分市场。

在大众食品领域，有三家超级食品企业实施的是单一品牌战略，分别是旺旺、康师傅和统一。

一般来讲，如果细分市场容量较小，销售额不足以支持品牌的扩张，就难以实施多品牌战略。这三家企业均来自中国台湾，台湾人口数量2300多万，任何一种食品的市场容量都是有限的，因此企业一开始就没有实施多品牌战略。

但是，这些企业却在一个品牌下扩展了产品线，从方便面发展到茶饮料、矿泉水、即时食品、乳制品、饼干、面条等，可以称得上是一种单一品牌下的多产品战略，事实证明这种战略也是成功的。另外，康师傅收购了味全，味全成为康师傅集团下的另一主打品牌。

中粮集团的品牌战略介于单一品牌和多品牌之间，即采取统一标注中粮LOGO的一拖多品牌战略，其子品牌福临门、五谷道场、蒙牛、长城葡萄酒、金帝巧克力、美滋滋等都在包装上标注中粮LOGO。

这种策略既可以使各子品牌充分分享母公司品牌商誉效应，还可以在一定程度上防范单一品牌策略的品牌集中风险。中粮品牌模式和宝洁有点相似，大家对宝洁的飘柔、潘婷、海飞丝、沙宣、伊卡璐、舒肤佳、玉兰油、海肌源、护舒宝、帮宝适、佳洁士、欧乐-B、汰渍、碧浪等品牌产品的信赖和认可很大程度上是建立在对宝洁公司信赖的基础上的(当然，SK-Ⅱ是个例外，由于定位高端，宝洁有意弱化其宝洁属性)。

目前来看，在消费品领域实施多品牌策略有很多优势。

首先，消费品细分市场众多，不同子品牌定位于不同细分市场，可使企业把握不同细分市场机会。

其次，消费者多属于品牌转换者，普遍具有求奇求新心理，喜欢试用新产品，多品牌策略可以抓住此类消费者的新增消费。

再次，卖场商品陈列位置有限，赢者通吃，多品牌产品可占用更多货架面积，从而排挤其他竞争者的空间。

最后，多品牌策略有助于在企业内部各个部门之间、产品经理之间开展竞争，以提高企业效率。

需要注意的是，多品牌战略并不意味着品牌越多越好，不是葫芦娃式的“韩信将兵，多多益善”。如果只想把企业做大忽视做强，甚至只是为了消化过剩产能，盲目发展子品牌，则会产生品牌内耗等问题，不但不能形成产品矩阵，结果还会适得其反。

20 世纪 90 年代，中国白酒行业的老大不是茅台而是五粮液，当时高端白酒第一品牌是五粮液，五粮液是彼时当之无愧的“酒王”。

众所周知，以茅台为代表的酱香酒酿造期长达 5 年，而以五粮液为代表的浓香酒酿造期则没那么长，一般 1~2 年。

酱香型白酒好酒出酒率远比浓香酒高，而浓香酒严重依赖老窖池，好酒出酒率低。五粮液虽然拥有行业数量最多、规模最大、历史最悠久、持续使用时间最长的明清古窖池群，其中最早的始于明洪武年间，至今已持续使用 600 多年，但优质酒出酒率只有 10% 多一些。五粮液年约两万吨的高端浓香基酒，是从年产十多万吨的原酒中优选而出的(五粮液产能在中国白酒行业里名列前茅，其他如洋河产能与五粮液相当，而沱牌舍得满产产能很大，但实际利用率不饱和，不过历年累积的高端陈年老酒储量达约 12 万吨)。

对于五粮液而言，选优后的大部分原酒产能，用于开发众多大众子品牌，包括金六福、浏阳河、五粮陈、五粮源、福喜迎门等贴牌品牌，这些酒无一例外地标注着宜宾五粮液股份有限公司的字样。

21 世纪初，曾是总经销品牌、贴牌产品发展的一个高峰期，属于白酒行业特殊时代下的产物。有统计称，2000—2003 年期间，五粮液的对外授权品牌一度多达上千个。

在五粮液发展过程中，贴牌产品虽然曾经立下汗马功劳，如金六福、浏阳河等，但是现在五粮液的很多贴牌酒、杂牌酒都在搞包括电视购物在内的大促销，诱使消费者以为是真正的五粮液。这些同质化产品，在外形和包装上与经典五粮液有类似性的系列酒品牌，被业内人士称为“高仿产品”。其价格很低，品质一般，通过低价来完成销售，严重伤害了五粮液在消费者心目中的“高大上”品牌形象，致使五粮液品牌的价值被不断透支。

美国营销战略家定位理论联合创始人艾·里斯曾说过，要毁灭一个品牌，最轻易的方法就是把这个品牌名称用在所有产品上。

相较之下，茅台坚持“1+3”战略，即 1 个世界级茅台，加 3 个重点系列酒(茅台王子酒、茅台迎宾酒以及赖茅)。2019 年初，茅台集团发布通知，要求全面停止包括茅台酒在内的各子公司定制、贴牌和未经审批产品所涉业务，就地封存，不再生产和销售。

浓香酒鼻祖泸州老窖，自 2015 年下半年以来，果断实施品牌清理战略，将开发产品条码从 8700 个调整到了 400 多个，数量缩减了 90% 以上，并将 20 多支销售团队整合为四大品牌销售公司。

2017 年 3 月，五粮液新的掌门人上任，开启了“二次创业”，五粮液迎来大刀阔斧的改革。“二次创业”旨在产品结构调整，做大做强高品质白酒，围绕“三性一度”（确保纯正性、一致性、等级性，提高品牌辨识度），不断优化产品结构。凡是不利于品牌建设的中低端品牌将坚决淘汰，并且还可能实施行业并购。

2019 年 4 月，宜宾五粮液系列酒品牌有限公司销售部下发《关于宜宾系列酒品牌营销有限公司同质化产品下架的重要通知》（以下简称《通知》），以聚焦公司主力品牌，提高五粮液品牌辨识度。此次涉及清理的同质化产品共计 31 个品牌、73 款产品，包括“VVV”“五粮 PTVIP”“东方娇子”和“壹玖壹捌 1918”等子品牌系列产品。

无疑，这场品牌清理风暴可谓切中了命门，一系列措施有望进一步提升五粮液品牌的纯净度，提高消费者的辨识度，品牌价值会得到大力提升，企业竞争优势会大力强化，这同时反映出五粮液提升品牌、落实改革的决心。

随着经济发展和消费升级，消费者对高品质白酒的需求急剧增长。高端白酒产量不足全国白酒产量的 1%，从客观现状看，高品质白酒依然是极度稀缺资源。目前中国高端和次高端白酒企业通过不断精简来实现产品结构的优化，打造超级大单品战略，以掌握品牌主动权，维护品牌高端形象，保持品牌高溢价。

目前来看，中国白酒业这种调整态势仍将继续，并呈现市场份额向品牌集中、向品质集中、向文化集中、向原产地集中的趋势，中国白酒未来将进入以品牌为主导的寡头时代。

第三章　龙头经济时代的选择

- 数一数二，不三不四
- 医药龙头的创新嬗变
- 龙头经济时代特征：行业集中度提升

第一节
数一数二，不三不四

选股要选“数一数二，不三不四”的企业，即选择行业排名第一、第二的龙头企业，第三名、第四名以后的企业就不必过多关注了。

在市场经济中，对于消费品和服务行业来说，从完全市场竞争状态逐步过渡到寡头垄断竞争状态是市场格局演化的必然趋势。

比如，家电在中国是一个市场化很彻底的行业，根据国家信息中心数据显示，从20世纪90年代中后期起，国内有竞争力的彩电品牌有50多个，但目前只剩下约10个；空调品牌从上百个减少到10余个；冰箱品牌从75个减少到10余个；洗衣机品牌从80个减少到7个。

目前中国家电行业已经基本处于寡头垄断竞争状态。

在寡头垄断市场上，个别寡头厂商的市场份额略有差别，却掌控了该行业大部分产品的供给，对产品价格及产量有举足轻重的影响力。比如，国内市场上，无论白色家电还是黑色家电，占据大部分市场份额的都是几大主流国产品牌。以空调为例，格力、美的、海尔、TCL、科龙等几大品牌与有限的几个合资品牌占据了国内近90%的市场份额。

即使国内市场遭遇容量天花板，龙头企业也更有能力把目光转向国际市场，开拓国际市场，走国际化发展战略。

国内家电三巨头格美海（格力电器、美的集团、青岛海尔），在以往总被认为是低端制造业，一度利润薄得像刀片一样。但当青岛海尔推出高端家电品牌卡萨帝（Casarte），并接连收购国际高端制造旗舰企业德国基伊埃集团（GEA Group）和美国通用家电，美的集团收购了德国库卡，并进行了成功整合后，这些企业的原高管也不得不服气，大家终于发现“中国制造”的天地其实很宽。

在战略创新、技术创新、品牌创新、管理创新和资本创新的引领下，中国家电龙头企业的财务状况也交出了满意的答卷：单看毛利率指标，几年来上升了近10个百分点。

在经济学意义上，毛利率意味着企业产品内涵价值的大小，毛利率的高低意味着产品附加值的多寡。假使期间费用（管理费用、销售费用和财务费用）不变的话，毛利率的提升将直接带来净利润率同比例的提升。在国际范围内，一家制造型企业的净利润率若能达到10%以上，就已经很好了。

可以看出，中国家电龙头企业走出以往那种单纯追求总量增长的商业模式，开始寻求“经济新常态”下一种更有质量、更加创新、利润回报更高的新道路。

如今，美的集团和青岛海尔的海外销量已经超过总收入的四成；格力的空调占满了奥运会的各大场馆，海信的超大屏幕高清电视也在欧洲杯期间安放在了巴黎凯旋门前的广场上。

如果说当下真正代表“中国制造”走出去的企业，那真是屈指可数，但中国家电龙头格美海们无疑是实至名归的。这些中国制造的代表者和佼佼者，在过去的20年里，在夹缝中求生存，成功阻击了欧美及日韩品牌企图一统吞并中国市场的汹汹势头，不但反超了对手，还将这些昔日不可一世的品牌逐步收购（如海尔收购三洋白色家电业务、海信电器收购东芝电视、美的集团收购开利空调和东芝白色家电业务等）。

接下来的若干年，这些中国制造的代表者和佼佼者，将会在更大的国际舞台上和洋品牌同场竞技，将中国制造推向世界的各个角落。

双寡头垄断属于寡头垄断中比较少见的类型，双寡头垄断仅次于独家垄断。

自实行市场经济后，中国部分细分产品市场出现了一些比较典型的双寡头垄断或者说双寡头通吃的例子，如：乳业中的伊利与蒙牛，凉茶业中的王老吉与加多宝，高档酒中的茅台与五粮液，葡萄酒市场中的张裕和长城，阿胶市场中的东阿阿胶和福牌阿胶，火腿肠中的双汇和金锣，调味品中的海天和李锦记，卤制品中的周黑鸭和绝味食品，空调市场中的格力与美的，3C 家电卖场中的苏宁与国美，厨电市场中的老板和方太，教育市场中的好未来与新东方，黄金珠宝销售中的老凤祥与周大福，5G 通信市场中的华为与中兴通信，安防设备中的海康威视与大华股份，以及新经济领域中的两大超级生态企业集团阿里和腾讯，在线生活服务平台中的美团与饿了么，在线旅游平台中的携程与同程艺龙，等等。

一般来讲，经过充分市场竞争和优胜劣汰后，每个细分产品市场会只剩下 2~5 家寡头占据绝大多数市场份额，这个阶段会淘汰掉一大批效率低下、没有规模效应的企业，排名第一的龙头公司则会占据整个市场份额的三成到四成。一旦一家企业具备了规模效应，就会像一个骑自行车下坡的人，相对于其他同行会越来越有动力，车速会越来越快。

规模效应还可以降低原料采购成本，分摊费用支出，使企业有能力雇到更优秀的员工。

行业龙头在成本、品质、品牌、渠道、客户黏度、资金等方面的优势会越来越明显，在赢者通吃的游戏规则和马太效应下，细分行业整体利润逐步向排名靠前的寡头企业汇集，行业集中度会大幅提升。集中度提升是经济发展到成熟阶段的必然产物，市场也由劣币驱逐良币变为良币驱逐劣币，寡头企业将占据大部分市场份额，其他企业只能扮演“陪太子读书”的角色，勉强维持或仅赚取微薄保本利润。

一旦形成寡头垄断竞争格局后，恶性价格竞争几乎不会再发生，竞争形式会向诸如品牌内涵、产品差异化、公司文化等更高层面转移。

就微观企业发展机会而言，在过去那种以经济高速增长为特征，单纯追求经济数量型增长的模式下，中小企业中的激进者往往获利较多。这是因为，经济高速增长会带来更多的市场增量，对这些新增份额，以稳健著称的行业龙头企业和领先企业往往“吃不完”；而中小企业却能抓住剩余机会，激进大肆做多，以超常规速度发展乃至赶超其他同行，这有点类似于做股票碰到牛市时，短期赚大钱的往往是那些“胆大激进者”。但一旦经济转向高质量发展阶段时，经济增长的速度降了下来，新增市场容量不再遍地都是，这时，客户变得非常挑剔，得益于领先的综合优势，行业中的龙头企业则会“满盘接受”，中小企业只能讨回些“残羹冷炙”。于是，行业的发展趋势就会形成马太效应，两极分化，强者恒强，极端情况下落得个“老大吃肉，老二喝汤，老三、老四干瞪眼”的局面。

国际市场也有一些双寡头垄断的例子，如快餐业中的麦当劳和肯德基，饮料行业中的可口可乐和百事可乐，巧克力行业中的玛氏和好时，调味品行业中的亨氏和味好美，烟草行业中的菲利普·莫里斯（万宝路香烟等）和雷诺（骆驼香烟等），日化行业中的宝洁和联合利华，高端化妆品行业中的雅诗兰黛和欧莱雅，飞机制造行业中的波音和空客，汽车业中的宝马和奔驰，运动装中的耐克和阿迪达斯，瑞士手表制造业中的斯沃琪（Swatch）集团和历峰集团（Richemont），等等。

从中长周期来看，龙头企业的市场表现大大好于其他企业。据统计，如果把各行业龙头公司和排名第二的公司各做成一个投资组合，在几十年的时间里，龙头企业组成的投资组合的涨幅约是大盘的几十倍，而排名第二的企业组成的投资组合涨幅只是大盘的几倍，排名靠后的公司组成的投资组合基本上就很难超过大盘表现。

据报道，英国有一个业绩不错的基金经理专门投资龙头企业，其投资组合将英国最好的企业一网打尽，股票组合中包括三五香烟、苏格兰威士忌、联合利华、希思罗机场、宝诚保险等一流公司，这个组合在 25 年内上涨了 50 多倍。

需要说明的是，垄断企业不一定都可以获取垄断利润，关键要看产品属于什么行业。比如，中集集团集装箱产品早在 1996 年就已经达到世界市场占有率第一，在全球集装箱市场占有率约为 55%，产销量居世界第一。但是由于 2008 年爆发的国际金融危机致使世界贸易受到沉重打击，公司自 2008 年 10 月起，干货集装箱生产线停产至少达半年；2009 年集装箱业务收入同比大降八成，其中干货集装箱销售收入同比减少高达约 94%。目前股价只有 2007 年最高点的一半。

再比如，振华重工集装箱起重机在国内市场占有率为 100%，在国际市场占有率则高达近 80%。同样由于 2008 年经济危机以及周期性的影响，从此一蹶不振，2012 年一度亏损高达 10 多亿元，目前股价只有 10 年前的约两成。

对于周期性工业品企业来说，即使是处于垄断地位的龙头企业也不能保证持续的高盈利。在经济发生重大波动时，工业品企业首当其冲，市场需求急剧大幅缩减，企业经营面的方向性逆转往往让人猝不及防。

因此，采取龙头企业投资办法并不一定适用于周期性工业股。

消费者的购物行为中含有很大感性因素，说不清喜欢一个品牌的理由，也说不清不喜欢一个品牌的理由。一旦用上一个品牌，在习惯势力下，会一直用这个品牌。消费者没有时间，没有精力，没有兴趣，更没有耐心去研究其他产品品牌的好坏，在重复购买行为中会形成固有品牌消费定式。

因此，在消费品行业中，创立一个新的品牌很难，从原有品牌的市场份额里分取一杯羹也很难，竞争格局一般比较难打破。

同时，行业集中度有深化趋势，前三大品牌可能占据了大多数市场份额，组成市场第一阵营，排名越靠前的品牌越有规模效应，产品性价比相对较高，对价格有相当大的影响力，也越容易赚钱。

人们只记得奥运会冠军的名字，没人关注亚军、季军是谁。大家记不住那么多消费品牌，消费品行业的规则就是“老大吃肉，老二喝汤，老三、老四干瞪眼”，做投资应把精力主要放在有限的行业龙头股上。

第二节

医药龙头的创新嬗变

公开数据显示，在巴菲特的伯克希尔·哈撒韦公司中，苹果公司为其投资组合第一重仓股。

苹果可称得上世界领先的高科技股，重仓的理由，不仅在于苹果以2300多亿元美元现金储备为后盾的分红和股票回购计划，巴菲特还自称把苹果看作一只消费股，投资逻辑和此前投资的其他消费股的一样，并没有发生变化。可见，苹果既是科技股，也是消费股。

在中国资本市场，同时具备高科技属性和消费属性的投资标的，创新药实至名归。

就消费属性看，以生物医药为典型代表的创新药要么针对诸如肿瘤、免疫缺陷、心猝脑卒等重大恶性疾病，要么针对糖尿病、高血压、类风湿等难以根治的慢性病，其消费刚性和用药依赖性不言而喻。

就高科技属性看，用“十年十亿元十分之一”来形容创新药研发时长、成本和风险并不为过：创新药研发一般要经历化合物筛选、临床前试验、临床试验、注册申报等过程，耗费10年左右的时间累计投入研发费用约10亿元美元，经过成千上万个候选化合物的筛选才能有一个药物最终上市；此外，新药研发成功率很低，Nature Review-Drug Discovery一篇文章显示，新药研发成功率几十年来维持在10%左右的水平，2012—2014年略有上升，仅回升至约12%。

如此高的投入，自然对应超额项目投资回报。以美股辉瑞制药超级重磅药立普妥为例，自1997年获美国FDA批准上市以来，累计销售额超过1000亿元美元，巅峰期年度销售额超过130亿元美元，长期占据全球医药销售榜冠军。

再如港股石药集团的国家一类新药恩必普，是我国原研药中第一个突破10亿元销售大关的产品，已列入国家医保目录，2018年实现了高达48.7亿港元的收入，成为石药集团利润台柱。

改革开放40多年来，我国医药产业取得了非凡成绩。

1978年，我国医药工业销售总值为72.8亿元，40年后医药行业主营业务收入达到2.4万亿元，40年来增长了300多倍。在全球，中国医药市场的规模仅次于美国，与欧洲国家、日本已经拉开了差距。医药产业的发展也带来了社会效应。我国居民主要健康指标明显提升，人口预期寿命从1981年67.9岁提高到76.7岁。

在研发方面，全球有新药研发的企业有4100多家，我国拥有的新药研发企业数量和加拿大并列第三位，占全球的5%；我国启动的临床研发数量居全球第四；我国拥有的生物类似药研发数量居全球第一。尤其是2010年后，国家推动了多个重大专项的实施，有力地提升了我国整体研发实力。

当下，我国创新药市场正步入黄金发展期，经过多年探索，我国创新药药企正在开拓一条“原料药—仿制药—仿创药—自主创新药”的发展路径，具体模式主要归为以下几种。

第一种是自研模式，以恒瑞医药，港股的石药集团、中国生物制药(正大天晴药业)、百济神州、三生制药、信达生物等为典型代表。

恒瑞医药年研发费用30多亿元，营业收入占比超过15%，在数额和比例上令其他药企难望其项背。砸锅卖铁式地做研发最终换来丰硕成果，在历时10年，投入数亿元后，2011年6月，恒瑞医药第一个国家一类新药艾瑞昔布获批上市，自此踏上了从“仿制”到“创新”的征程。

目前，其旗下已有抗癌系列多西他赛和阿帕替尼，麻醉系列阿曲库铵和右美托咪定，造影系列碘佛醇等超10亿元大单品，肿瘤药品年收入目前约74亿元，在总收入占比约为43%，成为国内名副其实的抗癌药龙头企业。

目前，恒瑞医药已有5个创新药成功上市，另有一批创新药在研，其中有多个涉及肿瘤、糖尿病领域的创新药在美国开展临床研究。公司已成为中国内地最大抗肿瘤药物的研究和生产基地，连续多年位居工信部“中国创新力十强医药企业”第一名。生产的注射剂、口服制剂和吸入性麻醉剂等制剂产品在欧美日上市，是唯一一家实现国产注射剂在欧美日市场规模化销售的内地药企。

2000年到2018年，公司收入增长35倍，复合增速约22%，净利增长61倍，复合增速约26%。股价累计涨幅约百倍。目前通过沪港通买入的境外投资者的股份数量已占到公司总股本的10%以上。

百济神州在美股和港股同时上市，年研发开支目前约7亿美元。公司专注于开发及商业化用于治疗癌症的创新型分子靶向及肿瘤免疫治疗药物，自主开发的处于后期临床试验阶段的主要候选药物包括布鲁顿酪氨酸激酶在研小分子抑制剂，针对免疫检查点受体抗程序性死亡受体PD-1的在研人源化单克隆抗体，以及聚腺苷二磷酸聚合酶在研小分子抑制剂等。

信达生物于2018年底在港股市场上市，作为本土创新药研发市场的后起之秀，已拥有20种在研药物，其中包括信迪利单抗、与礼来共同开发的抗PD-1单克隆抗体，以及三种处于后期临床开发阶段的候选生物类似药贝伐珠单抗生物类似药、利妥昔单抗生物类似药和阿达木单抗生物类似药。

在自研领域还有一些本土药企自研产品各领风骚，如贝达药业的埃克替尼，康弘药业的康柏西普，微芯生物的西达本胺等，都成为我国该领域的里程碑式成果。

还有2019年在港股IPO的瀚森制药（即江苏豪森药业集团）。2019年5月，国家药品监督管理局通过优先审评审批程序批准1类创新药，聚乙二醇洛塞那肽注射液（孚来美）上市，用于成人改善Ⅱ型糖尿病患者的血糖控制。该药物是首款国产长效GLP-1制剂，由豪森药业自主研发。孚来美单药或与二甲双胍联合，每周仅需注射一次，提升了用药便捷性，名副其实成为我国Ⅱ型糖尿病患者新药创新成果。

其他处于快速成长期的创新药研发知名企业还包括港股市场的君实生物（拥有首个国产PD-1单抗特瑞普利单抗）、基石药业、华领医药、歌礼制药，以及美股市场的和黄中国医药、再鼎医药等。

第二种是承包模式，以药明康德（以及港股关联公司药明生物）、泰格医药为典型代表。

创新和失败是一枚硬币的正反两面。创新药研发周期存在诸多不确定因素，技术、生产、市场、管理、资金、环境等风险要素贯穿整个研发流程，一些跨国医药巨头如诺华、礼来、阿斯利康、默沙东等都有过失败经历。新药研发的CRO模式应运而生，简单来讲，CRO模式就是药企将研发外包给专业化第三方机构操作，这样可以最大限度地减少研发费用并降低研发风险。

根据Frost & Sullivan报告，全球小型制药公司数量达到7400多家，而FDA批准新药数量的39%来自小型制药公司。预计到2022年，小型制药公司数量将达到1.3万家以上，占制药公司总数的80%，FDA批准新药数量的47%将来自小型制药公司。

这些小型制药公司没有能力和足够的资本自行建设研发新药所需的实验室和生产设施，却需要在短时间内获得满足新药研发项目所需的多项不同能力，因此需要像药明康德这样的CRO公司来提供一体化、端到端的研发平台型服务，满足其由靶点发现到产品上市的研发服务需求。

目前，以中小型生物技术公司、虚拟公司和个人创业者为主的“长尾”客户对CRO和CDMO/CMO需求旺盛，已经成为全球医药创新的重要驱动力。药明康德把自己打造成全球医药健康生态系统中的赋能平台，实施“长尾”战略，集聚“长尾”客户，让任何人都可以从概念探索到商业生产整个流程，进行药物发现、开发和生产，实现“让天下没有难做的药，没有难治的病”。

药明康德自成立以来已为来自全球30多个国家的超过3500家客户提供服务，覆盖所有全球前20大制药企业。在服务国内客户方面，公司帮助歌礼制药的丙型肝炎新药戈诺卫、和记黄埔的结直肠癌新药爱优特等成功获批，成为中国MAH试点开展以来首个支持获批创新药的受托生产商。

众所周知，在18—19世纪美国的淘金热中，最赚钱的其实是卖铲子的商人，因为每个淘金者都需要一把好铲子。同理，摊上超级牛市，股价涨得最凶的很可能是提供证券服务的券商龙头股，比如中信证券在2005—2007年那轮超级牛市中，股价涨了10倍以上；1995—2000年美国的互联网产业高潮中，思科这家IT设备提供商股价最高上涨了约50倍。

当下中国正进入创新药爆发期，循着以上思路，以领头羊药明康德等为代表的充当“卖铲人”和“卖水人”角色的CRO类药企，很可能是最大的受益者。

第三种是并购合资模式，以复星医药为典型代表。

由于新药研发风险巨大，很多药企利用资本优势，通过并购成功项目的方式，快速把握机会，做大企业。事实上，如医药巨头强生、辉瑞等，都走过了在创立初期通过产业整合做大做强的阶段。

从1999年开始自收购复星长征起，复星医药就启动了长期收购战略。仅在2017年，复星医药就完成了四笔收购，其中以71.42亿元收购印度仿制药企业Gland Pharma 74%股权的交易，这是中国药企目前最大的一笔海外收购。

合资项目方面，在港交所上市的上海复宏汉霖，是我国创新型药企中的佼佼者，由复星医药与美国汉霖生物合资，复星医药为控股股东。2019 年初，国家药品监督管理局批准复宏汉霖研制的利妥昔单抗注射液（商品名：汉利康）上市注册申请，该药是国内获批的首个生物类似药，主要用于非霍奇金淋巴瘤的治疗。此举标志着国产生物类似药大时代已经开启，具有重大里程碑意义。

生物类似药研发周期一般长达十年。十多年前，由美国次贷危机引发的全球金融危机的阴影还未完全消散，复星医药就率先在国内生物类似药市场开始了前瞻性的长远规划。生物类似药临床试验要求高（Ⅰ期+Ⅲ期，原研药头对头试验），整体研发难度远远高于化学仿制药。汉利康累计研发费用近 5 亿元，作为国内企业自主研发、自主上市的首个生物类似药，汉利康上市标志着国产企业在生物类似药上已具备较强的研发实力，形成了对跨国医药巨头进口单抗产品的突破和挑战。

复星医药还与纳斯达克生物制药公司 Kite Pharma 共同设立复星凯特，在抗肿瘤 CAR-T 免疫疗法领域已经走在了世界前列，首个产品 FKC876 已获批进入临床。

需要提醒的是，由于高风险属性，投资创新药医药股不能只押宝单一公司或单一产品，适当的组合是必需的；另外，锁定那些综合优势领先的企业，拿出非同寻常的定力，能承受得住像网络电子科技股一样的巨大波动，才有可能把握住创新药嬗变爆发期机会。

第三节

龙头经济时代特征：行业集中度提升

经历了接近 30 年的发展，A 股市场目前已有 3600 多家上市公司，其中累计涨幅最大的，想必少不了万科和格力，20 多年来以复权计，二者累计涨幅约 200 倍。是什么成就了万科和格力？技术创新？万科是造房子的，就产品而言还似乎谈不上。自 20 世纪 90 年代中期变频空调技术在我国兴起后，空调行业就再没有过颠覆性的技术创新，格力电器虽然手握大量专利发明，但也不见得在产品力和生产成本方面具有超乎寻常的绝对领先优势。

其实，答案就在市场上！

目前全国商品房销售金额约 15 万亿元，作为国内地产业的常青树，万科同期合同销售金额高达约 6000 亿元，行业市场占有率约 4%。事实上，20 多年来，万科的体量规模增长了约 300 倍，但全国房地产投资总额也增长了约 300 倍，在整个过程中，万科的市场占有率并没有明显提升。换言之，是行业市场容量的空前爆发造就了万科。

在 20 世纪 90 年代中期，我国空调产量还只有约 500 万台，而目前产量高达 2 亿台以上，20 多年间行业容量增长了约 40 倍。

与万科 A 类似，格力电器的成功在很大程度上也是得益于市场的高速扩张。改革开放以来，中国经济虽发生过几次大的波动，但每次波动过后，新的更大的需求就会冒出来。10 多年来，国内产能过剩的论调不绝于耳。回顾中国企业发展史可以发现，只要是选择加杠杆高速扩张的企业，除非因资金链断掉而导致中途夭折，最后的结果一般都是把企业做到了一个新的高度，实现了跳跃式发展。而被市场所遗忘淘汰的企业，很多就是那些犹豫观望，不敢下注，最后痛失发展良机的企业。在巨大的市场面前，敢于提前布局的激进者，往往会成为行业里新的领军者。

然而，中国经济走到今天，大部分行业的市场容量，开始进入中低速发展的饱和阶段，行业增速较以往的确下了一个台阶。去年，全国社会消费品零售总额增长率从双位数回落到个位数。很多行业，如房地产业、家电业等，近年来市场增长也在个位数徘徊；更明显的如汽车业，2018 年国内汽车销量出现了自 1990 年以来的首次负增长。

不过，在新的经济结构转型期，一个值得注意的现象却出现了，那就是行业集中度的明显提升，行业利润向龙头公司快速靠拢。由于现代社会信息传播的便捷性和及时性，物流快递服务的普及性等因素，大公司不仅没有因为市场的停滞“很受伤”，反而活得比以往更好了，表现为品牌的知名度更广，技术实力的领先优势更明显，市场占有率提升得更快，钱赚得更多。总之，马太效应更明显。可以说，中国经济进入了龙头经济时代，集中度的显著提升，成了这个时代的鲜明特征。

没有垄断，就没有行业利润。行业是否成熟的标志，就是集中度的高低。在龙头经济时代，不进入行业前三，就基本上没戏了。一个成熟的行业里，通常只有老大老二活得还不错，占据主要市场份额，有绝对定价权，在市场策略上彼此形成一定默契，不会做出“杀敌一千，自损八百”的零和博弈或负和博弈动作，龙头地位往往很稳固。

其实，在某些消费品细分领域，龙头集中现象早已上演。如奶制品行业，以复权计，上市以来伊利股份股价累计涨幅高达约 300 倍，上市当年我国乳业产量约为 600 万吨，目前行业产量约为 3000 万吨，市场扩张了 5 倍。其上市当年收入仅约 3.5 亿元，而目前年收入已达约 800 亿元，增长了 200 多倍，大幅跑赢行业平均水平。从行业竞争格局看，行业老大伊利的市场占有率约 24%，其次是蒙牛约 22%，双寡头优势明显，再后面的光明乳业只有 4%。可见，相较万科和格力电器受惠于市场爆炸性增长，伊利股份的成功更多的是得益于行业集中度的提升。

如今，不仅是奶制品业，在白酒业，房地产业，调味品业，医药健康产业如国产医疗设备、CRO 服务业、生长激素产品、抗过敏产品等细分行业，这种赢者通吃的法则都正在上演。

就资本市场估值而言，如今的 A 股整体生态较以往好了很多，具体表现在一线龙头股与二三线股估值水平差距正大幅缩小，炒小炒新的风气正逐步冷却。其实，在成熟资本市场如美国股市，龙头股估值一般比非龙头股高约 40%，哪怕个股成长性已经回落到个位数，其估值依旧可以维持在 20 倍以上，如知名消费品股耐克、ZARA、LV、可口可乐等。

在龙头经济时代，由于集中度的提高，一线股的成长性依旧靓丽，二三线股的成长性却打了折扣，于是，炒小炒新越来越没了市场。

落脚到投资，龙头经济时代的投资取向，就是盯住龙头企业。不过，对龙头，须以动态的眼光看。从行业发展史来看，几乎没有任何一个企业能做到基业长青。和其他企业一样，龙头企业也有自身生命发展周期，定性地判断出生命发展周期中的成长期和衰落期，远比定量的短期财务指标更重要。

第四章　独有加稀缺双保险

- 选股吃“独”食
- 独有性的组合玩法
- 供求规律是根本

第一节

选股吃“独”食

影响企业兴衰成败的因素有内因，也有外因，外因往往通过内因发挥作用。企业经营风险的外因可以归结为两大类：

第一类是产品过时的风险。由于时代的进步和科技的发展，某类产品逐步被市场淘汰，或者被更好的产品所替代。如果这个细分行业不行了，哪怕企业是该行业中的翘楚，也难逃消亡的命运。

比如火柴，虽然在烛光晚餐等特定场合还有一些用途，但整体市场需求已基本消亡，火柴被打火机替代，火柴厂只能被迫关门。还有胶卷，由于数码技术的冲击和数码相机的普及，除有限专业用途外，胶卷失去了绝大多数市场，因此柯达的破产在所难免。

第二类是市场竞争带来的风险。绝大多数企业消亡的原因都归因于市场竞争。比如100多年前，美国汽车生产厂商有几十、甚至几百家，经过残酷的市场竞争后，迄今只剩下通用、克莱斯勒、福特三家生产商。

再如，20世纪80年代末期到90年代，中国家电企业风起云涌，涌现了许多家电品牌，经过市场的优胜劣汰，目前只剩下格力、海尔、美的、TCL、海信等几家寡头企业。

由此可见，选股要选常青树企业。首先，产品技术不存在过时的风险；其次，竞争对手要尽可能少，最理想的状态是没有竞争对手——生产独一无二的产品，吃“独”食的企业。

比如，中药国家保密配方赋予企业享有吃“独”食的权利。目前，我国绝密级中药保护品种有云南白药、片仔癀、雷允上六神丸、安宫牛黄丸，以及广誉远的龟龄集和定坤丹等。另外，速效救心丸、麝香保心丸等保密级别也较高。

以上是从企业经营风险的角度看产品独有性的优势，从盈利模式的角度，也可以看出产品独有性的重要程度。

公司盈利模式，按照传统定义，是指对企业经营要素的价值识别和管理，并探求企业利润来源、生产过程以及产出方式，由此所形成的一整套实现价值创造、价值获取、利益分配的系统方法。用直白的话来讲，盈利模式就是企业赚钱的办法。

尽管就像天底下没有完全相同的两片树叶，市场上也没有盈利模式完全相同的两家企业，但概括地讲，仍可以把盈利模式划分为产品模式和商业模式这样的两大类型。

以智能手机为例。作为产品开创者，乔布斯一手创立的苹果公司主要靠硬件盈利，属于比较典型的产品模式盈利类型。然而，当智能手机的制造技术逐渐被别的公司所掌握，产品生产不再由苹果公司一家所垄断时，手机行业的盈利模式就更多表现为商业（营销）模式的不同了。

在我国，比较典型的如小米手机借助于互联网渠道的“米粉”模式，OPPO 和 VIVO 手机倚重线下渠道的代理商模式，华为手机以研发为核心的技术领先模式，等等。

事实上，在科技信息日新月异的当下，绝大多数产品都难以长年被某个企业独家垄断。如果能在 A 股 3000 多家上市公司中找出能提供独一无二的产品、其核心竞争力难以被效仿的标的公司，则这样的公司无疑就具有很高的投资价值。

显然，此类公司应归属于产品模式盈利类型。具体而言，是指公司的核心产品，别人无法提供，或其市场地位无法替代，公司只要在保证质量和一定产量的前提下提高产品售价，就可以稳定获取高于市场平均水平的超额盈利。短期来看，他们或许不如新创公司那般风光，但从长远来看，他们总能笑到最后，成为资本市场的长跑冠军。

不妨选取两家上市时间较长，产品独特且为消费者耳熟能详的公司作为参照样本，来对产品盈利模式的内在机理作一管中窥豹。

20 世纪 80 年代至今，定位于高昂的市场价格，茅台酒、片仔癀就一直被视作紧俏品或高档品，作为礼品馈赠后仍可存放许多年。这两种商品不同程度上具备独有性和稀缺性特性。

巧合的是，这两种商品（1 瓶 53 度飞天茅台酒、1 粒片仔癀药丸）

的单价在计划经济时期的20世纪80年代大致相同，均约为10元。如今，每瓶茅台酒市场价已涨到约2000元，片仔癀每粒涨到近600元，分别比当初上涨了200倍和60倍，在约30年的周期内，折合年化平均涨幅，茅台达到约20%。

翻看这两家公司历年营业收入和净利润数据，贵州茅台自2001年上市后，当年实现主营业务收入16.2亿元，净利润3.3亿元；2018年贵州茅台收入772亿元，净利润352亿元。这期间收入增长了约48倍，净利润增长了约107倍，折合年化平均增长率分别约为26%和32%。

片仔癀2003年上市，当年实现收入为2.14亿元，净利润0.60亿元；2018年收入47.7亿元，净利润11.4亿元。这期间收入增长了20多倍，净利润增长了约20倍，折合年化平均增长率约为20%。

这两家公司股价考虑分红在内的复权累计涨幅，如果以IPO当日的收盘价为起点计算，截至2019年5月初，贵州茅台股价累计涨幅约150倍，片仔癀股价累计涨幅约40倍，因上市期长短不一，对应的股价年化平均涨幅分别约为35%和30%。

数据分析到这里就比较清晰了，虽然这些年来以上产品的市场售价可能会在短期内大幅波动，其公司股价在几轮牛熊市的交替中更是不知坐了几回过山车，但拉长周期看，其年化平均涨幅，不论是产品价格指标，还是营业收入和盈利指标，大都基本一致；而且，落脚到最终的股价涨幅指标，也是基本一致的，大都在20%以上，属于典型的10年10倍股。

与此对应的可以参照的宏观经济数据是，从上海证券交易所开业的1990年起，20多年内，我国通货膨胀倍数约为3倍，年化平均涨幅约5%；国内生产总值上涨了约35倍，年化平均涨幅约15%（包含物价上涨因素的名义涨幅）；上证指数上涨了约30倍，年化平均涨幅约14%。

对比结果很清楚，不论最终产品的价格，还是单只股票的涨幅，上述公司的表现均大幅超越了同期的物价涨幅和上证综指的升幅。

第二节

独有性的组合玩法

可曾注意到，平日我们用几把伞？有人只有一把；有人家里、单位各一把；有人包里多放一把，有三把；还有人一把遮小雨，一把遮大雨，一把双人伞，算上家里各种用途的伞，估计要有好多把。伞的功能只有一种，但伞的需求却有许多种。和把梳子卖给和尚一样，小小的伞也有很多种卖法。

需求无处不在，变化多样，无穷无尽，优秀的企业既要对市场需求高度敏感，还要善于发现和挖掘潜在需求，并通过有效整合资源，以尽可能低的成本生产出高性价比产品，在满足消费者的同时实现盈利。这就是微观经济中企业运营的简单逻辑。仅就这一点而论，云南白药很有典型参考价值。

云南白药的独到之处就在于，没有躺在国家级保密处方庇护下吃老本，而是将单一秘方药做成了产品线，进而将产品线发展成产业链，顺理成章介入大健康产业，实现了由单纯制药企业向快速消费品企业的转型。

云南白药的核心功能是"止血化瘀、消肿止痛"，是中国跌打损伤第一药。早期云南白药主打产品只有单一的散剂，小小瓶子塞了一大团棉花，用起来并不方便，产品用途大大受限，产值自然难以上去。如今，云南白药先后开发出了包括散剂、胶囊剂、配剂、片剂、丸剂、酊剂、膏剂、气雾剂和栓剂在内的多种剂型，涵盖云南白药胶囊、云南白药膏、云南白药气雾剂(单效、双效)、云南白药酊(内服、外用)、云南白药痔疮膏等多个产品，形成了吃、喝、贴、喷、抹的云南白药系列产品线。不但拓展了云南白药功能，方便了使用，而且提高了产品附加值，营业收入增长水到渠成。

打赢了"葫芦娃"仗后，云南白药又大胆创新，玩起了"跨界"，以实现从产品线到产业链的跨越。期间，利用“功能嫁接”策略，又诞生了云南白药牙膏和云南白药创可贴两大拳头产品。大多数人存在不同程度的牙龈出血现象，云南白药牙膏将云南白药秘方“止血”功能嫁接到产品中，几年时间就占领了市场，与佳洁士、高露洁、黑人并驾齐驱，构成第一阵营。同样，借助功能嫁接，云南白药创可贴增加了“止血镇痛、防腐生肌”的新疗效，比单纯做包扎用途的强生邦迪创可贴更胜一筹，硬是把邦迪从市场第一把交椅上拉了下来。面对国际日化巨头宝洁和强生，云南白药这两项产品打了漂亮仗，为民族品牌拓展了空间，为民族产业树立了学习参照的样板。

之后，云南白药尝试卫生巾产品的功能嫁接，通过并购清逸堂日子卫生巾进入了妇女卫生护理行业这个数百亿元的市场，尝试利用云南白药创可贴和云南白药牙膏现有的药物和材料相结合的成功经验，改进和创新产品，再创一个崭新市场。

目前，云南白药大健康全产业链已成型，实现了从产品经营到产业经营的转型，作为龙头中药股，云南白药有希望由民族品牌发展成为国际品牌。

管理大师德鲁克说过，每个企业都有自己的专属资源，如果不能有效利用和整合，那就是失败的管理。转型是经济发展的核心目标，所谓转型，简单来讲，就是以最小化的成本和环境破坏，用“巧”劲生产出高附加值产品，实现利润的最大化，这才会有国民经济质量的大幅提升，而不是数量的简单罗列。提高产品附加值不仅靠技术和诀窍(know-how)，更要靠理念(know-how-to-think)，靠管理者创新。

第三节 供求规律是根本

除独有技术和配方以外，稀缺性资源也可以保证产品核心竞争力。说到稀缺性资源，不能不提及茅台酒，茅台酒是资源稀缺性的典型例子。

从生产工艺来看，茅台酿造工艺独特，是世界蒸馏酒中最复杂、最独特的工艺。茅台严格按照一年一个季节性生产周期生产，茅台酿造过程与赤水河水情变化相符，一般经历端午采曲、重阳投料、九次蒸煮、八次加曲、八次堆积发酵、八次入池发酵、七次取酒等过程，具有高温制曲、高温堆积、高温馏酒、长期储存的特点。

茅台酒基酒有 7 个轮次，在储存期间，会将每个厂房的相同轮次、相同等级、相同典型体的酒进行“盘勾”，使风格、风味达到统一的出厂标准。

从勾兑工艺来看，勾兑师采用酒勾酒的方式，将不同轮次、不同香型、不同酒度、不同酒龄的 100 多种基酒样品精心组合配伍，以保证独一无二的酱香品质。

从酒龄储藏来看，酒的生产从投料到出酒须经五六年时间。根据茅台生产工艺要求，同一批原料生产需要一年，烤出新酒放三年才能进行勾兑，勾兑后再保存一年，因此茅台酒平均酒龄至少在 5 年以上。漫长的生产周期使其增产缓慢，从而保证了茅台酒的稀缺性。

从地理来看，茅台镇的镇区面积还不到 5 平方公里，由于整个城镇依山而建，平坦的土地本就不多，而茅台酒厂已占据了城镇 3/5 的面积。只有在茅台镇特有的微生物环境里才可以酿出纯正的茅台酒，离开茅台镇，仅仅几十公里之外，同样复制的工艺、原料和设备酿出来的酒和纯正的茅台酒还是有差别，所以只能命名为珍酒。

从酿造原料来看，一般而言，一斤普通白酒需要消耗两斤粮食。而一斤茅台酒则需要消耗五斤粮食，同时，茅台酒的主要原料必须是仁怀本地出产的高粱。

当然，好的产品并不是为了稀缺而稀缺，为了概念而概念，而是看其是否具有优良的品质和独特的效用。相较其他酒，茅台酒喝多了，睡一觉到第二天也不那么头疼。“稀缺性”因素是茅台酒高品质的保证，也使茅台成为中国最具有奢侈品特性的产品之一。

某些地域，因其特殊的地理位置和气候环境，出产某种特殊的产品，如法国波尔多和勃艮第地区的葡萄酒、古巴的雪茄、缅甸的翡翠、新疆的和田玉、长白山的人参、西湖的龙井茶、宜兴的紫砂壶等，这都属于稀缺性资源产品。

随着经济的持续发展，社会整体消费需求会增加，消费层次会升级，但这并不意味着做各种商品都会赚钱，不过可以肯定的是稀缺品的市场需求会加速扩张，投资稀缺品股票的市场空间会更广阔，回报更为理想。

对于普通商品而言，产能很容易扩张，恶性竞争难以避免，使大家都赚不到钱。但是，对于稀缺品而言，由于产量的限制，价格会越来越高，稀缺属性体现得更为明显，从而拉高产品售价，提升盈利空间，这也是稀缺品的典型盈利模式。比如，奢侈品稀缺性属性较为明显，随着几十年来全球经济大幅增长，市场购买力也随之增加，奢侈品的市场需求和行业盈利远远跑赢了其他普通行业。

中医药为中国独有，是中国国粹。中药某些成分，如天然牛黄、天然麝香越来越少，越来越稀缺。目前天然麝香和天然牛黄每公斤要十万几十万，过去几十年间其价格涨幅远远超越了其他商品及 CPI 的涨幅。而以某种稀缺的中药成分组成的国家保密配方，如片仔癀，更为产品的涨价提供了动力。

然而，投资者需要注意的是，在重视产品稀缺性的同时，还要关注产品背后的供求状况。比如稀土，“中东有石油，中国有稀土”，中国稀土储量居世界首位，国际稀土贸易大部分来自中国。对于世界来说，来自中国的稀土是稀缺资源，但是中国稀土却近乎全行业亏损。究其原因，中国稀土企业为了短期利益，对稀土资源进行掠夺式开发，工业化批量开采使得产品供给大增，供求失衡，各企业竞相降低出厂价格，稀土价格长期在低位徘徊，使大家都很难赚钱。

宏观经济学也好，微观经济学也好，说难很难，说容易也很容易，其最核心的问题是供求规律。很多投资者选股只关注需求因素，而忽略了供给因素，没有从供给和需求两个方面综合分析，导致投资失误。

比如有些投资者曾买过航空股，买入理由是认为随着经济发展，坐飞机的人肯定会越来越多，需求会越来越旺盛，并没有考虑供给端航空公司的运力增加以及公司折旧、同业竞争、燃油成本、高铁冲击、安全隐患等因素，因而投资回报不理想。

第五章　核心竞争力的集中体现

- 价格最大化：做企业的最高境界
- 量价齐升是关键
- 量价组合盈利模式
- 跑赢 CPI
- 来自替代品的价格威胁
- 定价里的“猫腻”

第一节

价格最大化：做企业的最高境界

定价权是企业核心竞争力的集中体现。

定价权并不等同于提价权，定价权的核心是可以自主而不是被动地调整价格，价格的调整不会对销量产生实质性的影响，产品价格可高可低，以配合企业经营战略的推进，并谋求企业长远利益。

一般来讲，高品质产品涨价的幅度要高于普通产品，可带来超额利润。下面举几个例子来说明。

先说茅台酒。

1987 年，在当时价格管制的背景下，53 度飞天茅台酒的零售价是 8 元/瓶，茅台酒有价无市，市面上几乎看不到茅台酒有售，有限的产量几乎全部用于特供；30 多年后的今天，茅台出厂价上涨至 969 元/瓶。2019 年，市场价在经过 7 年后又创出新高，在北上广的商业中心如上海南京路，市场价一度高达约 2800 元/瓶。

贵州茅台于 2001 年上市，从 2002—2019 年，飞天茅台出厂价每瓶从约 200 元上涨至 969 元，市场价从 300 元上涨至约 2800 元，市场价的涨幅大于出厂价涨幅。经销商享受的价差从每瓶约 100 元上升为约 1800 元，考虑到近 10 年销量不断扩大，因此，经销商群体是茅台最大的受益者。

同时，这也说明在茅台酒这个巨大的产业链上，茅台公司在分配渠道商利润方面有很大的腾挪空间，主动权掌握在茅台公司手中，而不是在经销商手中。

2002—2019 年十几年间，茅台酒（53 度飞天）产量从约 1 万吨增加到约 5 万吨，增长到 5 倍；茅台酒销量由 15 年前的不到 5000 吨增加到约 3 万吨（当年销量对应于 5 年前产量），增长到 6 倍；这期间收入累计增长了 50 倍，净利润累计增长了百倍以上，各项经济指标的飞速增长对应于同期股价上涨了约200倍。

再来看看片仔癀。

20世纪80年代片仔癀每粒约10元，2005年片仔癀出厂单价每粒约为125元，2005—2010年出厂价提价6次，2011—2012年提价3次，2012年底出厂价每粒约为320元，7年间出厂价上涨约2.6倍。

2019年初片仔癀零售价500多元每粒，约200元的中间价差供渠道商享有，渠道的价差基本占零售价的1/3。伴随着产品价格的不断上涨，10多年间片仔癀股价上涨了约40倍。

片仔癀不仅是药品，还可用于养生保健。从前几年市场调查数据来看，购买片仔癀的人群中用于治病的约占六成，用在养生保健的约占三成，其余的作为礼品馈赠。片仔癀所具备的健康保健功能进一步提升了其产品价值，扩展了盈利空间。

概括地讲，中华文化国粹产品主要分布在酒和中药中。从整体上来看，这些年中药价格涨幅落后于白酒，相信随着居民健康意识的提高和“治未病”理念的进一步普及，这一分化趋势有望被修复。

相比片仔癀，同仁堂产品多年基本没有提价。同仁堂只是在2005年、2006年对自定价品种提过价；2012年对安宫牛黄丸提价70%，这是该产品十年来第一次提价；2012年对同仁堂阿胶提过价。

比较而言，片仔癀采取的是控制产量，以品牌影响力提升利润率的战略；而同仁堂则与云南白药类似，其利润率相对较低，靠加快生产周期和资产周转率来提升利润水平。

片仔癀的营销手法有人称之为饥饿营销法，即在较难提高销量的前提下，通过控货的手法，使市场间歇性处于不饱和缺货状态，然后进一步提高售价，以此提升业绩。在社会舆论方面，提价容易招致指责。

不过，有人形容税收好似在鹅身上拔毛，一方面要多拔一些，一方面又尽量不让鹅叫。

做企业做产品的最高境界是以最高的价格把产品销售出去，还要让消费者觉得物有所值，肯心甘情愿埋单。做企业要在不涨价的前提下出业绩，是非常困难的，世界500强企业中能靠低价取胜的恐怕只有沃尔玛这样的大型零售企业了。

此外，医药保健产品是一种特殊的商品。和奢侈品相比较，奢侈品消费主要用来满足心理需求，一分钱一分感觉；医药保健产品满足的生理健康需求，一分钱一分疗效。医药保健产品药材道地，药效才好，因此仅从产品功效角度来看，高档医药保健产品性价比要高于中低档医药保健产品。奢侈品正相反，高档奢侈品性价比一般低于普通商品。比如皮包，高档皮包和中档皮包的价格相差10倍，但是性能和质量却不会相差那么多。

第二节 量价齐升是关键

盈利=单位产品边际盈利贡献×销量。如果涨价后销量下滑幅度很大，盈利有可能会下降，因此，产品价格上涨并不一定会提升企业盈利。判断定价权的关键是看涨价后的销量变化，涨价后销量不下滑的才算是掌握了定价权。量价齐升是比较理想的状态。

经济学中有一个基本概念是弹性的概念，即由于一个变量的变化会引起另一个变量的变化，两者变化幅度的比率就是弹性。比如，某一产品的需求价格弹性等于2，就是指产品价格每变化1个百分点，市场需求可以变化2个百分点。

一般来讲，价格上涨，大部分商品需求量会下降，但是也有一部分商品需求量变化不大，甚至不降反升，据此可以将消费品分为以下三类：

第一类是价格上涨、需求量下降较大的商品，一般是非必需消费品。对于非必需消费品来说，需求价格弹性比较大。道理也很简单，比如本来想换一辆新车，但是车价上涨了，于是暂时不换了，市场需求量就下来了。

第二类是价格上涨、需求基本不变的商品，一般是必需消费品，以日常快消品为主。日常生活用品绝对价格不高，日常消耗速度快，需求对价格的变化不敏感，一般情况下，消费者不会因为价格的变化减少或增加日常消耗量。

第三类是价格上涨、需求可能会上升的商品，一般是稀缺的奢侈品。

有一种比较特殊和少见的例外现象是“吉芬”商品现象：一个叫吉芬的爱尔兰农民在1845年爱尔兰灾荒期间发现马铃薯价格的上升带来的是需求的上涨。马铃薯是生活必需品中的低档品，在收入下降的情况下，人们不得不增加对马铃薯的消费。“吉芬”商品现象是市场中的特例和少见的现象，一般发生在战乱或政局、政策大幅波动时期。中国在20世纪80年代末期发生的抢肥皂、抢卫生纸、抢大白菜、抢大米等抢购潮与此类似。

奢侈品属于炫耀性消费品，大多数消费者是出于炫耀性的目的购买奢侈品，获得心理上的满足。奢侈品不以成本的多少来定价，价格越高，越能体现消费者的金钱财力和社会地位，以及相关的荣耀、名誉和声望，因此毛利率往往很高。

奢侈品的特性是“人人向往，少数拥有”，如果每个人都可以拥有这样的商品，每个人都可以获得这种心理满足感，那么这种满足感也不值钱了。从历史价格涨幅来看，奢侈品大于普通商品，并且表现为量价齐升。

市场经济下，有什么样的需求就有什么样的产品，奢侈品也是如此，企业应该最大化满足合法的市场需求。和其他企业一样，奢侈品企业满足了特定群体消费者需求，创造了工作机会，提供了税收，调节了社会资源分配，不能简单地认为奢侈品浪费了社会资源，奢侈品企业其实也在创造社会财富。

奢侈品虽然属于消费品，但却部分具有周期股特征。经济繁荣期，人们收入不断增加，奢侈品需求旺盛，股价上涨幅度也大；经济低迷期，奢侈品需求一落千丈，股价回落幅度也很大。奢侈品中的珠宝、名表周期性特征明显。

不过，奢侈品股的周期性要弱于工业品周期股，从长周期来看，奢侈品股的市场表现要好于工业品周期股。据统计，在资本回报上，奢侈品行业长期跑赢大盘。

适当的高消费无可厚非，不过奢侈品行业在整个国民经济中的比重并不高。目前，世界第一奢侈品公司 LVMH 集团(路易威登)总市值约 1500 亿美元(市值已被茅台超越)，Gucci 母公司开云集团市值约为 600 亿欧元，远不及大众快消品公司宝洁、联合利华等 2000 亿美元以上的市值，连牙膏企业高露洁市值都有约 600 亿美元。因此，相比较而言，快消品行业的投资机会多于奢侈品行业。

顺便说说奢侈品中的高端酒。像其他奢侈品一样，酒的定价取决于品牌。其实，没有品牌的酒，不过是水和食用酒精的混合物；有品牌的酒，其实也是水和食用酒精的混合物。高端酒和中低端酒在产品性能和口味方面差别不大，除了专业品酒师和资深酒友，普通人基本上尝不出几千元的酒和几百元的酒、几百元的酒和几十元的酒的差别。

况且，酒和中药一样，过犹不及，过量有害身体健康。从健康养生和资源节约的角度来看，过量的白酒消费不值得提倡，但是这并不意味着白酒公司缺少投资价值。白酒，尤其是高端白酒，更多满足的是精神方面的需求，其作用无法替代且永续存在。如白酒界里的双子星茅台和五粮液，在属性上，既是奢侈品里的快消品，又是快消品里的奢侈品。相较于其他类酒，中长期看，中高端白酒上市公司是不错的投资标的。

如果做不到量价齐升，起码价格应该一直上升，上升速度起码要超过同期 CPI 涨幅，最好能超过同期 GDP 涨幅，这样即使销量上升不大，也可以在盈利成长性上大幅超越业内均值。

巴菲特曾经重仓并收益颇丰的喜诗糖果，虽然 30 多年来产量仅增长了约 1 倍，但由于掌控了定价权，价格上升幅度很大，这期间净利润增长了 30 多倍，由此造就了大牛股走势。

还有万宝路，由于禁烟的影响，几十年来其产量几乎停滞不动，但还是得益于价格的持续上升，成为名副其实的牛股领头羊。

就中国 A 股某些稀缺品种如贵州茅台、片仔癀、东阿阿胶等，指望其产量在今后大幅上升不太现实，事实上，东阿阿胶近几年因涨价因素导致销量出现一定程度的下滑，对股价走势也造成一定影响。今后，能否复制类似喜诗糖果和万宝路的成长模式，最终由价格因素成为业绩驱动的主力军，带动企业长期持续高增长，还需边走边看。

第三节 量价组合盈利模式

盈利来源于收入，提高收入是企业孜孜不倦追求的目标。决定收入的要素是销量和售价，资本市场股价涨跌的密钥就蕴含其中。

在住宅领域，万科是耳熟能详的常青树企业。若按后复权计，自1991年上市以来，28年的时间股价涨幅200多倍，成为中国房地产企业中市值最大的标杆企业。2018年万科实现合同销售面积4038万平方米，合同销售金额6070亿元，同期全国商品房销售额达15万亿元，万科市场占有率约为4%。

事实上，上市以来的20多年里，万科收入虽然增长了约300倍，但同期全国房地产投资总额也增长了约300倍，万科市场占有率变化不大。万科收入的高速增长主要来源于销量的大量释放，万科摊上了一个高速增长的行业，只要在这个行业中不掉队，并在行业集中度提升时更快地发展自己，最后就能成为行业领头羊。

近几年中国房地产行业集中度提升特别明显，利好龙头公司。2018年，千亿元级房企数量达到30家，创历史新高。2018年，500强房企全年商品房销售面积总额约7.2亿元平方米，销售金额创下9.9万亿元新高。房地产行业马太效应明显。前50强房企销售规模占全行业的52%，百强房企市场份额升至58%，而2014年百强房企市场份额尚不及35%。

2019年中国房地产开发企业500强榜单前三强仍由恒大、碧桂园、万科占据。融创、保利、中海、龙湖、新城、华润和富力分列第四到十位。

货值集中度方面，51%的土地被排名前十的企业购得。行业金字塔型的结构越来越明显，强者恒强更加显著。大型房企受益于行业整合，业绩得到进一步提升，中小型房企依然举步维艰，成长空间及市场份额进一步被挤压。

万科董事长曾称自己要做好“农民”的角色，并称万科没有什么独门秘籍，也没有什么核心竞争力，今后当好“农民”，是“唯一的想法”。其实，在我国房地产业狂飙突进的20多年里，赚钱容易，但能做到不被竞争对手赶超，不被市场淘汰，可不是一件容易事。事实上，也只有万科等寥寥几家企业做到了。万科并不是没有核心竞争力，任何一家成功的企业都不可能没有核心竞争力，万科的核心竞争力就是几十年来老老实实、认认真真把事做好，守好自己的跑道不被竞争者超越。

耐用消费品领域，格力电器和上汽集团是两家典型企业。按复权计，上市以来，格力电器和上汽集团股价分别累计上涨了约200倍和约20倍。

和万科类似，二者的成功很大程度上源于所处行业在过去20多年的飞速发展：20世纪90年代中期，我国空调产量只有500多万台，目前年产量超2亿台，期间产量增长了近40倍；1997年我国汽车产量只有约160万辆，目前，我国汽车产销约2800万辆，连续八年蝉联全球第一，期间产量增长接近20倍。

然而，二者在市场占有率这一指标的变化上略有不同。20多年来，我国空调业品牌高度集中化，格力市场占有率在不断提升；同期汽车产业的集中度却变化不大，在外来品牌和本土品牌竞相角逐中，上汽集团市场占有率承压很大。这导致二者股价涨幅的巨大差异。

可以看出，二者成功主要靠的是销量的增长，至于说价格的上涨，和同期物价和工资收入的上涨幅度相比，简直可以忽略不计，甚至是落后的。

大众消费品领域，复权计，上市以来，伊利股份股价累计上涨了200多倍，双汇发展累计上涨了40多倍，青岛啤酒累计上涨接近10倍，三者的成功也主要得益于市场容量的扩张。

比如青岛啤酒，1993年上市当年我国啤酒产量约1000万吨，目前年产量3800多万吨，产量的涨幅与股价的涨幅基本一致。

还有双汇发展，作为中国肉类品牌的开拓者，在常温火腿肠肉制品市场一家独大，几乎垄断了这个细分市场，几乎独吞了市场扩容份额。

但三者目前面临同样的问题，行业经多年高速扩张后，疲态已现，如何重新定位和开拓新产品、新市场，以新动力推动销量增长，成为未来股价走势的关键。

港股的康师傅控股和美股的可口可乐近年来在量的扩张方面不尽如人意。康师傅方便面如今非但价格难以上涨，销量亦呈萎缩迹象，其股价自上市涨了 10 倍多后，2011 年后一直在回落；可口可乐百年里曾创造了股价累计上涨数万倍的奇迹，但近 20 年股价却基本没涨，除估值回落因素外，之前依靠全世界扩张以推动销量增长的商业模式如今边际效应正逐步递减，业绩缺乏成长性成为股价上涨的掣肘。

高端消费品领域，贵州茅台上市 10 多年股价累计上涨了约 150 倍。2001 年刚上市时，茅台基酒产量 7000 多吨，出厂价 170 多元/瓶，目前年产量升至 5 万吨，出厂价上涨至 969 元/瓶；产量和出厂价各上涨了数倍，使得收入扩张了几十倍。在利润率不断提升的助推下，利润增长得更快一些，业绩增长倍数与股价涨幅基本一致。

可见，贵州茅台的增长不仅来源于量的增加，还得益于价的提升，是双轮驱动模式。

同时，与茅台同为我国高端白酒双子星座的五粮液，上市以来股价累计上涨了约 80 倍，其发展模式与茅台类似，也是量价双轮驱动。

不过，由于近几年茅台飞天产品市场普遍缺货，给了五粮液抢夺部分高端市场，在短期内扩大自己市场份额的难得机遇，存在较大的替代效用投资价值。当然，这一替代效用不仅适用于五粮液，还适用于泸州老窖、洋河、水井坊、汾酒、舍得等次高端品牌。

量价双轮驱动业绩增长模式的典型代表股还有涪陵榨菜。

从过往来看，这些年涪陵榨菜几乎每年都会提价，并且提价幅度高于 CPI 幅度，而且多数情况，涪陵榨菜的提价不会造成终端销量的下滑，整体销量呈上升趋势。

涪陵榨菜产品大部分为小包装，每包几十克，售价 2~5 元/包不等，折合每斤 10~20 元。要知道，用于生产榨菜的原料青菜头收购价仅几毛钱一斤，可以说，几块钱买一大篮子的家常菜卖出了肉的价格，主要在于榨菜每包绝对价格很低，消费者对价格上涨不敏感，因此涨价模式屡试不爽。

2012—2018 年，涪陵榨菜的销量从约 9 万吨，增长到 13 多万吨，增长了约五成。营业收入从约 7 亿元增长到约 19 亿元，增长了 1 倍多，量的增加带来收入更多的增长。同时，净利润增长得更快，从 1 亿多元增长到 6 亿多元，涨了约 6 倍。最后的结果很明显，期间股价就涨了约 10 倍。

目前，涪陵榨菜的乌江牌榨菜(重庆涪陵区有很多企业产榨菜，茅台镇有很多酒厂生产酱香酒，套用广告语“不是所有牛奶都叫特仑苏”，不是所有茅台镇出产的酒都叫茅台，不是所有涪陵出产的榨菜都叫涪陵榨菜)销量稳居行业第一，竞争对手主要有辣妹子、鱼泉、铜钱桥、备得福、斜桥等，但其市场占有率约为 30%，遥遥领先于其他同行，竞争优势明显，可以说是榨菜行业中的“龟甲万”。

行业容量的成长空间、市场占有率的集中和定价权的掌控程度，这三股力量决定了业绩的优劣和股价的走势，但它们不是简单的叠加，严格意义上讲，这三股力量是在不同方向和大小上的矢量合力。企业的运营艺术无非是在给定的条件下，把这些经营要素组合得更加完美。

第四节

跑赢 CPI

据统计，改革开放以来，通胀率年均约为 6.3%。以复利计算，该期间通胀倍数率约为 10 倍。

这期间两次大通胀分别发生在 1988—1989 年和 1993—1995 年。

1984—1988 年，财政体制改革使地方投资热情空前高涨，固定资产投资年均增长约 26%。同时，工资改革使居民收入增加，消费需求旺盛，而供给非常短缺。1988 年 8 月，物价改革的消息引发抢购风潮，1988 年、1989 年两年的 CPI 增幅均超过了 18%。

1993—1995 年的大通胀主要是由于经济过热造成。当时投资性需求再次快速增长，政府大幅上调能源、交通等基础产业的价格，导致 CPI 增幅由 1992 年的 6.4%飙升至 1993 年的 14.7%，1994 年增幅达到 24.1%的历史最高点。

改革开放以来，各种商品的上涨幅度各有多少呢？下面列举几种典型的商品作一参照对比：

面粉，40 年前约 0.2 元/斤，目前约 2 元多/斤，上涨约 10 倍；

鸡蛋，40 年前一块钱可以买 10 个，现在可买 1 个，上涨约 10 倍；

猪肉，40 年前 1~1.5 元/斤，现在约 20 元/斤，上涨约 10 倍；

全聚德烤鸭，20 世纪 80 年代约 30 元/只，目前约 300 元/只，上涨了约 10 倍；

中华烟，1988 年全国 13 种名烟放开价格上市供应，中华烟上市后从 40 元/条涨到 72 元/条；目前约 400~700 元/条，上涨约 10 倍；

黄金，1980 年每盎司约 800 美元，目前约 1500 美元，涨了不到 1 倍；

白银，1980 年每盎司约 50 美元，目前不到 20 美元，不仅没有上涨，还下跌了；

53 度飞天茅台酒，1980 年约 8 元/瓶，目前约 2800 元/瓶，涨了 300 多倍；

东阿阿胶，1980 年约 7.6 元/斤，目前接近 3000 元/斤，涨了 300 多倍；

片仔癀，20 世纪 80 年代 10 元/粒，目前 500 多元/粒，涨了 50 多倍；

冬虫夏草，1980 年便宜的 1 克只有几分钱，贵的也就几毛钱，如今却要几百多元，涨幅达成千上万倍；

新疆和田玉，30 多年来涨幅也有千倍左右。

通过数据统计可以发现，多年来，钢材、水泥、玻璃等初级原料工业品中，以及猪肉、小麦、大米、鸡蛋、奶等普通食品，涨价格幅与总体通胀水平基本接近。

许多大额消费品，如以彩电为代表的家电类产品，以电脑为代表的电子产品，还有汽车以及通信费用等，绝对价格甚至还有一定下跌。

只有少数高端稀缺品，如名烟、名酒、名贵中药保健品、高端化妆品等消费品，涨价幅度要比普通商品高出几倍甚至十几倍，大大领先于总体通胀水平，是抗通胀的绝佳品种。

选消费股，留意那些跑赢 CPI 的品种，是一个比较靠谱的思路。

对于高档品或奢侈品来说，产品品质和品牌内涵是首要问题，销量是其次问题，有时甚至为了维持价格而采取限产限销的手段。比如，2012 年底，中国白酒业遭遇利空打击时，茅台和五粮液试图通过控制渠道商价格来维护产品形象，以继续维持产品高毛利率和利润率，以至于遭到发改委的警告和罚款，也是这个道理。

目前中国人均 GDP 已经接近 1 万美元，未来有望持续递增。在这个过程中，消费升级的趋势会更加明显，中高端快消品将是最大受益者，会比其他消费品获得更多的发展机会。

中高端快消品一般分布于酒和中药保健品当中，随着时间的延长，这些产品本身不仅不会变质，性能和口感还会更胜一筹，具有保值增值的收藏价值。

一般情况下，此类上市公司往往股价高高在上，估值在大多数时间内都较高，而当遭遇突发利空事件出现短暂大幅波动时，往往是战略建仓的良机。这时，投资者千万不要叶公好龙作壁上观，该出手时就出手，别让机会溜走，空留遗憾。

第五节

来自替代品的价格威胁

有些投资者喜欢投资矿业股，在他们看来，随着经济的发展，对矿业的需求会持续增加。由于矿产品的生成需要亿万年的时间，矿产资源会越用越少，资源稀缺性会越来越明显，因此投资矿业股稳赚不赔。

事实上，除了自己的生命之外，这个世界没有真正稀缺的东西。原因很简单，人类有足够的智慧总是可以找到替代品。

由于电力行业和通信行业的迅猛发展，铜一度被认为将长期供不应求，但是科技的发展总是快于资源的减少，不仅得益于开采技术提高使开采量增加，而且出现了新的替代品——光纤。从实际情况来看，对铜的需求不但没有增加，反而有减少的趋势。

20 世纪 70 年代开始，LME 铜价曾 4 次涨到过 3000 美元以上。但是直到 2006 年 5 月，铜价才涨到 8000 美元，而 2008 年 10 月铜价跌到 4000 美元，2008 年 12 月又跌到 2800 美元，40 年间铜价基本没涨。目前铜价才勉强维持在 6000 美元左右。曾经一度被认为是稀缺品的铜，价格走势大大落后于普通商品。

再来看看黄金，黄金本质上是一种金属货币，货币相比货币谈不上上涨的概念。黄金作为通用价值衡量尺度，除了用于首饰及微量工业用途外，几乎没有其他实际用途。人类费那么多周折把黄金从地下开采出来，又把大部分黄金锁在银行地下金库睡大觉，没有利息，不能吃、不能喝、不能生崽，定期还得支付约 2%的保管费，若现货交易还要支付运输费、安保费。

如此看来，为了确定一种相对放心的货币“锚”，人类付出了太大的代价。当然，这样做也是迫不得已，迄今为止人类还没有找出更好的替代物。

既然是一种货币“锚”，黄金价格上涨的速度则必然等于货币币值上涨的速度。

《圣经·旧约》称，公元前 600 年，一盎司黄金能买 350 块面包；而 21 世纪的现在，一盎司黄金还是只能买到 350 块面包。2600 多年过去了，黄金的购买力没有变。

30 多年前黄金每盎司约为 800 美元，30 多年后仅维持在 1500 美元左右，30 多年来并没有跑赢平均物价涨幅。

其实，黄金投资更多作为一种避险工具，在全球经济存在重大不确定，美元指数走低的情况下，在整体投资组合中起到对冲的作用。在极端情况下，可以通过投资黄金或黄金股减少整体投资组合的损失；但若要靠它长期来赚钱，其实很难做到。

铜是这样，黄金是这样，稀土也将会是这样。

目前，在全球范围内，稀土还比较稀缺，但是在或远或近的将来，科技将使会稀土不再稀缺。看一下实际价格，20 世纪 80 年代中期至今，稀土价格也只不过上涨了 2~3 倍，并没有赶上物价的涨幅。

替代产品的出现是科技发展的必然结果。从这个角度来说，投资要找寻的应当是无法被替代的产品。

第六节

定价里的“猫腻”

俗话说，“买的没有卖的精”。意思是，对于商家来说，千做万做，亏本的买卖不做，卖方最清楚货物的成本，如果不赚钱的话自然不会做这个生意。

单纯从商品进销差价来看，上述说法没错，但是从产品效用满足这个角度来看，却是“卖的没有买的精”。

消费者购买商品是为了满足自我需求，需求对应于产品效用，产品没有效用就没有价值。由于消费者需求有个体差异性，因此同一商品对不同个体消费者有不同的效用，甚至没有效用，比如梳子对和尚没有使用效应。在此情况下，不同的消费者对同一种商品心理出价是不相同的。

比如，假设一瓶水售价 2 元，对于一个刚喝完水的人来说，降价到 1 元/瓶也不会买。而对于一个口渴的人，哪怕 3 元/瓶也肯买。从这个意义上来讲，口渴的人“节约”了 1 元钱，即“消费者剩余”等于 1 元。

卖水的人不知道口渴的人的支付意愿，不会把水定价到 3 元/瓶。

所以从这个角度来看，“卖的没有买的精”。消费者只要肯掏钱购买商品，那么就或多或少享有消费者剩余。当然，靠欺骗和虚假营销实现销售的伪劣商品除外。

消费者剩余并不是实际收入的增加，只是一种心理感觉的表现。因此，掌握定价权的关键是要关注和洞悉消费者的心理需求，寻找最佳的产品定价来最大化满足消费者需求才可以找到实现利润最大化的办法。

“卖的没有买的精”可以帮助我们更好地理解商品定价的本质。在传统的定价策略中，成本加成定价法、毛利率定价法、投资回报率倒推定价法是常用的定价方法，其实这些定价方法存在一定的认识误区。

成本加成定价法，简单地说就是商品的售价要覆盖其成本，并将企业成本再进一步分为固定成本和变动成本来进行分析，进而在全部成本的基础上加上一定的利润溢价。一般这个利润溢价主要参考行业平均利润率水平，不会超过很多，否则有商品滞销的风险，也不会低很多，否则会流失一些应得的利润。

可见，这种定价方法完全是以生产方的“我”为中心的计划经济模式下的定价方法。产品价格要视企业成本的多少来决定，实际上是强迫消费者要为企业成本埋单；须知，消费者购物时根本不会关心企业赚不赚钱，没有一个消费者购物的目的是帮助企业完成盈利目标。这种僵化的定价思维模式其实是计划经济下“以产定销”的翻版。

毛利率定价法比成本加成定价法有所进步。毛利率定价法首先根据商品的性能和品质给予其一个相符的毛利率水平，再以这个毛利率水平结合企业的期间费用率（营业费用、管理费用和财务费用）换算出商品的售价。毛利率水平依产品类别有所不同，一般来讲，高端消费品如奢侈品、化妆品等毛利率水平较高，中低端消费品毛利率水平较低。

毛利率定价法其实还是没有脱离以生产方的“我”为中心的思维窠臼：“我”认为“我”的产品是好产品，应该享受某一高毛利率，所以“你”消费者就要多掏腰包来买“我”的产品，来补偿“我”为提高产品品质而投入的大量资金。

投资回报率倒推定价法更为荒唐。在很多可行性研究报告中，一个投产项目要在事先算出项目投资回报率以“满足”投资方资金回报要求。如果投资方要求资金回报率高一些，就会相应把产品售价订得高一些。如此一来，可行性研究报告看起来很“漂亮”，投资资金也可以很快到账，投资方和运营方“皆大欢喜”，何乐而不为?

其实，产品定价的依据不是成本，不是毛利率，也不是项目投资回报率，而应是产品的效用以及消费者对效用的认可程度。

产品效用不是一个常量，而是一个变量。在产品出厂时，产品效用并没有被锁定，在到达消费者手里之前，不同的营销理念、不同的销售渠道以及不同的客户群体都会使产品体现不同的效用。

换句话说，产品价格从来就不是“定”出来的，而是在销售过程中自然实现的。将产品价格最大化是企业的经营之道，是做企业的最高境界。

一般来讲，品牌产品售价会高于一般商品，不同内涵品牌商品之间价格也不相同。

比如，茅台和五粮液都是中国名酒，好似白酒界里的“李白杜甫”，但终端市场价格相差 1 倍左右，难道品质也会有那么大的差别吗?

哈根达斯冰淇淋和伊利雪糕价格相差几十倍，难道其口感和营养价值也会相差那么多吗?

就连已经标准化的黄金产品，由于品牌的不同，市场定价也不相同。比如不论是金条还是金饰品，周大福和六福的金价都要比国内的品牌如老凤祥、老庙黄金和金亚金店高出 3%~5%。

茅台也好，哈根达斯也好，其价格取决于带给消费者的“产品效用”，而“产品效用”取决于消费者的“心理感觉”。

同样是酒精和水的混合物，茅台带给消费者最尊贵的心理享受；同样是牛奶、乳化剂、增稠剂的冰冻混合物，哈根达斯带给消费者甜蜜的恋爱感觉。

就拿奢侈品来说，在经济学意义上，奢侈品是价格/品质比值和无形价值/有形价值比值最高的产品类别。奢侈品可以卖出超高的价格，在于其销售策略更多专注于消费者的“感觉”体验。

消费者的心理感觉是一个很奇怪，又很难把握的东西，往往是非理性的。比如，人们总觉得“洋货”比“国货”好，外来的和尚好念经，价格高的商品其品质一定高于价格低的商品。

其实，在内行人看来并不尽然，甚至是荒唐的。商家也往往利用人们这种心理来调整产品策略和定价策略以获取更多利润。

第六章　专一且简单

- 猎人同时抓不住两只兔子
- 多元化估值偏差
- 赚钱好算
- 简单地活，更久

第一节
猎人同时抓不住两只兔子

众所周知，社会化分工是人类社会起源的经济基础。

人类社会之所以出现社会分工，是因为专业化可以大大提高劳动效率，可以更快地创造财富。在专业化分工下，各参与方在自己所擅长的领域具有生产上的比较优势，充分发挥各参与方的比较优势，那么就一定会大大提高社会整体生产效率。

在经济学意义上，比较优势原理在国际分工和国际贸易方面有很好的阐述和应用，各国按比较优势参与国际贸易，通过采取“两利取重，两害取轻”的生产方式，各国都可以提升各自的福利水平。

其实，从目前世界生产分工体系特点来看，美国人擅长技术创新，德国人擅长精密制造，意大利人擅长经营奢侈品，法国人擅长运作化妆品，瑞士人擅长出品手表，中国人擅长酿酒、调味品和中医药。

每个国家都拥有自己具有比较优势的产业，任何一个国家想取代另外一个国家具有比较优势的产品都是非常困难的。

生产要素禀赋理论对此给出了更为具体的解释：不同的商品需要不同的生产要素比例，而不同国家拥有的生产要素相对来说是不一样的，各国应生产那些能密集地利用其较充裕的生产要素的商品，以换取那些需要密集地使用其稀缺的生产要素的进口商品。生产要素禀赋理论较长时期以来一直是国际贸易理论的主流学说。

中国田忌赛马的故事也可以说明这个道理：田忌一方的上、中、下三批马，每个层次都劣于齐王的马。但是，田忌用完全没有优势的下马对齐王有绝对优势的上马，再用相对比较有优势的上马、中马对付齐王的中马、下马，结果取胜。

落脚到微观经济和个体企业层面，只有把自己的优势和资源用在自己最擅长的领域，才有可能在本行业脱颖而出，以更佳的产品性能和更集约的成本来取得市场份额，获得消费者认可。企业的使命就是专注于自己擅长的产品并将其做到极致化，不断强化自己的比较优势和竞争优势，从而获取超额收益。

生活的经验也告诉我们，一个猎人同时抓不住两只兔子，一个人一辈子能把一件事情做好就已经很不错了，乔布斯专注于苹果，任正非专注于通信。消费股选股，应更多关注产品专一化的企业。

第二节 多元化估值偏差

随着科技发展和技术深化，任何一家企业可以获取的核心资源越来越有限，想在多元化战略下每个领域都做得很出色几乎是不可能的。

据统计，世界500强企业中，单项主导产品收入在总收入中占比95%以上的有约140家，占500强总数的28%；主导产品收入在总收入中占比在70%~95%之间的约有194家，占约40%；而无关联多元化的企业极少，况且像通用电气、日本三菱等屈指可数几家多元化企业，其实是很松散的结合体，各个产业板块基本上是独立运作的。

从跨国企业发展史来看，没有强势主打产品，就无法构建强势品牌；只有立足于主业、开发核心产品，才可以取得强势市场地位。

一般来讲，中国国企，特别是央企往往重视“做大”而“做强”，为达到一定的量级，涉足多个关联度不大的产业。能否将各产业有效整合，释放协同效应，是摆在面前的一大难题。

多元化表面看起来很美，似乎多涉足几个行业，多做几个产品就可以像“狡兔三窟”一样抵抗系统性风险，东方不亮西方亮，平滑企业集团间业绩。

但事实上多元化的结果往往是在每个板块上都难以形成核心竞争优势，顾此失彼，整体业绩反而差强人意。而且很有可能由于某一个板块的失败拖累整个企业，使整个企业元气大伤，甚至资金链断裂，以至于倒闭破产。初衷是分散风险，结果却是扩大了风险。

在一个行业做到精益求精远比在多个行业做二流企业要好得多。

路易·威登(LV)专注于皮包，力求生产世上最好的皮包，其产品享受高达约75%的毛利率。而中国有大量皮包代工生产企业，其产品毛利率只有约10%。专一才可以做到极致，极致才可以享受超额利润。

当然，专一并不意味着只做一种产品。采取相关产品多元化战略，共享优势资源，发展产品线系列，同样是企业扩张发展的有效途径。

这方面做得比较成功的500强企业有杜邦、强生等，如杜邦生产范围包括炸药、染料、色素、重化工产品、塑料、杀虫剂、制冷剂、摄影胶片、合成橡胶、磁带、合成弹性丝、照相器材、防冻剂等；强生生产范围包括绷带、急救带、弹性纤维、婴儿看护用品、卫生纸、牙刷、非处方药品、处方药品、黏合剂、纺织品、外科手术器械、仪器医疗设备等。

A股市场有一些不错的公司，某项产品在细分市场占据了绝对份额，有一定的定价权和垄断性，但是由于涉足两元化或者多元化，而且各产品关联性不大，资源难以共享，看起来非驴非马，市场给出的估值也很低，即使业绩不错，股价也难以有较佳表现。

华侨城一度被看成是中国的迪士尼，在2005—2007年的大牛市中，华侨城股价上涨约10倍，但是在2007年至今的10多年里，股价已从最高处跌落约一半。股价大起大落，原因何在？为什么华侨城没能像快消品股票那样穿越牛熊，迭创新高呢？

华侨城主要有两块业务，一块是以主题公园运营业务为主的综合旅游业务，包括锦绣中华、世界之窗、欢乐谷等；另一块是旅游地产及高档地产业务。目前华侨城年旅游收入约200亿元，年房地产收入约280亿元。两块业务收入看似相差不多，实际上，房地产业务贡献的毛利达193亿元，旅游业务贡献的毛利只有91亿元，前者是后者的两倍多。所以说，华侨城在很大程度上是一个带有文化旅游概念的地产公司。

对于多元化的上市公司，资本市场总是比较苛刻，一般选取估值比较低的业务作为总体业务的估值参考。虽然华侨城的旅游收入占全部业务收入的比例超过40%，但是资本市场只给出了地产类公司估值水平。目前华侨城年净利润约106亿元，总市值只有约600亿元，估值水平只有六七倍PE。

反观旅游类公司，其估值一般维持在20~30倍PE。文化类公司估值水平更高，市盈率可以达到30~40倍PE。换句话说，如果华侨城把地产业务剥离，哪怕毛利只剩下1/3，由于估值水平上升，股价仍然可以维持不变，市值仍然可以达到600亿元。

资本市场就是如此奇怪，如此算来，华侨城年收入280亿元的高端房地产业务在资本市场的价值为零！

第三节 赚钱好算

一般来说，资本市场表现好的公司，业务简单，赚钱的办法很简单，能赚多少钱不难算得出来。换言之，如果去一家上市公司，管理层几分钟讲不清楚企业是如何赚钱的，这样的企业还是少碰为好。

贵州茅台的盈利模式就很简单，能赚多少钱也很容易估算出来，小学学过的加减乘除就可以搞定。

贵州茅台主要从事酒的生产，基本没有直销业务(作为新的利润增长点，今后会逐步扩展该业务)。酒生产好了，自然有渠道商找上门来负责终端销售。茅台酒出厂价2013年初是819元/瓶，2018年初开始执行约969元/瓶的出厂价。茅台酒一经出厂，能卖多少钱以及盈亏，就基本与酒厂无关了。包括批发商、经销商以及终端销售商在内的渠道商以什么价格实现销售，并不影响茅台公司的利润。

茅台公司不用像一些酒企那样费尽心思向经销商压货，也不必为批价扣点劳心费神。从目前情况来看，有多少茅台酒从茅台酒厂生产出来，就会被市场消化掉多少。对于茅台公司来说，不存在产成品积压的问题。市面上虽然有茅台酒假货，但这正反映了产品供不应求的事实，进一步印证了茅台酒的稀缺性。

由于当年产成品可以全部实现销售，因此，剔除基酒储存因素，只要把茅台的产成品乘以出厂价，主营业务收入就可以估算出来。

2012年12月初，在塑化剂风波事件发布会上，茅台董事长称茅台总体库存基酒约14万吨（茅台基酒10万多吨，系列酒3万多吨）；2017年底茅台基酒保有量约22万吨（含约7万吨5年以上老酒）。2018年度，茅台酒基酒产量约5万吨，系列酒基酒产量约2万吨。

由于茅台储酒期为5年，所以大致估算今后5年，贵州茅台每年收入平均不会少于800亿元。如果按照每年3%（相当于CPI涨幅）的价格上涨幅度来估算，今后5年每年收入还要更高。

再来看看成本。贵州茅台整体毛利率约91%，飞天茅台毛利率高达94%，整体净利率约51%。哪怕高粱等原料成本和人力成本上涨，由于相比出厂价权重很小，总体上是可控的。

三项费用中，经营费用主要是广告费用，是可控的；由于现金充沛，企业基本无负债，财务费用忽略不计；管理费用主要是管理人员的人力成本，也是可控的。

因此，今后5年内，茅台继续维持90%以上的毛利率和50%以上的净利润率是大概率事件，而且很可能会继续走高。如果不考虑系列酒和直销占比变化因素，并且出厂价不变，平均每年利润约400亿元；如果算上不定期的涨价因素，每年利润还要更高。

茅台历史市盈率在10~45倍之间波动，基本与大盘的市盈率相当，取25倍的估值水平保守估算，今后5年，茅台总市值维持在1万亿到2万亿元，应该是不成问题的。

与茅台类似的还有一些医药企业，由于稀缺性或保密配方的缘故，产品生产出多少，市场就可以消化多少。在产量和出厂价可以基本把握的情况下，企业未来盈利基本可以确定。

有些公司，业务复杂，盈利模式也复杂，除了专业会计师，其他人很难算出企业到底能赚多少钱。

比如周大福，周大福曾被评为世界级奢侈品品牌，作为中国第一黄金珠宝销售商，周大福享受品牌溢价，同类价格比老凤祥、老庙黄金高出许多，客户群体主要是年轻人。

周大福主要销售黄金及饰品，赚取进销价差，初看业务并不复杂，用销量乘以价差即可大致估算出盈利。但是，黄金是价格波动非常大的产品，基础金价的波动无时无刻不在影响进货成本，虽然终端市场金价每天随行就市，然而由于采购合约及存货因素，成本波动不能及时转嫁出去。为了对冲金价波动风险，周大福虽然在一定范围内使用了套期保值等金融衍生工具，但是仍不能全部锁定进销价差盈利区间。

由此可见，周大福的盈利模式也有些复杂，能赚多少钱不容易算清楚，存在一定的不确定性。

保险股也是如此。买保险股其实是买大盘，而且买的是杠杆化后的大盘。保险股是股市里的强周期股，大盘好时保险股好上加好，大盘不好时股价跌得很凶，很多人是看中保险股的高杠杆效应，希望可以获得超额收益。保险类公司的会计计量方法复杂性远远超过一般企业，保险企业的账本复杂如天书，连专业审计人员都很难搞清楚。

保险公司通过三差，即死差、费差、利差来实现盈利，其中利差是大头，具体可简单分为债券票据投资收益、股票投资收益和股权投资收益。保险公司的内含价值是理论市值的重要参考标杆，但内含价值的计算暗含很多假设前提，其中长期投资回报率的确定就存在很大的不确定性。

买保险股是投资于别人的投资，即相当于把钱借给保险公司的投资团队去再投资。其实，求人不如求己，命运应掌握在自己手里，投资本来就应该是个人亲力亲为的行为。

同时，作为大盘的放大器，资本市场往往给予保险股一定的折价和溢价，加大了波动风险。做保险股难度很大，除非在极度低估时，有一定的估值修复投资价值，其他大多数时间并不是普通投资者的理想投资标的。

除非大幅拓展非保险收入的比例，保险股才有可能保持长久跑赢大盘的能力。如巴菲特的伯克希尔·哈撒韦公司本就是一家保险企业，但众所周知，该公司的主要盈利已非来自传统保险业务，而是由其所投资的股票提供，实际上是一只巨大的股票基金。

券商股和保险股类似。经纪业务、自营业务和投行业务是券商的三块主要业务，业务周期性非常明显，基本是看天吃饭。在金融股中，券商股和保险股一样具有很强的杠杆特性，不确定性更大，同样不是投资者的理想投资标的。

再来说说中石油。中石油业务通吃，既采油，也进口原油；既炼油，也卖油；既做石油，也做天然气。能源行业的整个链条都吃尽了，所以注定只能获得能源行业平均利润水平。

在中国，石油属于垄断行业，产品价格受管制，终端市场价定价不自由。国际原油价格的波动也在时时刻刻影响中石油的业绩：原油价格上涨，中石油开采业务赚钱，炼油业务亏钱；反之，原油价格下跌，开采业务亏钱，炼油业务赚钱。投资者很难算得清这本混在一起的账。

第四节

简单地活，更久

投资界有一个误区，以为越是高科技的东西越有投资价值。其实，越是高科技的东西，更新的速度越快，高科技领域投资失败的概率往往是最高的。

比如，电脑只有几十年的历史，期间却诞生过数不清的电脑公司，从美国王安台式电脑，到 IBM 的液晶电脑和笔记本电脑，再到苹果的移动电脑，几乎说没有任何一家公司可以在这个领域成为常青树。

同样，与电脑配套的软件也经历了数次大的革命更新。DOS 系统、WPS 系统、Windows 系统、搜索技术、安卓系统、云计算等层出不穷，每一次革新都意味着一大批企业要被淘汰掉。

在智能电脑和智能手机的冲击下，连微软这样几十年从来不做硬件的软件帝国也被迫推出 Surface 平板电脑。高科技领域的竞争极其残酷，淘汰率非常高，是一个高度风险的行业。

比尔·盖茨和巴菲特是关系非常好的朋友。据说有一次一起出席活动，有人问巴菲特为什么不投资微软，巴菲特笑了笑说，“这个问题很好，你可以问问比尔”，比尔·盖茨是这样回答的，“我想微软可能18个月后就破产了，所以他不愿投资”。其实这不是危言耸听，盖茨一直有这样的危机感，他认为，高科技公司18个月后被新的对手淘汰掉是一件很正常的事情。

由于技术发展太快，社会革新太快，历史上很多著名科技企业，诸如柯达、富士、索尼、松下、东芝、夏普、戴尔、诺基亚、摩托罗拉等，风光一时后难逃没落的命运。

从股价来看，惠普自2000年创出新高后，至今股价只相当于当初的三四成；诺基亚股价也只有10年前的一两成；英特尔股价自2000年创出新高后，迄今仍在这一高点之下徘徊；戴尔电脑股价在2000年全盛期一度达到50美元，但2013年私有化退市的成交价格仅为13.75美元。

其实，就投资机会来说，应关注那些可以满足人们长久不变需求的公司。那些历经几十年、几百年甚至上千年没有变化的需求，才是产生利润的不变源泉。

对涉及吃吃喝喝、与健康有关的食品、药品的需求，几百年来基本不曾改变。相关企业几百年来不仅依然存活，而且越活越好，规模不断发展壮大，并且随着历代人的工艺改进，产品日趋精益求精，品质和功效不断提升。投资这样的产品，起码不会成为科技发展所淘汰的对象。

比如，不管世界如何变迁，人们总改变不了喝酒的习惯。中国名酒很多，说法不一，四大名酒、八大名酒也好，十七种名酒也好，正说明中国白酒行业的话语权依然掌握在少数传统历史名牌酒企手里，一个新的酒企几乎不可能改变原有产业格局。白酒行业这些年也出过很多风波，受过很大冲击，但是风波平息后一切如旧，依然还是那些品牌的天下，酒企格局基本上没有大的变化。

再如，健康是人类永恒主题。中国人秉承天人合一的自然观，在不同的节气和时令用不同的食品和滋补品。像六味地黄丸、牛黄清心丸、安宫牛黄丸、乌鸡白凤丸、片仔癀、云南白药、龟龄集、定坤丹等经典中药品种，与上市公司的业务都有关联，它们历经弥久岁月考验，根本不用担心被时代淘汰。尤其是在目前社会，人们普遍感觉生活紧张，压力大，身体不同程度地处于亚健康状态，需要调理，中医药在养生方面具有不可比拟的优势。

业务模式简单的公司对管理层和雇员的要求不会很高，依赖性不强，不会轻易因为管理层的改变而出现业绩的大幅波动，运营风险相对也较小一些。中国目前有一些上市公司，个人因素在企业经营中有很大影响力，往往成也萧何败也萧何，像这种企业有较大的不确定性，投资者应多加小心。

而对于品牌型消费企业来说，由于消费者对品牌认知度和忠诚度非常高，消费者是冲着品牌，而不是冲着哪个高管去消费的，哪怕高管曝出巨大负面新闻甚至被判刑，企业基本面的变化和股价的波动也不会太大，如经历过风波的贵州茅台、五粮液、伊利股份等，此类公司投资者可多加关注。

在中国股市，普通投资者相比机构投资者在信息获知方面处于劣势，信息不对称很明显。普通投资者不要从一开始就输在起跑线上，不要做信息不对称的牺牲品。相比业务复杂的企业，业务简单的公司更适合一般投资者。

业务模式简单的公司其产品和工艺特征具有持久长期不变的特征，几十年如一日做着同样的工作，公司经营者不必考虑复杂的新情况变化，也不必为此迎接新的挑战。这就像一个驾驶员始终在没有弯道和坡度的公路上行驶，驾驶难度大幅降低，几乎不可能出事故。因此，业务模式简单的公司的企业风险是最小的。

其实，做股票也要“简单化”：把公司基本面看懂看透，算好账，觉得合算了就买，买了就不要在意股价短期涨涨跌跌。宁要模糊的正确，不要精确的错误，大的方向把握好就可以了。

做股票要难得糊涂，心态好一点，态度超然一些，把交易次数尽可能降低。当基本面发生了本质改变时，坚决减持，不要为了那点小损失而再三犹豫，以至于越来越被动。须知，舍得舍得，有舍才有得，卖出后剩下的钱可以继续“钱生钱”，应该多考虑机会成本因素。

第七章　轻资产、小风险

- 产能有弹性
- 回避大额资本折旧
- 上升的人力成本侵蚀利润
- 存货不总是时间的贬值品

第一节 产能有弹性

一般而言，工业品企业多为重资产企业，消费品企业多为轻资产企业。

重资产企业产能弹性小，轻资产企业产能弹性大。在相同的资本投入下，轻资产企业较重资产企业可以更快达成量产并及时满足市场需求。

重资产企业主要分布在机械、汽车、船舶、采矿、冶炼、石油化工、建材、煤炭、航空等周期品行业。如果产品销路好，企业达到产能上限，要想获得更多利润，则必须耗巨资购买重型设备，投资新建产能。从开始投资到达产，项目周期短则一两年，长则三五年或更长。这期间，宏观经济环境很可能会发生重大变化，市场需求可能逆转，重资产公司可能面临“骑虎难下”的尴尬局面，不仅难以确定是否继续追加投入，而且会因项目资金沉淀造成现金流紧张，出现经营困难。

另外，当今是一个技术爆炸的时代，技术发展日新月异，当新的产能建成时，该技术可能已经落伍，还需要不断追加投资才不会被行业淘汰，使企业背负沉重的资金压力负担。

以饭店的经营为例：饭店的“产能”主要是座位数，即营业面积，对应成本是店面租金。众所周知，旺季时饭店宾客满堂，门口排队拿号的人络绎不绝，座位数满足不了短期大量需求，客人只好另寻他家，饭店只能眼睁睁看着客户流失。而淡季时饭店空闲的时候，空空如也，座位大量闲置，收入锐减，租金成本却分文不能少，严重影响饭店盈利能力。由此可见，饭店“产能”因弹性空间较小，严重制约了盈利能力的发挥。

虽然民以食为天，饮食支出是家庭日常支出的大头，但是饭店类企业往往很难做大，世界500强企业也好，中国500强企业也好，都鲜见饭店类企业的身影。股市中饭店类上市公司不多，龙头企业全聚德烤鸭，其营业收入表现和股价表现也不尽如人意。曾经有只股票叫湘鄂情，如今在市场上已难觅身影。

当然，快餐类企业如麦当劳、肯德基等是例外，该类企业通过提高座位的流转率和扩大外卖比例，通过连锁经营不断复制标准化流程，“产能”弹性变大很多，其实已经成为轻资产企业，可以把企业做得很大。

轻资产公司价值主要体现在无形资产方面，包括企业的经营管理理念、资源获取和整合能力、企业品牌、人力资源和企业文化等。轻资产企业一般分为以下几种类型：

一是掌握核心知识产权的公司。一般分布在软件、高科技及创新药创新医疗器械行业，如微软、苹果、谷歌、SAP、英特尔、高通、三星等公司。由于科技进步的速度太快，能长久保持竞争力的高科技企业非常少。创新药企业其实可以归类为高科技行业，医药研发不仅投入大，成功率也不高，一般成功率只有10%左右。但一旦成功，则可以享受约20年的专利保护，高投入换来高回报。

二是品牌消费品公司，比如耐克、可口可乐、ZARA、H&M、宜家等。这类公司基本不需要自配的大型厂房设备进行生产，其生产基本上全部通过外包来解决。所以可口可乐的管理人曾说过，哪怕可口可乐全球工厂被大火付之一炬，第二天可口可乐也可以照样重新开始经营。只要品牌存在一天，可口可乐就会存活一天。

三是大型互联网龙头公司，比如谷歌、脸书、腾讯、阿里等。虽然这些公司也有庞大的计算机硬件投入，但是真正的核心资源却是其海量的用户群体，这对新进入者形成了很高的壁垒门槛。对于这类企业来说，能打败他们的恰恰是他们自己，只要不犯致命性的错误，就可以在较长的时间里继续领跑。

四是金融类企业。金融企业，包括银行、保险、证券、信托等，虽然坐拥核心地段高楼大厦，但这并不是其核心资源。中国银行业同质化严重，经济好时都好，经济不好时都不好。银行业为全社会提供资金支持，与各行各业联系紧密，共荣共枯，所以银行是宏观经济的集合器，带有周期股的特点，属于弱周期股。另外，由于现代金融已经深入到生活的方方面面，不论经济好坏，人们总要供房供车，总要透支消费，每天都离不开金融服务，由于这些零售业务(面向消费者的业务)的存在，银行股也可以在一定程度上看作是消费股。

轻资产企业既非资本密集型企业，也非劳动密集型企业。轻资产企业的设备投入金额不大，设备更新换代的频次较低，资本投入产出比较大，产能弹性大，产能利用率非常高。

消费股中，“现金牛”公司基本不用追加大规模的资本性开支就可以获得稳定的利润和与之匹配的经营现金流入，是比较理想的投资标的。

第二节 回避大额资本折旧

折旧在损益表里计入主营业务成本，冲减收入。折旧虽然不会使现金流出企业，但是会抵减企业利润，对于重资产企业更是如此，一旦企业外部环境不佳，大额资本折旧拉低企业盈利，从而成为股价“杀手”。

就中国实际情况来看，宏观经济周期大约每10年为一个轮回。

改革开放以来，中国第一个经济波峰期发生在1983—1985年，年均GDP增长率约13.2%，1984年GDP增长率甚至达到15%以上。

第二个经济波峰发生在1992—1994年，年均GDP增长率约13.8%，1992年GDP增长率达到14%以上。

第三个经济波峰约发生在2005—2007年，年均GDP增长率约11.2%，2007年GDP增长率达到11.9%。三次经济波峰各相差约10年。

中国第一个经济波谷期发生在1989—1990年，年均GDP增长率只有约4%，1990年GDP增长率只有3.8%。

第二个经济波谷期发生在1998—1999年，年均GDP增长率约7.7%。

第三个经济波谷期发生在2008—2009年，年均GDP增长率约9.1%。

三次经济波谷也各相差约10年。

顺便说一下，房地产周期一般比经济周期长，约20年为一个周期，期间一多半时间内上涨，一少半时间内持平或下跌，下跌幅度最大甚至可接近50%，大幅下跌后呈缓慢上涨状态。

一般来讲，在经济周期的上升阶段期，全社会各行业基本面逐步转好，市场需求逐步旺盛，企业追加投资意愿较强，引发工业品，尤其是重化工业产能扩张。这期间，企业对未来市场，以及居民对未来收入普遍预期乐观，股市在乐观的市场氛围中持续高涨，引领整体市盈率上升，投资者越来越可以接受较高的市场估值；接下来，随着企业盈利不断上升，整体市盈率相应降低，从而吸引更多资金流入，财富效应进一步得到体现。

不断高涨的预期和不断抬高的估值水平互相配合，交替上升，形成"戴维斯双击"效应，刺激股市在短时间内实现大幅上涨。中国股市在2006—2007年的暴涨就是这种现象的生动写照。

但是，"人无千日好，花无百日红；早时不计算，过后一场空"，经济周期的往复循环是经济发展的固有规律，这种自我循环的正向反馈总会有逆转的一天。

"年年岁岁花相似"，历史总是相近的；"岁岁年年人不同"，每一次的扰动因素都不相同。总是有这样或那样的突发事件引发触动了自我循环的逆向反馈按钮，这些事件可能是央行发布的紧缩货币政策，也可能是国际金融投资家们在金融市场的一次大规模的"阴谋"活动，还有可能是天量金融衍生品曝出巨额坏账。

不管这些事件以什么面目出现，其背后的始作俑者其实是人性的贪婪。在贪婪的人性的驱使下，生产供应被人为放大，短时间内大大超过了市场需求的增长速度，加之产能扩张和产能效率的提高与居民收入的增加存在或长或短的时滞，消费购买力的释放赶不上供应扩张的节奏。

于是，供给和需求的天平不断被扭曲，当扭矩到达极限点时，供给被强制“平仓”。企业会发现当新产品上市时，原来供不应求的局面已难以寻觅，行业竞争越来越残酷，大家不惜以价格战来抢夺市场份额。

由于需求毕竟有限，恶性价格竞争的结果就是大家牺牲了企业利润还是卖不出多余的产品。这种现象会像幽灵一样在行业上下游以及不同行业间蔓延扩展，接下来，企业存货积压现象越来越严重，盈利出现方向性逆转，公司股价会像高空跳水一样出现断崖式下跌。

“屋漏偏逢连夜雨”，这个时候不但产品不好卖，原来在乐观预期下新增的资本投入产生大额折旧，让企业报表变得更为难看。投资者对股市的估值越来越保守，估值越来越低。

在这种情况下，逐步糟糕的业绩配合不断降低的估值水平，两种负面因素交替上升，从而形成“戴维斯双击”效应的反面——“戴维斯双杀”。

在经济周期的衰退期，很多重资产股票跌得惨不忍睹，往往先拦腰砍一半，然后再来个拦腰一半，只剩原来股价的1/4。

资本折旧是企业盈利的拦路虎，周期股的折旧在营业收入中的占比一般都大大高于消费股，在市场环境逆转的时候很难像消费股那样通过瘦身来应对。因此，周期股在经历一个完整的经济周期后大伤元气，很多会死掉或被并购，活下来的也要很多年才可以消化掉当初的新增产能，股价也会长期低迷。

投资界里有句话，周期股股价再低都不算低。周期品特性是无差异性和易替代性，产能的快速扩张必然会导致供需格局的逆转。大多数周期股只是在短期有昙花一现的股价表现，最终还是会走向漫漫熊途，难以回头。

喜欢做周期股的投资者总是自信地认为自己能预知经济拐点，如果能在熊市的末期、牛市的初期投资周期股，即在亏损的时候买进，盈利的时候卖出，收益会相当不错。其实，熊市买股票，牛市卖股票，这是大家都知道的道理，但是谁又能提前判断出熊市和牛市呢？这就像所谓高抛低吸的说法，所谓的高和低，不都是在事后才看出来的吗？大家何时才知道经济出问题了？还不是股市暴跌了才开始意识到吗，这时再采取措施为时已晚矣。

再者说，根据大盘牛熊转换来把握周期股机会的逻辑是建立在周期股业绩乃至股价与大盘密切相关联的基础上的。但是，事实上每一个行业的兴衰主要是内因在起作用，即由行业内的供需状况来决定。外在经济的好坏毕竟是外因，外因还要靠内因起作用。因此，与其花时间分析研究外因的变化，不如专注于行业供需状况及个股基本面情况，这才是影响股价变化的最终决定因素。

有过惨痛亏损经历的投资者往往是在周期股上栽了跟头。在经历了 2008 年股市暴跌后，到了 2019 年初，很多重资产类股票，包括行业龙头股，价格还在当初历史高点之下，大量个股价格只有历史最高点的几分之一。

与此形成鲜明对照的是，有相当多的消费股，尤其是快消品股票，10 年间不但大幅创历史最高价，很多已经翻了好几倍了。如果当时买了好的消费股，即使是在高点买的，哪怕被套住了，就算采取鸵鸟战术，死捂不放，放个几年后，不但能回本，还可以赚钱，何乐而不为？

第三节

上升的人力成本侵蚀利润

资本折旧是重资产企业的股价“杀手”，人力成本则是劳动密集型企业的盈利“拦路虎”。

劳动要素、资本要素和自然要素作为三大生产要素，是财富创造的三大源泉。劳动可以创造财富，资本也可以创造财富，财富的分配是根据劳动要素和资本要素的投入和贡献来进行的。资本创造财富本质上也是劳动创造财富，这是因为：首先，资本活动是一种高级智力活动，属于脑力劳动的一部分；其次，资本从来不是天上掉下来的，资本来源于劳动，资本是劳动所得中未消费部分的长期积累。

因此，追根溯源，一切财富都是劳动创造的。劳动的代价是对劳动力的消耗，商品的价值必须弥补劳动力的消耗，因此，一切商品的成本本质上都是人力成本。

比如，汽车成本主要由钢铁成本和相应的人力成本构成，而钢铁成本主要由铁矿石成本和相应的人力成本构成，铁矿石的成本又主要由挖掘设备成本和相应的人力成本组成。如果我们一步步由下游产业向上游产业追溯，会发现商品成本以不同的渠道和方式最终都要归结于人力成本。

从美国百年股市个股表现来看，资本密集型企业和劳动密集型企业往往是跑输大盘的。

在中国，一个产业工人的工资只有美国产业工人的约 1/10，为降低产品成本，选择在中国生产是最有效的办法。于是，改革开放以来，国际劳动密集型跨国公司纷纷把制造基地迁到中国，大大提高了其产品国际市场竞争力。

但是近年来，随着中国开始进入人口老龄化社会，新生劳动力的供给呈下降趋势。

根据国家统计局公布的数据，截至 2018 年年末，中国大陆总人口约 14 亿人。从年龄构成看，16~59 周岁的劳动年龄人口约 9 亿人，占总人口的比重约为 64%，连续几年呈现下降趋势，中国适龄劳动力开始逐渐进入短缺时代。

中国产业工人成本以高于 GDP 增长的速度上升，“中国制造”的成本优势越来越弱化。为此，有一些跨国企业开始把一些初级及技术含量较低的产品的制造基地迁往越南、印度等人力成本更低的国家。

目前，我国民生问题的重要性越来越大，今后劳动报酬在国民财富中的分配比例会越来越高。人力成本加速上升的趋势要持续很长时间，这不仅是在华跨国公司要面对的问题，也是国内企业需要亟待解决的问题。

当然，人类总是可以找到减少人力成本的办法。美国福特汽车公司 1908 年生产一辆福特车需要 514 分钟，创始人福特在 1913 年创立了第一条汽车装配流水线，使汽车装配速度迅速提高，生产一辆车只要约 1.2 分钟。随着科技的进步和发展，“机器代替人”成为替代办法。

对比中美两国制造业产品价格和服务业产品价格后会发现，美国服务业产品价格大大高于中国，而制造业产品价格与中国差距不大，甚至有的制造品价格还略低于中国。这是因为人力成本在美国制造业成本中的占比相对于服务业来讲低很多，使得制造品相对于服务品更具成本优势。可以预见的是，今后人力成本在“中国制造”中的占比，也会呈现逐步下降的趋势。

第四节 存货不总是时间的贬值品

轻资产企业生产设备不仅要“轻”，存货也要“轻”。

一般来讲，如果产品供不应求，那么企业存货流动性就很高，存货占总资产的比例也比较少，具备轻资产特征。产品滞销的企业，存货比例较高，存货变现能力较差，像这类的企业即使生产设备是“轻”的，也不能称作轻资产企业。

当然，企业存货并不是越少越好，存货要保持适当比例。零库存虽然可以最大限度地节约资金占用，但是同时放大了经营风险，在突发情况下，有可能造成生产断档，带来的损失大大高于日常存货的保管成本，整体上看得不偿失。

企业存货大致可分为三类：

第一类是越放越贬值的存货。

服装企业、商业流通企业、家电企业属于这一类，处理这类存货最常用的办法就是打折促销。

第二类是随着市场行情变化而变化的存货，房地产企业、部分高档消费品企业属于这一类。

比如老凤祥，公司存货项下主要是黄金产品，黄金价格由国际市场决定，很大程度上影响着存货价值的大小。作为流通企业，老凤祥主要赚取黄金进销差价和加工费，黄金价格的涨跌虽然对进销价差影响不大，但是却直接影响公司存货价值，从而影响企业市场价值。从实际情况来看，老凤祥股价变化往往与金价变化趋势接近，公司的进销价差收入反而被忽视了。

第三类是存货越放越增值的企业。

对于这类企业而言，即使存货在总资产中占比高一些也关系不大，高档白酒和部分中药保健品企业属于这一类。

白酒中的典型是茅台。酷爱茅台的人将茅台形象地称为“液体黄金”。众所周知，茅台酿造期为5年，即从开始酿造到出厂至少要经历5年的时间。茅台存货中基酒随着时间的延长，价值不但不会下降，还会稳步上涨。因此，茅台存货是衡量茅台股票价值的重要筹码。

贵州茅台目前年报显示存货余额约240亿元。茅台存货主要为应用于产成品调配用的基酒，根据会计核算的成本记账原则，这部分基酒基本上以酿造粮食、包装物等历史成本记账，账面记账成本被大大低估了。

一般而言，茅台基酒储量相当于过去几年的总销量。因此，即使未来几年不生产新酒，茅台也可以靠存货维持销货。

同样，五粮液目前存货达100亿元以上，其中很大一部分为五粮液的基酒储备，在白酒老大茅台当前供不应求、有价无市的替代机会下，若把握机会向市场适当投放，则可以很快入账大量收入。

东阿阿胶也属于这一类。俗话说“人参要新，阿胶要陈”，医生在开处方时往往会注明“陈阿胶”。一般来讲，新制成的阿胶有火气，储存多年后，火性消解，药效更佳。江南民间有家藏“老阿胶”的习惯，只要保管得当，陈阿胶就不会变质，不被虫蛀。按照相关要求，阿胶产品会标注保质期为5年，但只要保管妥当，阿胶基本没有失效期。

东阿阿胶目前年报显示存货约为34亿元，约占同期营业收入的46%。事实上，存货中很大一部分为公司历年收购的阿胶原料驴皮，近年来驴皮价格上涨较多，涨价因素并没有在报表里体现出来。况且，阿胶总是陈的好，其价格在消费升级驱动下不断超越CPI，半成品和产成品几乎不存在跌价风险。

葡萄酒、黄酒也有同样的特性。

比如古越龙山，据称在古越龙山中央酒库，有1000多万个盛着多年陈酒的大酒坛，一字排开绵延可达几千里。中国黄酒企业除古越龙山以外，原酒储藏量普遍偏低，酒龄超过10年的存货更是少之又少。相比之下，古越龙山库存原酒20多万吨，其中大约一半酒龄在10年以上。

再来看看同仁堂。同仁堂目前存货约62亿元，存货资产占总资产的比例约30%，剔除现金后，存货占比高达46%。中药材中的许多贵重药材如野山参、鹿茸、麝香、羚羊角等统称为“细料”，“细料库”药材贵重，价值大，在会计上均以原材料的形式记录在存货中。“细料库”是考量同仁堂股票价值不可忽视的重要因素。

一般来讲，中药企业的存货保质期普遍较长。作为原材料的中药材只要保存得当，就可以保存很久。哪怕市场终端需求突然减少，多余的原材料存货也可以暂时存放起来，待市场好转时再加工生产。

国家《药品法》规定了药品的保质期最高只能标注5年。如果是西药，保质期到期则坚决不能使用。但是有些中药比如片仔癀，据称其保质期很长，只要不潮湿发霉，放几十年都没问题。

第八章　国际化和国产替代

- 本土品牌 PK 洋品牌：东风开始压倒西风
- 民族品牌的国际化
- 龙头药企的国际化
- 中国医药创新的后发赶超
- 国产医疗器械行业的投资机会
- CRO 行业迎“风口”

第一节

本土品牌 PK 洋品牌：东风开始压倒西风

世界500强企业中，除中国几十家国有垄断企业外，绝大多数都是成功实施国际化战略的跨国公司。这些跨国公司其海外业务收入在总营业收入中占比很高。可以说，没有国际化，就进不了世界500强企业。

这其中的国际知名快消品公司，如宝洁、联合利华、欧莱雅、迪奥、汉高、可口可乐、百事可乐、雀巢、卡夫食品、达能、玛氏食品、麦当劳、肯德基、强生、葛兰素史克、雅培、惠氏、施贵宝、百威英博、喜力控股、麒麟控股、帝亚吉欧、保乐力加、百富门、ZARA、H&M 等，都大大得益于国际化战略。

目前中国快消品市场外资品牌林立，在许多细分领域中占据优势，但是本土品牌也不甘落后，正在奋力追赶。

中国已经成为全球最大的日化消费品市场之一，在个人护理产品类别中，宝洁、联合利华、欧莱雅、雅诗兰黛、妮维雅(拜尔斯道夫)和资生堂等知名外资品牌一统天下，占据垄断地位，在中国的年销售额已经超过500亿元。目前，宝洁已有20多个品牌进入中国市场，在洗浴用品、洗发护发用品和口腔护理用品领域均占据市场份额第一位；而欧莱雅在彩妆、护肤品和防晒产品细分产品上，占据市场份额第一位，总的市场份额约为10%。凭借品牌优势，外资品牌可以轻而易举地让中国消费者支付比本土品牌高出约50%的溢价。

本土品牌仅在洗涤产品等家用产品中占优，市场份额约为80%，但是这类产品利润空间不大，行业内企业生存状况不好。

在食品饮料领域，如在巧克力和口香糖品类中，外资品牌市场份额分别高达70% 和85%。在糖果品类中，来自意大利的阿尔卑斯在中国市场渗透率已高达约34%，并取得了约9%的市场份额；在饼干品类中，卡夫旗下的奥利奥，占据了约46%的渗透率和约10%的市场份额。

不过，在方便面和即饮茶等更为传统的包装食品和饮料品类中，本土品牌(包括来自中国香港和中国台湾的品牌)占据了主导地位，市场份额约在90%。

在乳业领域，外资品牌在奶粉产品上优势明显，本土品牌在液态奶和酸奶品牌上有较大优势。如本土酸奶品牌在中国市场所占份额高达95%，本土品牌能够最大限度地利用规模化的协同效应和完善的牛奶分销系统将产品渗透到三至五线城市，而外资品牌仅能在一线城市达到一定的渗透率。

目前，外资品牌和本土品牌之间的价格差异在不断缩小，甚至在啤酒、日化产品和面巾纸品类中打起了价格战，本土品牌开始进入利润空间较高的高端市场。

过去依靠便宜地价、优惠政策、高薪挖人的外企，目前正面临本土企业的强劲挑战。本土品牌企业的综合实力正越来越壮大，尤其在营销方面，甚至超过了一些跨国消费品牌。中国正在孕育一批实力强大的本土领军企业，这些企业更接近和了解消费者，重视营销和分销战略，生产价廉物美的替代产品，开发的新产品和创新型销售模式都非常贴合中国消费者的需求。

在日化领域，本土品牌开始重新崛起。近几年，本土日化品牌所占份额已上升到约50%，呈现与洋品牌平分秋色之势。

在日化行业销售收入排名前10位企业中，除了常见的外资老面孔宝洁、联合利华、欧莱雅、玫琳凯、资生堂之外，同时出现了立白、纳爱斯、蓝月亮、上海家化这些民族品牌。

借助于渠道以及运营的操作运作机制，本土品牌市场份额逐步增加。像宝洁这样的企业这些年几乎没有真正推出让消费者眼前一亮的新品牌，洋品牌毛利率越来越低，在业绩的压力下，开始牺牲原来的中高端形象走低端路线，损害和透支了自身品牌价值。

例如，中国牙膏市场在1992年以前是本土品牌的天下，两面针、田七、黑妹、冷酸灵、蓝天六必治、草珊瑚、小白兔等品牌牢牢占据市场。1992年，高露洁来了；1995年，佳洁士也来了；中华牙膏也被联合利华收购。洋品牌开始抢占本土品牌市场份额，之后在佳洁士、高露洁、黑人洋品牌等冲击下，本土品牌一度几乎全军覆灭。

如今，民族品牌云南白药牙膏、纳爱斯牙膏、片仔癀牙膏异军突起，不断夺取外资品牌市场份额，致使佳洁士、欧乐 B 等市场占有率呈现下降趋势。如云南白药牙膏每支牙膏售价达 20~40 元，远远高于其他品牌每支 3~20 元的价格，成为本土牙膏第一品牌。作为中国最大的家用洗涤剂生产企业，纳爱斯在牙膏产品，尤其是儿童用牙膏产品上逐步加大市场拓展力度，市场占有率逐步提升。医药企业片仔癀也推出片仔癀功能牙膏，并与上海家化合作，借助其全国渠道进行全面布局。

在本土品牌竞争下，曾占据洗发护发市场半壁江山的宝洁中国，市场份额一度降至 35.8%。近几年，宝洁(佳洁士和欧乐 B)在中国牙膏市场的占有率从 20%多下降到 10%左右，联合利华(中华牙膏)在中国牙膏市场的份额也已下降。

在食品饮料领域，由于本土企业伊利、蒙牛、光明的逼迫，达能乳业被迫关闭上海工厂；雀巢一度中止了在华东区的冰激凌生产运营和零售业务；百事中国将其核心的瓶装业务全部转让给了康师傅。

在 IT、家电领域，惠而浦将空调委托给苏宁独家销售；飞利浦将电视机业务的生产和销售出售给冠捷；松下将三洋白电部门出售给海尔集团；伊莱克斯委托国美在中国贴牌生产及销售其系列产品；三星宣布全面退出中国 LCD 彩电市场。

在零售领域，百思买关闭了在中国大陆的所有零售门店，退出中国。全球最大玩具公司美泰公司也关闭位于上海淮海路的芭比娃娃旗舰店。

家乐福在中国的约 220 家分店，在 2012 年就开始四处接触包括中粮集团在内的潜在买家，最终被苏宁收购，退出中国市场。家乐福 2004 年之前开出的门店是赚钱的，2005—2008 年之间开出的门店基本收支平衡，而 2008 年之后开的门店基本处于亏损。在本土超市的阻击下，家乐福、沃尔玛在中国市场的增长潜力越来越小。

不过，在快消品领域，目前阶段，从总体上来看，外资品牌还是占据了较明显的优势。这可以从商场的运营获得印证。通常情况下，商场倾向于把最好的货架用于外资品牌的销售，而且不收费用或仅收取很少的费用，把所有费用成本嫁接到本土品牌身上。

比如超市。超市的利润来源主要分为前台毛利和后台毛利。一件商品进价 9 元，售价 10 元，其中的价差 1 元就是前台毛利；但如果卖 8 元，超市依然可以赚钱，靠的则是后台毛利。超市依靠门店网络资源和货架资源主要向本土品牌企业收取各种名目的通道费，包括进店费、上架费、堆头费、促销费、店庆费、年节费、广告费等，这些通道费以及销售数量折扣和年终返利统称为后台毛利。据估计，超市整体进场费约为售价的 10%~20%。

从中外知名消费品品牌公司的成长性来看，海外知名消费品公司近年来的业绩增长普遍徘徊在个位数水平，双位数增长比较罕见，而且这还是建立在中国境内消费者和中国海外游客贡献的基础上，估值则维持在 20~45 倍的市盈率水平。

而中国知名消费品公司目前业绩增长普遍在 10%~30%区间，成长性远好于国际同行，估值普遍在 10~30 倍市盈率水平，低于国外同行。

从以上比较可以看出，相较国外同行，中国知名消费品公司成长性好且估值低，在投资价值方面蕴藏着巨大的潜力。

在资金流向上看，由于金融股已经在港交所同步上市且估值更低，BAT 等互联网巨头大部分在海外上市，A 股优秀消费品公司成为外资首选的投资标的，使得消费股成为外资在 A 股配置最多的板块。

第二节 民族品牌的国际化

民族品牌的国际化是一项系统工程，目前在个别细分市场有个别品牌进行了大胆探索。

根据海关总署的数据，目前中国白酒商品年出口总额约 5 亿美元，年出口白酒数量约 1.6 万吨。从绝对数来看，金额和数量都不算大。

中国白酒的双子星茅台和五粮液的外销比例还不高。目前，茅台外销比例约 4%，五粮液外销占比约 6%。

中国白酒年销售额超过 1000 亿美元，为世界最大酒类，约是排名第二的伏特加酒销售额的两倍。在中国市场上，很容易就可以买到各种洋酒，很多中国人也有饮洋酒的习惯，起码很多人会尝试喝洋酒，或者买来送人。但是，国外市场却很难看到中国白酒有售。

中国白酒国际化可拓展的空间其实非常大，相信随着中国文化的兴盛和传播，以茅台和五粮液为代表的中国白酒外销比例会稳定增长。

在日化美容产品方面，上海家化在国内是第一品牌，不过，与海外巨头相比，上海家化体量也不算大。上海家化目前年收入约 71 亿元，而欧莱雅全球收入约合人民币 2000 多亿元，仅在华就实现销售额约 200 亿元，市场份额约占一成。

宝洁、联合利华等国际日化巨头年销售收入一般在 4000 ~ 5000 亿元人民币之间，宝洁在中国业务收入可达 400 亿元以上，上海家化与这些国际巨头相比还有很大的差距。

在中国日化美容产品市场，国际品牌在主要细分品类上处于领先优势，市场份额较高。如以宝洁、联合利华、欧莱雅、资生堂为代表的前四大企业的销售金额总和约占到了全国销售金额的 1/3，前八大企业的销售金额总和约占全国销售金额的一半。

不过，现在上海家化的佰草集已经在国外上市，迈出了国际化的重要一步。目前，佰草集在法国、意大利、德国、西班牙、丹麦、瑞典、新加坡等国有售。上海家化还参股了法国 LV 集团下的丝芙兰（SEPHORA）中国公司，为打入国际市场找到了一个踏板。

值得一提的是，在耐用消费品方面，中国家电企业的国际化进程走得相当不错。国内家电三巨头格美海（格力电器、美的集团、青岛海尔），在以往总被认为是低端制造业，企业利润一度薄得简直像刀片一样。但当青岛海尔推出高端家电品牌卡萨帝（Casarte），并接连收购国际高端制造旗舰企业德国基伊埃集团（GEA Group）和美国通用家电，美的集团收购德国库卡后，进行了成功整合，面貌顿时焕然一新，让那些被收购企业的原高管也不得不服气。

如今，美的集团和青岛海尔的海外销量占比达40%以上，海信电视外销比例接近40%，格力空调外销比例约15%。如果说当下真正代表“中国制造”走出去的行业，那真是屈指可数，但以格美海为代表的家电企业无疑是实至名归的。

这些中国制造的代表者和佼佼者，在过去20多年里，在夹缝中求生存，成功阻击了欧美及日韩品牌抢占中国市场的汹汹势头，不但反超了对手，还将这些昔日大牌逐步收购（如海尔收购三洋白色家电业务、海信电器收购东芝电视、美的集团收购开利空调和东芝白色家电业务等）。

乐观估计，接下来的若干年，这些中国制造的代表，将会在更大的国际舞台上和洋品牌同场竞技，将中国制造的大旗插遍世界各地。

目前阶段，中国品牌消费品美国市场的销售数量还很少，只有青岛啤酒、海尔、李宁、联想等几个有限的品牌；在国外机场免税店有中华香烟、茅台，价格当然比国内便宜一些，购买者自然主要以中国游客为主。

国际市场营销公司HD Trade Services曾调查发现，尽管“中国制造”风靡美国，但大部分美国人叫不出一个中国品牌，一些人把丰田、索尼、本田等误认为中国品牌，只有少数人知道联想、百度、海尔和国航等几个有限的中国品牌。

总体来讲，中国消费品品牌的国际化还有一段很长的路要走，但同时也表明，国际市场对于中国消费品品牌来讲存在巨大潜在空间，未来必将诞生一大批世界级品牌。

第三节

龙头药企的国际化

在中药领域，就目前情况而言，现阶段具备国际化潜力的本土产品主要集中在医药保健类产品方面，比较有代表性的产品是东阿阿胶、片仔癀和同仁堂。

东阿阿胶在韩国、日本，以及东南亚地区很受欢迎。

日本厚生劳动省曾指定检测机构对东阿阿胶出口日本的阿胶原粉进行了检测，检测结果显示，包括农药残留、兽药残留、重金属、细菌等 842 项检测项目均为零检出。

阿胶在韩国有着悠久的应用历史。东阿阿胶曾获得韩国食品药品监督管理局(KFDA)批准，可以以食品身份在韩国销售，这意味着原来只能在韩国医院作为药材使用的阿胶，能合法进入韩国保健食品领域。

在印度尼西亚市场，复方阿胶浆成为治疗登革热的首个特效中成药。

片仔癀在中国香港、日本、韩国及东南亚地区知名度很高，国内药店里许多片仔癀药品及化妆品就是被这些国家和地区的顾客买走的。片仔癀外销收入一直以来位居全国中成药单项出口创汇前三位。由于外销价低于内销价，加之总收入中有国内药品流通业收入，片仔癀实际外销销量占比要远远大于年报公布的收入占比。

同仁堂海外销售主要实现渠道是隶属于港股同仁堂国药的自营门店。从 1993 年在香港开设海外第一家同仁堂药店开始，20 多年来，如今同仁堂门店已遍布 20 多个国家和地区，开设了 100 多家包括零售终端、中医诊所和养生中心在内的网点。

在化学药和生物制药领域，目前市值最大的医药企业是恒瑞医药，约 4000 亿元，其他几家龙头药企，除还未上市的扬子江药业、齐鲁药业、修正药业等，以及医疗器械企业迈瑞医疗、医药 CRO 企业药明康德(药明生物)、瀚森制药、中国生物制药(正大天晴)、石药集团市值超千亿元之外，其他包括长春高新、复星医药、智飞生物、泰格医药等，市值还未超千亿元。

得益于我国医药行业供给端和需求端发生的巨大变化，乐观估计，未来 10 年，我国将有数家药企市值过千亿美元，其中将不乏上述企业的身影。

在这个快速发展期里，创新和国际化将是中国龙头药企超速发展的两个轮子。

中国药企的国际化，主要有以下四种模式：

一是自主知识产权产品(一般为创新药和高仿制药)在国外经过严格的临床实验申报和当地官方审批后上市，在海外直接销售的模式；

二是研发项目授权许可合作模式；

三是针对海外药企的收购模式；

四是 CRO 模式。

海外直销模式方面，一大批在研药品已经在美国进行Ⅲ期临床试验或正在筹划Ⅲ期临床试验。

2016 年 10 月，美国食品药品监督管理局(FDA)批准康弘药业旗下康柏西普眼用注射液在美开展湿性年龄相关性黄斑变性Ⅲ期临床试验，这意味着免除Ⅰ期和Ⅱ期临床试验，直接进入Ⅲ期。2018 年 5 月，康弘药业发布康柏西普海外临床试验方案，正式启动全球多中心Ⅲ期临床试验，预计将在北美、南美、欧洲、亚洲同步开展临床试验。

2011 年 12 月，恒瑞医药生产的抗肿瘤药伊立替康注射液通过美国 FDA 认证，成为在美国上市销售的首个中国制造的注射剂。2012 年 8 月，注射用奥沙利铂获准在荷兰及欧盟其他任何国家上市销售。2017 年下半年，向 FDA 申报的苯磺顺阿曲库铵注射液简略新药和盐酸右美托咪定仿制药均获得批准；2018 年 3 月，麻醉品优宁(吸入用地氟烷)收到 FDA 通知，获批在美国上市销售。2018 年 5 月，磺达肝癸钠注射液的简略新药申请(ANDA，即美国仿制药申请，申请获得美国 FDA 审评批准，意味着申请者可以生产并在美国市场销售该产品)

获美国FDA批准。此外，恒瑞医药的碘克沙醇注射液、注射用奥沙利铂、注射用醋酸卡泊芬净和来曲唑片获得欧盟颁发的《药品GMP证书》，未来将打入欧洲市场。2018年5月，硫培非格司亭获批上市。该药品不仅是中国内地唯一拥有化合物专利的长效G-CSF产品，还是中国内地第一个获得WHO通用名的G-CSF药品，获得了欧美日等多国和地区化合物专利。

目前，恒瑞医药已有包括注射剂、吸入剂和口服制剂在内的16个产品分别通过美国FDA、欧盟、日本的质量认证，获准上市，并实现了规模化销售，年出口交货值占药品销售收入的10%左右。

中国药企在美国进行Ⅲ期临床试验或正在筹划Ⅲ期临床试验的品种还有贝达药业的ALK抑制剂爱沙替尼、和黄中国医药与阿斯利康合作研发的沃利替尼、百济神州开发的治疗慢性淋巴细胞白血病的高选择性BTK抑制剂BGB-3111，等等。

港股的石药集图目前出口交货值已经达到40亿元以上，在中国医药保健品出口企业排名第一。

石药集图瞄准高壁垒品种进行仿制，同时与国际仿制药巨头合作，利用其成熟的商业渠道实现产品的快速上市和销售。通过签署了高端仿制药的海外产品技术授权和商业化合作协议，已有硫酸氢氯吡格雷片、孟鲁司特钠片、孟鲁司特钠咀嚼片、加巴喷丁片、阿奇霉素片、头孢羟氨苄胶囊、苯佐那酯软胶囊和塞来昔布胶囊等高端制剂产品在美国实现了销售。

在美国进行的简约新药申请方面，石药集团仅在2017年就取得8个药品的ANDA注册批准。盐酸米托蒽醌脂质体、抗体偶联药物正在美国进行孤儿药的开发，利润台柱产品丁苯酞(商品名为恩必普)已经在美国开展了Ⅱ期临床。

2018年3月，石药集团的丁苯酞软胶囊(消旋-3-正丁基苯酞)就治疗肌萎缩性脊髓侧索硬化症(ALS)，获得FDA颁发孤儿药资格认定。肌萎缩侧索硬化症也叫运动神经元疾病，俗称“渐冻人症”。这是一种罕见性疾病，多见于40~50岁的男性，其病因至今不明。渐冻人症是运动神经细胞进行性退化，可导致四肢、躯干、胸部腹部肌肉逐渐无力和萎缩，以及言语、吞咽和呼吸功能减退，直至呼吸衰竭死亡。

丁苯酞获得美国 FDA 的孤儿药资格认定后，在美国可享有 7 年市场独占权，以及最多高达 50%研发费的税务减免。

抗肿瘤单克隆抗体是医药界科技前沿产品，目前我国在美国申报临床实验的单克隆抗体药物达到 9 个，包括复星医药的 FN—1501，丽珠集团的注射用重组人源化抗 PD-1 单克隆抗体等。

中国非上市创新药企中，也陆续出现了一些佼佼者。

如 2018 年 5 月，世界上首次出现的新种类新药“乐复能”成功上市，获得国家药品监督管理局颁发的国家 1 类生物新药证书和注册批件，该药由杰华生物技术公司(有望登录科创板)自主研发生产，用于慢性乙肝治疗。“乐复能”经过 18 年漫长的研发、临床、审评审批，这是 30 多年来，世界上首次出现的第 3 类乙肝治疗药物，也是中国首次在西方国家之前命名的全新生物新药，这一命名也正式宣告和证明了“乐复能”属于世界上全新种类的新药(first-in-class 药物)，意味着我国诞生了世界上首次出现的新种类新药，属于历史性突破，宣告了我国创新生物新药的研发结束了仅跟随发达国家的现状。

目前我国有 2000 多万乙肝患者，在“乐复能”之前，世界上所有治疗乙肝药物均属于口服核苷类抗病毒药物或普通和长效干扰素类药物，这两类药物治疗 1 年左右，只能在约 30%的患者中达到抑制乙肝病毒在肝细胞内复制的疗效。而“乐复能”治疗 3 个月就达到约 30%的疗效，治疗 6 个月达到 40%疗效，治疗 9 个月达到约 50%疗效，“乐复能”治疗慢性乙肝的临床数据显示了远优于现有乙肝治疗药物的效果。

乙肝的抗病毒治疗只是“乐复能”的第一个适应症，后续适应症主要在抗肿瘤及自身免疫疾病等大病种，且已分别完成Ⅰ/Ⅱ期临床研究，试验结果良好。与目前的 PD1/PDL-1 不同，“乐复能”是更广谱的免疫治疗药物，治疗潜力覆盖肿瘤、病毒、自身免疫性疾病，具有很广的临床应用前景。

“乐复能”拥有全球自主知识产权，在获得西方国家新药注册批准后，有望成为本土药企海外直销模式的又一拳头产品。

此外，2019 年 11 月，国家药品监督管理局宣布，有条件批准原创新药甘露特钠胶囊(GV-971，商品名“九期一”)的上市注册申请，用于轻度至中度阿尔茨海默病，改善患者认知功能。GV-971是以海洋褐藻提取物为原料，制备获得的低分子酸性寡糖化合物，由上海药物研究所、中国海洋大学和上海绿谷制药联合开发，是我国具有完全自主知识产权的全球原创新药，获得国家重大新药创制科技重大专项支持。

阿尔茨海默病是一种神经退行性脑部疾病，发病机制十分复杂，病程时间长，目前全球患者高达5000万人，中国患者约占20%，其治疗仍然是世界性难题。该药获批上市，填补了过去17年阿尔茨海默病治疗领域无新药上市的空白。

授权许可(License-out)模式方面，恒瑞医药、百济神州、金斯瑞生物科技旗下的南京传奇等药企以授权许可的形式与海外研发巨头、跨国投行展开合作，交易总金额已达数十亿元美元。

众所周知，创新药研发的投入越来越大，投入产出比却越来越少，所以不少大型药企一方面在全球通过资本并购的方式获取新产品，另一方面还可以通过项目许可(License in/out)，以研发合作的模式进行国际化扩展，既包括将研发到临床Ⅱ期或Ⅲ期新药海外权益转让到海外公司的License out模式，也包括引进海外进行到Ⅱ期或Ⅲ期药物的License in模式。

在目前阶段，中国药企综合实力与跨国巨头相比还不是很强，这就决定了在国际化的道路上需要与海外药企合作，通过将研发到临床二期或三期的新药海外权益转让给海外公司，利用海外公司相对丰富的经验，可以有效降低在海外运营的难度和失败的风险。

此外，在海外的推广、上市后再评价等方面还能受益于海外公司的资源支持，并有利于学习管理研发经验，培育国际化优秀人才，为国际化战略奠定基础。

尤其重要的是，将部分产品的权益进行海外转让可以快速获得现金流，从而支持其他药物的开发，可谓一举多得，形成研发应用良性循环闭环。如获得里程碑付款，即可根据新药开发进度获得部分现金款项，实际上是通过资本购买产品早期技术，使生物制药企业在研发阶段获得稳定的资金，降低企业风险。这在美国生物制药行业较为常见，一般情况下，里程碑会包含上临床、上临床三期以及上市三个重要节点。

早在 2015 年 9 月，恒瑞医药曾将具有自主知识产权的用于肿瘤免疫治疗的 PD-1 单克隆抗体项目有偿许可给美国 Incyte 公司，Incyte 公司是美国热门生物技术公司之一，于纳斯达克上市，此举开创了中国企业向海外转让创新药技术的先河。

通过该合作，Incyte 公司获得 PD-1 抗体除中国大陆、香港、澳门和台湾地区以外的全球独家临床开发和市场销售的权利。恒瑞医药获得 Incyte 公司 2500 万美元的首付款和合计不超过 7.7 亿美元的里程碑款项。产品在国外上市后，恒瑞医药将按照约定比例从其年销售额中获得提成。

此外，2018 年 1 月，恒瑞医药将研制的 JAK1 抑制剂、BTK 抑制剂这两款全球热门靶点创新药分别许可给美国 Arcutis、TG Therapeutics，里程碑金总额达 5.7 亿美元。

2015 年 10 月，信达生物与美国礼来制药公司达成三个肿瘤免疫治疗双特异性抗体药物的开发合作协议，里程碑付款总金额超过 10 亿美元。

根据合作协议，信达生物和礼来将合作开发、生产和销售三个新型双特异性肿瘤免疫治疗抗体，其中信达生物将合作主导中国市场的开发、生产和销售，礼来将合作主导国外市场的开发、生产和销售。三个抗体均使用来自信达生物自主研发的 PD-1 单抗，是目前最有前景的新型双特异性肿瘤免疫治疗抗体。PD-1 单抗可提高 T 细胞对于肿瘤细胞的敏感度，避免免疫逃逸，被认为是肿瘤治疗最有潜力的方法。

港股中国生物制药旗下的正大天晴药业也曾与美国强生公司签署独家许可协议，将一款极具潜力的治疗肝炎的创新药物在中国大陆之外的国际开发权许可给美国强生公司，该药物处于临床前开发阶段，强生将在中国之外开展该产品的全球开发、生产、注册和商业化推广。根据协议，强生将支付总额可达 2.53 亿美元的首付款、里程金及上市后的销售提成。

港股金斯瑞生物科技旗下的南京传奇生物科技，2017 年 12 月与跨国巨头强生旗下的杨森生物科技 Janssen Biotech 达成合作协议，后者获得其重磅 CAR-T 疗法的全球共同开发、生产，以及市场推广许可。在合作之初，Janssen 将支付 3.5 亿美元的先期资金，随着开发与监管等里程碑的到来，Janssen 将提供额外的资金。2018 年 12 月，有关美国临床试验的第一个里程碑事件已达成，南京传奇有权享有杨森应付的 2500 万美元的里程碑付款。2019 年 7 月，有关美国临床试验的第二个及第三个里程碑事件已经达成，南京传奇有权就第二个及第三个里程碑享有 3000 万美元及 2500 万美元的里程碑付款。

海外并购模式方面，复星医药完成以 71.42 亿元收购印度仿制药企业 Gland Pharma 74%股权的交易，这是中国药企目前最大的一笔海外收购。民营企业三胞集团就曾因为宣布收购美国生物医药公司 Dendreon 100%股权而轰动一时，Dendreon 为全球首个前列腺癌细胞免疫疗法 Provenge 的拥有者，尽管三胞集团并非医药企业出身，但这却是中国企业首次收购美国原创药物，而 8.19 亿美元的收购金额也创下中国企业在美金额最大的药品收购纪录。

CRO（医药研发合同外包服务机构）模式方面，被形象地称为医药界的“华为”的药明康德就是一家专门承接研发外包的 CRO 药企。

与我国其他行业“世界第一”形成鲜明反差的是，世界处方药销售 50 强名单、世界药物销售前 100 名中，至今还没有我国公司生产的药物，但药明康德在国际 CRO 服务市场份额排名第十位，成为国内医药行业在国际上排名最靠前的公司。

目前，药明康德中国区实验室服务业务与非中国区实验室服务业务占比各半，因大多涉及跨国公司客户的跨国委托业务，在境内境外业务具体划分上，境外业务占比高达约 75%。

美国是生物技术产业强国，其开发的产品和市场销售额均占全球 70%以上。药明康德公司前五大客户包括辉瑞、强生、礼来、默沙东等美国跨国公司巨头，目前美国业务高达约 12 亿元。

可以说，当下医药 CRO 模式正逢其时，处于产业发展风口。20 世纪 90 年代以来，全球生物药品销售额以年均 30%以上的速度增长，大大高于全球医药行业年均不到 10%的增长速度。1995—2017 年，纳斯达克生物技术指数涨幅约为 19 倍，远超过同期标准普尔 500 指数 4

倍多的涨幅。

目前，生物医药技术处于大规模产业化的开始阶段，逐步成为世界经济的主导产业。能提供创新药研发服务的超级企业，如以药明康德和泰格医药，以及港股的药明生物等为代表的 CRO 和 CDMO 药企，很可能是爆发期最大的受益者。

我国医药行业供求端推行以一致性评价、两票制、药品集采、创新药审批效率提速为标志的供给侧改革，需求端则是疾病普遍化、医疗商业保险普及和消费升级大背景下的市场结构化大扩容。

在海外医药人才带技术归国创业、每年数百亿美元风险资金投入等利好因素推动下，就像 20 年前的互联网市场一样，未来 10 年资本市场很有可能会诞生一批医药界的 BAT 巨无霸企业。

第四节

中国医药创新的后发赶超

2018 年 6 月，美国纳斯达克中概股百济神州的股价上涨到 200 美元以上，成为我国第一家过百亿美元市值的研发型生物医药公司。

百济神州创建于 2011 年，是不折不扣的独角兽公司，其专注于分子靶向和免疫抗癌的新药原研，目前还没有产品上市销售。公司 2018 年收入虽然只有 1.98 亿美元，但研发开支高达 6.79 亿美元，导致同期净亏损约 6.74 亿美元。

虽然亏损较大，但在美股 IPO 上市后 2 年多的时间里，股价却上涨了约 10 倍。高瓴资本，这家因同时持股腾讯与京东、去哪儿与携程，并促使完成这两起合并交易的幕后推家，早在 2014 年就入股了百济神州，获利倍数更高达数十倍，持股市值接近 10 亿美元。

虽然在报表上巨额亏损，却仍能够在专业机构云集的纳斯达克市场上获取百亿元美元市值，百济神州的核心价值在于代表了我国生物医药研发的一流水平：在美国一流的学术大会 ASCO 和 ASH 中，其所披露的核心药物 BTK 抑制剂、PD-1 单抗和 PARP 抑制剂的临床数据，获得高度认可，质量丝毫不逊色于国际制药巨头。

百济神州还与美国制药巨头新基公司达成战略合作协议，共同开发和商业化其研发的 PD-1 单抗用于实体肿瘤的治疗，并因此将获得后者 2.6 亿美元的首付款以及 1.5 亿美元的股权投资。未来，还有可能获得接近 9.8 亿美元的里程碑付款，以及产品在全球市场销售额的分成，总交易金额将接近 14 亿美元，该交易创造了我国药企单品种对外合作的最高交易额记录。

还有 2018 年底刚刚在港股上市的创新药研发独角兽企业华领医药，华领医药目前尚无自有产品上市，尚无生产厂房等重资产，所需临床试验的药品亦委托第三方生产，成立至今累计亏损超过 10 多亿元，但近年来却获得数轮融资，陆续进驻了包括阿里系、香港新世界掌门人，以及药明康德实控人在内的众多专业投资者。

公司正在进行Ⅲ期临床试验的用于治疗Ⅱ型糖尿病的全球首创新药口服药物 Dorzagliatin，是新机制第 4 代葡萄糖激酶活剂调节剂，相比传统糖尿病药物，可针对人体血糖平衡传感器葡萄糖激酶的功能损伤进行有效治疗，有望解决糖尿病发病的病根，达到了该领域国际一流创新水平。

中国创新药领域虽然有不少尚处于亏损阶段的独角兽企业，但也不乏盈利者的身影。

创立于 2001 年的微芯生物，于 2019 年中登录科创板。微芯生物专注于肿瘤、代谢疾病和免疫性疾病三大治疗领域原创新药的研发。与其他如百济神州、信达生物、君实生物、歌礼制药、华领医药、基石药业等尚处于亏损期的创新药研发企业不同，微芯生物已有自主研发的创新产品西达本胺上市销售（2015 年上市，2017 年进入国家医保目录），2018 年收入过亿元，利润数千万元。虽然盈收体量还不大，但对于研发型企业来说是难能可贵的。

西达本胺研发历经 12 年，是我国原创新药研发领域的标志性案例之一，创出了多项纪录。该药是微芯生物独家真正从无到有发现的新分子实体药物，是目前国内唯一治疗外周 T 细胞淋巴瘤的药物，海外首个亚型选择性组蛋白去乙酰化酶抑制剂，也是中国首个以Ⅱ期临床试验结果获批上市的药物。

此外，西达本胺是中国首个授权美国等发达国家和地区使用境外发明专利以实现全球同步开发与商业化、并获得技术授权许可收入的原创新药，开创了中国创新药对欧美市场进行专利授权的先河。

在我国医药研发领域，类似突破性的创新成果不断涌现。

在小分子靶向化学药领域，恒瑞医药的抗乳腺癌新药吡咯替尼(艾瑞妮)临床对照组比较的国外产品，一般只有7个月的无疾病进展生存期，而吡咯替尼可以达到18.1个月；贝达药业的肺癌用药埃克替尼与进口产品吉非替尼和厄洛替尼形成三足鼎立之势，其与进口产品疗效相同，副作用更小，成本更低。

尤其是美股上市的和黄中国医药(李嘉诚旗下产业)，研制出用于结直肠癌治疗、具有完全知识产权的1.1类新药呋喹替尼，它是国际上首个独立由中国人发明、中国医生研究、中国企业研发的靶向抗癌药。

在银屑病治疗药物方面，北京文丰天济医药科技有限公司研制的本维莫德乳膏(商品名：欣比克)是全球首创(First-in-class)、拥有完整自主知识产权的1类新药，全球第一个有治疗作用的芳香烃受体调节剂类的非激素小分子化学药物，用于局部治疗成人轻至中度稳定性寻常型银屑病。临床试验结果显示，本维莫德在改善皮损症状总体疗效和改善皮损症状基本治愈率等方面，相当于甚至在某些指标方面优于现有外用药“金标准”，其直接作用于致病靶点，无系统性不良反应，同时治疗银屑病起效快，患者复发率低。早在2012年临床Ⅱ期结束时，制药巨头葛兰素史克(GSK)就花费2.3亿美元购得本维莫德除中国大陆、台湾、香港和澳门市场以外的市场开发权。2018年7月，葛兰素史克以3.3亿美元的价格向Dermavant出售了这一权益。作为一个在研药品，其转让费甚至超出了一些抗癌“明星”新药的转让费。

在长效重组蛋白领域，长春高新生产出全球第一支长效型重组人生长激素。

在疫苗领域，智飞生物自主研发的全球唯一完成临床研究的母牛分枝杆菌疫苗已正式纳入特殊审批程序和优先审评品种。

在细胞免疫治疗领域，截至2017年10月，我国登记开展的

CAR-T临床研究项目约60项，已经在数量上超过欧洲和美国。港股金斯瑞生物科技的CAR-T疗法临床研究参与病人数目和研究结果已达世界第一，处于领先地位，并已获得美国FDA临床批件。2019年4月，公司研发的CAR-T抗肿瘤药物获欧洲药品管理局授予药物优先审评认定。

在单抗原研药领域，我国药企在血管内皮生长因素靶点、表皮生长因素受体靶点、白细胞分化抗原CD分子靶点、免疫抑制因子细胞毒性T淋巴细胞抗原和程序性细胞死亡蛋白（PD-1）靶点方面都有布局，而且取得了不俗的成绩。

如FDA披露的2018年临床综合数据显示，在PD-1单抗研究领域，信达生物的治疗患者客观缓解率近80%，百济神州的NCT3209973项目约为86%，都大大高于国外同行如帕博利珠单抗（国内俗称“K药”）和纳武利尤单抗（国内俗称的“O药”）66%~69%的区间水平。

生物类似药要求在蛋白质的一级结构（氨基酸序列）上应与原研药一致，还需要和原研药在生物学活性、临床前研究、临床研究等方面保持高度相似。

在单抗生物类似药领域，复星医药旗下在港交所上市的公司——复宏汉霖研发的针对CD20靶点的利妥昔单抗注射液汉利康，于2011年首次申报临床，2017年10月递交新药上市申请，2019年初上市注册申请获批，该药是国内获批的首个生物类似药，具有重大里程碑意义，标志着我国生物医药业从跟跑到并跑的重大转变。

2019年4月底，汉利康正式上市销售，价格比原研药美罗华低约三成，大大提高了患者用药的可及性，可有效满足患者一线用药需求。

2019年11月，国家药监局宣布，批准广东百奥泰生物制药股份有限公司研制的阿达木单抗注射液（商品名：格乐立）的上市注册申请，该药成了国内首个获批的阿达木单抗生物类似药，也是国内获批的第二只生物类似药，适应症为强直性脊柱炎、类风湿关节炎和银屑病等自身免疫性疾病。

需要特别说明的是，在新药创制方面，涌现出一批具有中国特色的研发成果，这些成果和中药有很大关系，很多创新药来源于药用植物，在国际市场获得了认可并被普遍应用。比如在脑卒中药物领域，石药集团的丁苯酞软胶囊，商品名为恩必普，2005 年获得国家食品药品监督管理总局的生产批文，用于治疗脑中风患者轻、中度急性缺血性脑卒中。“恩必普”是我国继青蒿素和双环醇后，第三个拥有自主知识产权的国家 1 类新药，同时也是脑血管病领域第一个拥有自主知识产权的创新药物，在全球 86 个国家受到专利保护。

同类产品丁苯酞氯化钠注射液，荣获“国家战略性创新产品”奖项，是国际上首个作用于急性缺血性脑卒中多个病理环节的创新药物。丁苯酞氯化钠注射液相对于软胶囊更适合于急性缺血性脑卒中患者早期使用，对于急性缺血性脑卒中患者，不受溶栓治疗窗的限制，可改善缺血区脑灌注，改善神经功能缺损程度，挽救半暗带脑细胞。

丁苯酞的诞生最初可以追溯到中药验方：芹菜籽熬水可治疗癫痫。1978 年，中国医学科学院药物研究所从水芹籽中分离出左旋丁苯酞。1980 年首次化学合成了丁苯酞，最初丁苯酞的研究方向是抗癫痫，1986 年丁苯酞的研究方向转向脑缺血的治疗。1999 年，启动临床试验，丁苯酞总有效率为 70. 3%。这一年，石药集团买入丁苯酞项目，并于 2002 年取得新药证书及试生产批件。

还有三氧化二砷，最初我国医药工作者发现民间用中药里的砒霜，治疗皮肤溃疡和皮肤癌很有效，后经研究发现是砒霜里的三氧化二砷起了作用。国际顶尖医学杂志《科学》曾刊登我国医学专家、前卫生部长陈竺院士的论文，该论文发现了三氧化二砷治疗急性早幼粒细胞白血病的分子机制，并指出相关治疗靶点。目前，三氧化二砷成为国际普遍认可的用于治疗白血病的有效药物。

此外，黄连素(小檗碱)是从中药黄连中提取出来的，不仅用于抗感染，还是治疗“三高”(高血压、高血脂、高血糖)的好药物，目前在国际上被普遍使用。还有大家所周知的 2015 年获得诺贝尔医学奖的青蒿素，也是以屠呦呦为代表的中国科研工作者通过查询中医药古文献受启发而发现的。被认为对抗禽流感最有效药物、罗氏制药的专利药“达菲”，主要原料也是提炼于中国的八角，中医药认为，八角有驱邪、强固及退热的效用。

总之，在“古为今用，洋为中用”的指导思想下，中西医结合，从以标本兼治、阴阳平衡和君臣佐使为特色的中医药宝库中发掘有用的东西，在临床有效的基础上，进行科学研究，弄清内在机制，是一条具有中国特色的新药研发创制的可行途径。

目前，我国行业门类中主要有两块较大的短板：一个是关乎信息安全的半导体芯片产业，另一个是关乎民众健康的创新药产业。

在芯片“设计—生产—封测”三大环节中，我国虽然已经实现了超级计算机与北斗导航系统高端芯片的国产化，但要实现核心芯片的商业化运作，还有很大的难度。

严峻的现实是，全球芯片产业的上中下游已经被 Wintel(微软+英特尔)和 AA(ARM+Android)这套系统所占据，包括终端在内的各种各样的软件也被囊括在这个应用体系中。这意味着即使设计出了核心芯片，但要打破这套体系或者从中分一杯羹，却也并非易事。况且，芯片的生产也需要长久的技术积累，在全球范围内也只有英特尔、三星、高通、台积电等少数公司可以实现商业化量产。

创新药领域与欧美相比还有不小差距，中国医药市场虽然位居全世界第二位，但是创新药的数量只有全球的约 6%。目前全球生物技术公司总数已达 4300 多家，其中 76%集中在欧美。

庆幸的是，在创新药，尤其是生物大分子创新药领域，并不存在类似芯片产业排他性的国际寡头垄断局面。比如，在精准医疗靶向领域，虽然国外医药巨头靠资金实力率先发现了某些用药靶点，但我国药企仍可以在现有水平上进行模仿创新甚至原始创新，围绕相关靶点，研发出药效相等的“me-too”类似药甚至药效更好的“me-better”类原创药。

国际创新药研发圈，和硅谷芯片研发圈一样，遍布华人科学家的身影，如在全球首次揭示 PD-L1/PD-1 靶点并首创 PD-1/PD-L1 抗体癌症治疗方法的就是耶鲁癌症中心华人科学家陈列平。我们并不缺乏原创性研究的能力，大分子生物药研发是国内与国际基础数据最为接近的领域之一。

2018 年，美国 FDA 批准了 59 个新分子实体上市，打破了沉寂多年的历史纪录。中国国家药监局(NMPA)也前所未有地批准了 48 个全新药物上市，其中有 9 个自主创新药是全球首次批准的新分子，在数量上首次超越了欧洲药品管理局（EMA）和日本药品和医疗器械局（PMDA）。

这 9 个自主创新药，包括上市公司中恒瑞医药的吡咯替尼，正大天晴（中国生物制药）的安罗替尼，君实生物的特瑞普利单抗，信达生物的信迪利单抗，歌礼药业的达诺瑞韦，和记黄埔的呋喹替尼，以及非上市公司中前沿生物的艾博韦泰，珐博进的罗沙司他，杰华生物的重组细胞基因因子衍生蛋白等。

这些产品的上市，同时说明中国在鼓励和支持国产创新药政策方面有了重大突破。

目前在创新药领域，伴随大量资本的涌入，越来越多的海外科学家也已回国创业。2008 年中共中央组织部发起的简称“国家千人计划”的海外高层次人才引进中，有 2/3 来自生物医药领域。

行业监管方近期也批准实施了药品上市许可与生产许可分离制度，即允许研发机构作为药品专利持有人委托生产企业生产药品，“上帝的归上帝，恺撒的归恺撒”，行业内涌现了一批有国际竞争力的像药明康德（药明生物）和泰格医疗这样的 CRO 和 CDMO 企业，可以承接新的大量研发和生产订单。

在行业兴起所需的人才、市场需求、产业链和政策四大要素方面，国内并不存在明显的短板，在某些领域甚至还有一定的优势，存在巨大的后发赶超机会。

值得注意的是，众多的热钱涌入创新药领域，整体抬升了行业估值，尤其在一级市场，很多企业融资时获取了较高的估值溢价，使得真正的创新公司与普通公司估值差别不明显了，这种现象也蔓延到了二级市场，很像 20 年前的互联网市场，有点良莠不齐的味道。

资本市场创新药股是个巨大的机会，但需对风险有清醒的认识，更要具备很高的专业能力，很多碰巧投资创新药股赚钱的投资者，在很大程度上是知其然却未必知其所以然，此时稀里糊涂地赚钱，彼时可能稀里糊涂地亏钱。因此，对于创新药股，也要仔细甄别，别盲目跟风炒作。

第五节

国产医疗器械行业的投资机会

在老龄化、城镇化社会经济转型过程中，我国居民健康需求迅速增长，健康支出迭创新高。目前全国卫生总费用接近 6 万亿元，在 GDP 中的占比提升到约 6.4%。年全国医疗卫生机构总诊疗人次达 83 亿元人次，平均每个居民年就诊 6 次。其中最为亮眼的是医疗器械市场，规模由 2014 年的 2500 多亿元增长至目前的 5300 多亿元，年均环比增长约 20%，大幅超越 GDP 增长水平。

不过，我国医疗器械行业整体实力却有待提高。目前，全国医疗器械生产企业约有 1.6 万家，其中 90%以上都是不足 2000 万收入的小型企业，年产值过亿元的企业不足几十家。同时，我国医疗器械流通企业却高达 30 多万家，绝大多数是做转手贸易的“二道贩子”。能提供过硬产品的生产企业的数量还是比较稀少。

就卫生费用结构而言，考虑到医药费用和医疗器械费用之比，欧美日为 1∶1，而国内仅为 1∶0.2，国内医疗器械市场未来蕴藏巨大发展潜力。在这个过程中，分级诊疗和国产替代将成为重要影响因素。

我国医疗资源主要集中在三级医院，常见病、多发病的诊疗多集中在三级医院，三级医院经常人满为患，排队场景蔚为壮观，而基层医院往往比较冷清。近年来，这种资源失衡现象愈演愈烈，形成恶性循环，加剧了“看病难，看病贵”难题。为此，以农村基层和城镇社区医疗机构为核心的基层医疗卫生体系建设成为新医改重点。全国卫生与健康大会明确要求，分级诊疗制度作为五项基本医疗卫生制度之首，要大力推进。

分级诊疗按照疾病的轻重缓急及治疗的难易程度进行分级，不同级别的医疗机构承担不同疾病的治疗，实现从全科到专业化的医疗服务。国家层面一方面提出“大病不出县”，一方面下拨专项资金，推动

3.7 万家乡镇卫生院和 3.5 万家社区卫生服务中心升级成二级医院，500 家县医院和县中医医院分别达到“三级医院”和“三级中医医院”服务能力要求。由此，大量基层医疗机构仪器采购需求将被催生。对县级、基层医疗机构而言，通过提升设备配置，还可吸引留住基层医疗人才，有效缓解中心城市大医院的“臃肿病”，解决各级医院医疗资源的失衡问题。

众所周知，目前我国医疗器械市场基本被俗称为“GPS”(通用、飞利浦和西门子)为代表的国外厂商所垄断，国产占比仅占约 20%，其中高端医疗设备和大型设备占比只有约 10%。与“10 年 10 亿元十分之一”(研发 10 年，投入 10 亿元，成功率 1/10)的创新药研发相比，医疗器械的研发无专利悬崖，生命周期更久，研发效率和成功率更高。近年来，国际医疗器械技术进入平稳发展的静默期，为国产医疗器械公司的发展提供了很好的赶超机会。我国医疗器械市场已经涌现出一批能与跨国巨头同台竞争的研发型企业，国产替代效应将成为本土医疗器械发展的又一动力。

国产替代中的佼佼者，北有沈阳的东软医疗，中有上海的联影医疗，南有深圳的迈瑞医疗。比如，在二级医院市场的 CT 类设备采购中，东软医疗率先打破“GPS”垄断，以超过 10%的市场占有率跻身一线品牌行列。再如，联影医疗与美国顶尖分子影像科研团队“探索者”联盟携手打造的“史上最强 PET-CT”——全景动态扫描 PET-CT uExplorer 探索者，被誉为观测人体内部的“哈勃望远镜”。与传统 PET-CT 相比，它的灵敏度跃升了 40 倍，扫描速度从 20 分钟缩短至 15～30 秒，扫描辐射剂量被降至 1/40，应用人群拓展至了母婴、青少年与儿童。

迈瑞医疗目前在监护仪、血球分析仪、中低端彩超等产品技术上已经可以和国外尖端产品媲美，其监护仪国内市场份额第一，高达 60%以上，远超国外品牌。目前，国内超声市场 80%还被外资占据，迈瑞医疗自研剪切波弹性成像技术，成功推出了国产第一台高端彩超——昆仑系列彩超，市场占有率已达 10%，进口替代刚刚起步。

全球医疗器械龙头美敦力，年销售额约 300 亿美元，市值 1400 多亿美元；我国对标企业迈瑞医疗目前年收入 138 亿元，市值 2200 多亿元。在该领域中，我们和国外龙头在整体体量上有着约 10 倍的差距。这是现实的差距，更是待挖掘的巨大潜力。在分级诊疗和国产替代两因素的催化下，医疗器械行业迎来一段较长的黄金发展机遇期，绝对是不可忽视的投资领域。

第六节

CRO 行业迎“风口”

目前我国诸多行业，在产值和体量方面已经进入世界前列，但医药行业还没有迎头赶上，成了行业门类中的一块短板。

最新公布的世界 500 强名单，我国药企只有华润和中国医药集团两家入围，其收入贡献主要来自流通业收入，就制造业收入而言，恐怕没有一家企业能够入围。近年来，我国药企研发投入虽有大幅增长，但相较国外医药巨头而言，不论在绝对金额上，还是在费用占比上，都有不小的差距。比如我国医药上市公司研发投入最多的十家公司，平均投入强度仅为接近 10%，而全球范围内研发投入最多的十家公司达到了 22%。

衡量一个国家医药产业水平的重要标志是创新药的研发能力。由于创新药的研发是一项耗资巨大的系统工程，研发过程复杂、投入高、周期长，研发成功率不断走低(21 世纪初的制药成功率仅为 20 世纪 80 年代和 90 年代的一半)，研发成本在不断攀升，投资回报率也随之下降。创新药的研发需要巨额风险资金的融资支持、上下产业链的协同配套，以及管理层面的政策扶持，对一个国家的整体实力提出了很高的要求，即使像一些国力并不弱的国家，如印度和欧洲大多数国家，权衡利弊后还是选择了主动放弃。

药物研发的高难度给医药产业带来了巨大压力的同时，客观上也对产业分工提出了更高的要求。在这种情况下，一个新的细分行业应运而生，这就是医药研发外包服务行业，简称 CRO(Contract Research

Organization)。CRO 企业与药企签订研究合同，服务于新药研发全过程，包括从早期化合物的筛选一直到通过临床试验，帮助药企完成全部或部分的研发任务。医药研发外包服务可覆盖化合物研究、临床前研究、临床研究、药物注册与审批、商业化生产、销售等整个新药开发过程，部分大型 CRO 企业甚至可以做到一站式服务，覆盖整个环节。由于医药研发外包服务拥有更低的研发成本、更灵活的研发模式，从而赋予医药研发更高的研发效率。可以说，医药研发外包是医药产业走向成熟的必然产物。

2015 年开始，我国医药行业政策发生了颠覆性的变化，特别是对创新药方面，支持力度前所未有，相继推出了包括优先审评、简化审批程序、快速进入医保等政策，以加速创新药上市速度，加快新药生命周期，让创新药尽快惠及更多患者。2018 年，中国药品评审中心（CDE）受理的各类药品注册申请共 7336 条，比上年同期增长了 52%。此外，自 2018 年 8 月起的港交所，以及 2019 年 7 月开市的 A 股科创板，均开始允许未盈利的医药研发企业 IPO 上市融资。凡此种种举措，都将促使越来越多的药企将研发外包，从而为 CRO 行业带来大量订单，CRO 行业迎来发展风口。

目前全球 CRO 市场份额前十均为欧美企业，基本占据了国际一半的市场。这是由于国际医药外包巨头不断通过收购兼并来扩展自身业务，从而带来寡头竞争市场的初步形成。和欧美市场格局相比，目前国内 CRO 行业集中度要低得多。据统计，国内营业收入在 500 万元以下的 CRO 企业数量占比约 65%，其中大部分企业同质化非常严重，竞争很激烈。不过，我国 CRO 企业成本优势十分明显，CRO 试验成本通常只有欧美发达国家的 30%~60%，CRO 市场规模已经由 2011 年的 140 亿元增长到目前的接近千亿元，年均增长接近 30%。可以预见，在不远的未来，国内大型医药 CRO 企业将加速扩大体量，逐步展现龙头效应，形成具有国际竞争力的巨头公司。

近几十年来，我国医疗软硬件水平提高很大，医院规模空前壮大，医务医疗能力看似更发达了，但就结果来看，病人却更多了：据统计，目前我国高血压、高血脂、心脑血管异常患者各约 3 亿人，糖尿病患者约 1 亿人，慢性肾病患者约 1 亿人，乙肝携带者约 1 亿人，关节炎患者约 1 亿人，颈椎病患者约 1.5 亿人。作为癌症大国，我国发病数在全球占比约 40%，在居民死亡率中占比约 24%。在如此巨大的临床需求面前，我国医药科研基础性工作倒是赶了上来：我国生命科学论文数量 2008 年在全球排名还在第 5 位，全球占比仅 5.63%；到了 2017 年，论文发表数量达近 11 万篇，全球占比大幅提升到 16.87%，仅次于美国，排名跃居世界第 2 位。巨大的临床需求加上基础科研实力的提升，为 CRO 行业的持续发展提供了有力的保证。

总之，在巨大的人口基数优势面前，只要充分利用好经济学比较优势和后发优势，我国医药行业就会迎来“最好的时代”，实现跳跃式发展，从国际跟跑行业转身成为国际领先行业。而为医药行业提供第三方服务的 CRO 行业，作为“送水人”的角色，无疑是最大的受益者。目前的中国，已经具备这个实力，虽然过程会很曲折，难度很高，但看看我国 5G 行业等其他行业从落后到领先的发展历程，就会认为这并非空话。

目前国内 CRO 产业，药明康德占据了 1/3 以上的市场份额，是该行业拥有科学家数量最多的企业，被誉为中国新药研发的“黄埔军校”，正处于国内领跑状态。作为中国医药研究行业的领军型企业，公司有规模优势，可以调动整合全球资源，以超过行业平均增长率的速度增长，很有希望成为该行业最有国际化实力的企业。

第九章　奢侈品和地摊货的区别：毛利率

- 毛利率分析的关注点
- 哪些消费股毛利率高
- 怎样提高毛利率

第一节

毛利率分析的关注点

毛利率是毛利与销售收入的百分比，其中毛利是收入与成本的差额。毛利是产品最核心、最基本的盈利保证，毛利率水平的高低与企业盈利能力的高低直接相关。

在财务分析中，毛利率是一个非常重要的财务指标，这个指标越高越好，一般要达到30%以上，才可以入选备用股票池。

普通制造型企业毛利率一般很难达到30%以上。

目前中国共有1000多万家企业，大约80%的企业毛利率不到30%。一般来讲，此类企业的三项费用(管理费用、销售费用和财务费用)变化弹性相对较小，三项费用率合计若在20%以上，毛利和费用抵销后，利润率只有几个百分点而已。

因此毛利率的高低，很大程度上决定了企业的盈利水平的高低。

在规模化生产的前提下，好的企业三项费用率可以压缩到20%以下。因此，只有维持30%以上的毛利率才可以达到10%以上的利润率水平。

在使用毛利率做财务分析时，要注意以下几点：

一是要看标的企业是制造型企业还是服务型企业，服务型企业以提供服务为主，主要支出体现在三项费用方面，因此毛利率水平较高，要高于制造型企业，不能看到毛利率高了就简单和好企业画等号。

二是毛利率要优中选优，即不但要选择毛利率高的行业，还要在毛利率高的行业中选择毛利率较高的公司。

三是要看毛利率的变化趋势，毛利率最好呈现不断持续上升的趋势，最起码不能持续下降。

四是要看毛利率结构，如有的医药企业既有生产制造业，也有药品流通业，两者毛利率可以相差几倍乃至几十倍，因此不能简单来看总的毛利率，而要分门别类地来分析。

第二节

哪些消费股毛利率高

在此选取轻工业消费品为研究对象，其他诸如信息技术、文娱和餐饮行业等虽然毛利率也较高，但其期间费用率也较高，最终的结果是净利润率不一定高，因此不在讨论范围之内。

一般来讲，一件商品，消费者愿意接受其70%以上的毛利率，基本上算是奢侈品或准奢侈品；愿意接受其30%～70%的毛利率，可以称之为品牌产品；愿意接受其10%～30%的毛利率，则是普通商品；如果只有不超过10%的毛利率，还要讨价还价，那就是地摊货。

毛利率较高的消费品主要分布在以下几大类中：

第一大类是医药保健品。

中药类产品毛利率一般在30%～80%之间。如云南白药毛利率在60%以上，东阿阿胶毛利率在70%以上，片仔癀毛利率在80%以上，广誉远的龟龄集和定坤丹毛利率在80%以上，同仁堂前五名产品整体毛利率达60%以上，天士力主打产品复方丹参滴丸毛利率达70%以上。

目前中国证券市场中有很多质地不错的传统老字号中医药企业，做中药企业投资时，不但要关注产品本身的性状，还要关注中药稀有原材料的供给状况。

目前我国含麝香、豹骨、羚羊角、穿山甲、熊胆、稀有蛇类、牛黄等珍稀濒危药用资源成分的中成药品种有六七百种，生产厂家近千家。上述原材料涵盖知名药品主要包括云南白药、片仔癀、安宫牛黄丸、麝香保心丸、六神丸、龟龄集等。部分珍稀物种如老虎、犀牛已禁止贸易，麝香、羚羊角、穿山甲、黑熊等物种野外资源正在减少并枯竭，对中医药产业的发展带来一定的负面影响。

当然，已经有公司意识到这个问题的严重性，并开始向产业的上游布局，如东阿阿胶自建驴养殖牧场，片仔癀自建麝养殖牧场等。投资者选股时要把握好这个影响因素，控制相关风险。

在西药领域，包括化学药、生物基因产品、疫苗、血制品等，主要可归为仿制药、创新药两大类。目前，我国西药市场95%是仿制药，一些少数而稀缺的创新药企业获取了很高的毛利率。

创新药领域壁垒很高，而且不是一般的高，甚至高过高科技信息产业。其实，创新药不是一般的药，具有“三高一长”特性，即高投入、高风险、高回报，研发生产周期长，完全可以归类为高科技行业。

创新药的高壁垒可以从创始人身上管中窥豹：创新药药企创始人不仅仅是企业家，更得是行业内专家。人体是一个像宇宙一样神奇而未知的系统，医药领域很深奥、很复杂，若掌舵人专业能力不够，很容易把大船航向带偏。而互联网行业，即使创始人不是专业出身或技术专家，只要具有足够的企业家精神，也可以把企业做得很大。

目前，国内几大上市创新药企如A股的恒瑞医药、药明康德、贝达药业、长春高新，以及港股的石药集团、中国生物制药、药明生物、三生制药等都保持了很高的毛利率水平。比如，上市公司我武生物的抗过敏药品毛利率高达约95%，我国抗肿瘤创新药的两颗明珠——恒瑞医药的阿帕替尼和贝达药业的埃克替尼毛利率至少在90%以上。

第二大类是白酒。

中国品牌白酒上市公司毛利率在60%~95%之间，最高的是贵州茅台，毛利率高达94%。在全部3000多家上市公司中，白酒类公司应该是毛利率最高的板块之一。

数据显示，浓香型白酒在总体白酒市场的份额达70%左右，以五粮液、泸州老窖、剑南春、郎酒（浓香酱香都有）、全兴大曲（水井坊）、沱牌舍得为代表的川酒“六朵金花”，以及洋河、今世缘（原高沟酒）、双沟、古井贡等“三沟一河”江淮酒为典型代表。

酱香型白酒虽然在产量上份额不高，只占全部白酒产量的1.5%，但销售却占到了全部白酒销售额的15%。也就是说，酱香酒的平均销售价格大约是其他白酒销售价格的 10 倍，利润更是占到了全行业的 1/3 以上。

茅台是酱香型白酒的典型代表，其次是郎酒；其他比较知名的酱香型白酒还有习酒、湖南武陵酒、国台酒等。

500 公里赤水河不但因国酒茅台而出名，所流经区域还孕育出了郎酒、习酒、五粮液、泸州老窖、董酒等中国十余种名酒，所以赤水河也被称为美酒河。“上游是茅台，下游望泸州，船到二郎滩，又该喝郎酒”，是赤水河流域流传甚广的民谚。

清香型白酒的市场份额约为 10%，以汾酒为典型代表，包括青稞酒、老白干酒、二锅头酒和台湾高粱酒等均属于清香酒范畴。

新中国成立之初，我国白酒的产量仅为 11 万吨。1978 年白酒产量达 144 万吨，比新中国成立之初增长近 15 倍。白酒产量在 1996 年曾创阶段历史高峰，达到约 810 万吨，约为新中国成立初期的 80 倍。1998 年受山西朔州假酒案和亚洲金融危机影响，白酒产量开始一路下滑。2005 年白酒产量开始恢复性增长，增长速度很快，到 2010 年达到 890 万吨，2011 年超过 1000 万吨。

2013 年，随着宏观经济形势和政策环境变化，国家政策严格控制“三公”经费、厉行节约，限制了高端白酒消费需求，高端白酒销售下挫，行业增长放缓。2013 年，全国白酒行业产量保持在 1226 万吨左右。

2018 年，全国规模以上白酒企业（非全行业）完成酿酒总产量 871 万吨，同比增长 3.14%；销售收入 5364 亿元，同比增长 12.88%；实现利润总额 1251 亿元，同比增长 29.98%。2018 年可以说是白酒行业的丰收年。

一般来讲，酒类上市公司的毛利率是与其品牌知名度成正比的。越高端的酒，毛利率越高，尤其是历史上曾被评上过国家名酒称号的酒。

历史上曾有过 5 次全国范围内的权威性国家名酒评比活动，共评出几十种国家名酒，可以预见，在接下来的几十年内，可以继续在中国引领风骚的白酒品牌，是出不了这个大名单的。

历届评酒会及所评各种名酒的大致情况如下：

第一届：1952 年在北京举行，白酒评出四大名酒，即贵州茅台、山西汾酒、陕西西凤酒、四川泸州老窖特曲，简称老四大名酒。

第二届：1963 年在北京举行，共评出八大名酒：茅台酒、五粮液、古井贡酒、泸州老窖特曲、全兴大曲酒、西凤酒、汾酒、董酒，简称老八大名酒。

第三届：1979 年在大连举行，共评出八种名酒：茅台、汾酒、五粮液、剑南春、古井贡、洋河大曲、董酒、泸州老窖特曲，简称八大名酒。

第四届：1984 年在太原举行，共评出十三种名酒：茅台、汾酒、五粮液、洋河大曲、剑南春、古井贡、董酒、西凤酒、泸州老窖特曲、全兴大曲、双沟大曲、特制黄鹤楼酒、郎酒，简称老十三名优酒。

第五届：1989 年在合肥举行，共评出十七种名酒：茅台、汾酒、五粮液、洋河大曲、剑南春、古井贡、董酒、西凤酒、泸州老窖特曲、全兴大曲酒、双沟大曲、特制黄鹤楼酒、郎酒、武陵酒、宝丰酒、宋河粮液、沱牌曲酒，简称十七大名酒，荣获国家名酒金质奖。国家优质酒银质奖 53 名，其中，有一些已经销声匿迹了，有一些沦落为偏隅一方的地方酒企。但是有一些品牌，诸如浏阳河、双沟、口子酒、习酒、太白酒、孔府家酒、四特酒、杜康酒、珍酒等，逐步发展为全国品牌，整体上来看经营状况还不错，个别品牌做得还比较出色。

从以上国家名酒名单可以看出，只有三种白酒在全部五届评比中都榜上有名，分别是茅台(酱香酒代表)、汾酒(清香酒代表)和泸州老窖(浓香酒代表)。

A 股酒类上市公司有 30 多家，统计发现，这三只股票上市以来的涨幅也是排行居前，可以归为“10 年 10 倍股”。

其实，这不是巧合，而是其内在品质和文化内涵历年积淀、厚积薄发的必然结果，也是核心竞争力的集中表现，这种核心竞争力几乎是不可复制的，从而构成企业强大的经营护城河。

高端白酒与奢侈品一样，具有稀缺性、历史性、文化性、地域性、炫耀性、时代性几大特征。在中国，高档白酒仅占白酒总产量的 1%多一点；在高档白酒中，贵州茅台和五粮液两大品牌占据了约 80%

的份额，而两家的利润更是超过了白酒行业的半壁江山。

近年来高档白酒价格一路攀升，原因在于：

第一，高档白酒产量有限。茅台的生产周期需要5~6年，而五粮液每10吨原酒才有1吨多优质酒用来生产经典五粮液。白酒是大自然的产物，尤其是高端白酒，要看天吃饭，工艺和设备如何改进也不可能在短期大幅度提高产量，稀缺性特性很明显。

第二，随着经济的发展，人们收入逐步提高，消费升级特征明显。中国人的“人情文化”特别发达，在人际交往中，高档白酒的需求增长较其他品种更快，高档白酒市场蕴藏巨大潜力。

第三，高端白酒不同于其他高端消费品，仅具有消费属性。高端白酒像黄金一样，不但有消费属性，还有很强的金融属性，即高端白酒耐储存，可以供收藏来保值增值，具有较高的投资价值。尤其在经济繁荣期，金融属性很容易被放大，从而在短期内对价格的上涨推波助澜。

因此，长期来看，高端白酒股较中低端白酒股更有投资价值。

这几年可谓白酒股的爆发年，尤其是几只高端白酒股，如贵州茅台、五粮液、泸州老窖、山西汾酒，均取得了翻倍的涨幅。其中作为“飞机中的战斗机”的白酒股龙头贵州茅台更是一骑绝尘，总市值超越了国际最大烈性酒企业帝亚吉欧。

然而，殊不知，30年前我国白酒行业排名第一的企业并不是茅台，而是汾酒“汾老大”；15年前，白酒收入和市值第一股也不是茅台，而是“酒王”五粮液。

在新中国成立后的五次名酒评比中，汾酒5次入围中国名酒。1949年9月首届全国政治协商会议的开闭幕式和10月1日的开国大典国宴，据记载所用白酒为汾酒。某种意义上讲，“最早国酒”的定位加在汾酒头上并非言过其实。

从1988年到1993年，汾酒连续6年荣获全国轻工业最佳经济效益第一名，成为白酒界名副其实的“老大”。当时的新闻报道曾称：“杏花村汾酒在全国有四最：一是每年的出口量大，等于全国其他名酒出口量的总和；二是名酒率最高，达99.97%，全国每斤名酒中就有杏花村汾酒厂的半斤；三是成本最低，因而也就价廉物美；四是得奖最多。”“四最”本是汾酒核心竞争力的具体体现，但“第三最”却害了汾酒：当时的汾酒喊出让名酒走进千家万户的口号，采取了以“价廉物美”为促销手段的发展战略。汾酒的自贬身价，导致“名酒变民酒”，高端形象一落千丈，最终陷入“一流的品牌、二流的包装、三流的价格”的尴尬境地。

与此同时，作为老八大名酒之一的五粮液率先洞察并捕捉了市场先机，在当时包括白酒产品在内的轻工业产品普遍求大于供的大背景下，一方面大幅扩充产能实现成本、渠道和品牌上的规模效应；另一方面抢占高端酒市场，通过“饥饿疗法”成功完成了主打产品水晶瓶“普五”的涨价，成为当时售价高于茅台、汾酒等名酒的第一高端酒，于 1994 年取代“汾老大”成为新的“酒王”。

在那个短缺年代，五粮液敢于不走寻常路，异于同行领先涨价，把产品战略定位于高端酒，可谓具有超人魄力和超前眼光。基于此，五粮液的核心竞争力得以聚焦并成型，成为那个年代的行业排头兵。

贵州茅台于 2001 年 8 月上市，当时在营业收入、盈利和市值方面仅相当于五粮液的约 1/3。然而，2018 年茅台实现营业收入约 772 亿元，净利润约 352 亿元，目前市值约 1.5 万亿元；五粮液则分别为约 400 亿元、134 亿元和约 5000 多亿元。对比发现，10 多年后，茅台和五粮液的体量正好倒过来了，后者只有前者约 1/3 了。

茅台的逆袭，主要得益于其定位于“国酒”的“飞天”大单品战略，在“不增加销量，不增加新经销商，不降低出厂价格”的“三不”原则下，茅台逐步成为消费者心目唯一的超高端品牌，市场单价目前已超 2000 元/瓶。而五粮液子品牌太多，导致主品牌被不断稀释透支，“普五”辨识度受到很大影响，其核心竞争力被一再弱化了。

简单梳理白酒业龙头 30 年来的变迁史，不难发现消费品企业的运营之道：企业的兴衰成败，或者说企业家的才能禀赋的多寡，很大程度上取决于能否聚焦并正确定位核心竞争力，并成功依赖各资源要素组合，运用正确打法，不断强化优化其核心竞争力。

在激烈的市场竞争中，常胜将军几乎不存在，企业须不断权变以适应新市场新需求；起点的高低不是决定胜败的主要因素，摸到一副好牌，出了昏招也会输掉；摊上一副烂牌，打得巧妙也许会赢。真正的企业家，不应有职业经理人常有的短视行为，不会为了短期业绩透支核心竞争力，更不会崽卖爷田不心疼，生生把核心资源消耗掉。

至此，投资者应有所启示：做股票若着眼于企业核心竞争力进行基本面研究，基于投资家的视角对企业家的战略策略作出前瞻性的判断，方可在股价走势上先知先觉；若只盯着短期财务报表，以滞后数据作为判断股价的主要标准，很可能沦为后知后觉者。国际范围内成功的企业家数不胜数，但成功的投资家却寥若晨星。相对于企业家，投资家更是稀缺的，这表明，做投资比做企业难度更高。

国际上看，主要有三大酒商，旗下各自拥有响当当的品牌，产品综合毛利率一般在50%~60%。

首先是帝亚吉欧，帝亚吉欧总部设在伦敦，分别在纽约和伦敦交易所上市。帝亚吉欧占据全球近1/3洋酒市场，拥有全球100个顶级酒类品牌中的17个，横跨蒸馏酒、葡萄酒和啤酒三大类，是全球最大的洋酒公司。

著名的品牌包括世界第一苏格兰威士忌 Johnnie Walker（尊尼获加）、世界第一伏特加 Smirnoff（斯米诺）、世界第一黑啤 Guinness（健力士）、世界第一利口酒 Baileys（百利）等，帝亚吉欧是A股水井坊控股方。

公布的2019财年中期业绩显示，在截至2018年12月31日的过去6个月里，帝亚吉欧全球净销售额达到69亿英镑，营业利润为24亿英镑，目前市值约为1000亿美元（被茅台超越），市盈率约30倍。

其次是保乐力加。保乐力加集团由法国两家最大的酒类公司，保乐公司（成立于1805年）和力加公司（成立于1932年）于1975年合并而成。旗下品牌包括 Ballantine（百龄坛）、Chivas Regal（芝华士）、Havana Club（哈瓦那俱乐部）、Martell（马爹利）、Glenlivet（格兰威特）等。

最后是美国百富门公司。百富门公司成立于1870年，是美国最大的酒业公司，年销售收入为40多亿美元，旗下品牌有杰克丹尼、人头马、路易十三等。

另外，LV集团下也有一些知名酒类品牌，包括酩悦香槟、轩尼诗，中国的文君酒等。

白酒是中国独有产品，高端白酒兼具快消品和奢侈品属性，有大批终生忠实消费者，很难受到国外产品的冲击，相较其他消费品类，壁垒很高。

第三大类是饮料。

软饮料为不含酒精，或者酒精含量非常少的饮料（不超过0.5%），包括碳酸类饮料、果蔬汁饮料、功能饮料、茶饮料（凉茶）、乳饮料、咖啡饮料等。

我国饮料行业结构在不断优化，健康型饮料的占比在上升，碳酸饮料的份额呈下降趋势。其中，饮用水、果汁、碳酸饮料市场份额均在20%以上，茶饮料在10%以上，凉茶和功能饮料略低于10%。

饮料行业毛利率至少在30%以上，有些产品高达50%以上。娃哈哈的营养快线毛利率至少在50%以上；王老吉凉茶毛利率约50%；汇源果汁毛利率为40%以上；露露杏仁露毛利率超过50%；养元饮品下的六个核桃毛利率约50%。乳业公司如伊利股份、蒙牛、新乳业、光明乳业综合毛利率至少在30%以上。

国际饮料公司巨头主要是可口可乐和百事可乐，两者毛利率均维持在60%上下。

第四大类是调味品。

调味品包括酱油、醋、料酒、榨菜、辣酱、香辛料等，其中酱油品类中上市公司海天味业主要以大众价位产品为主，厨邦（上市公司中炬高新品牌）和李锦记等偏中高端。

醋、料酒、榨菜对应的上市公司分别为恒顺醋业、港股的老恒和、涪陵榨菜等，其他如辣酱的代表老干妈、香辛料的王守义十三香虽然很有名气，但并没有上市。

根据目前年报，涪陵榨菜毛利率约56%，海天味业毛利率约46%，中炬高新毛利率约39%，千禾味业毛利率约46%，加加酱油毛利率约34%，恒顺醋业毛利率约41%，老恒和料酒毛利率约52%，等等。

调味品虽然看起来不那么起眼，但产品毛利率却处于较高的水平。比如涪陵榨菜，很多人说一包才两三块，这么便宜的东西有什么值得投资的啊！其实，一包榨菜虽然两三块，但一包可能不到100克，折合一斤榨菜要一二十块，这个价格比普通肉的价格还要贵。也就是说，用几毛钱一斤的青菜头做成的榨菜卖出了肉的价格，其毛利率焉能不高？

不起眼的调味品其实很赚钱，如国外调味品龙头亨氏和味好美，亨氏主打产品是番茄酱，市场占有率在60%以上，味好美主打产品是香辛料。亨氏股价在长达32年的时间里上涨74倍，年化收益率14%以上，而同期大盘指数年化涨幅仅7.6%。味好美股价在34年间上涨119倍，年化涨幅15%以上。

数据显示，我国调味品产业总产值超过2000亿元，在全球市场占比却只有约15%，有巨大发展空间。

调味品下游渠道包括餐饮、商超与工业客户，如今居民越来越习惯外出就餐，之前各渠道占比约为4∶3∶3，而目前估算占比约为5∶4∶1，即餐饮行业占比提升很快。

消费者的口味要求越来越高，健康安全意识不断加强，使得对调味品的品质要求逐步提高，调味品呈现出明显的消费升级趋势。

消费升级首先表现在品类之间的此消彼长，比如味精需求大幅萎缩，逐渐被高鲜度酱油所替代。其次表现在品类内部结构的升级，高品质酱醋占比不断提升，如国内市场出现了大批中高端酱油品牌，包括海天老字号和特级金标、李锦记醇味鲜和精选生抽、厨邦纯酿、加加原酿造、东古一品鲜、千禾零添加、欣和六月鲜，以及味极鲜、海鲜酱油，等等。再次，消费者对美食追求衍生出调味品功能的细分，酱油细分品类不断丰富，如出现了特定用途的面条鲜、凉拌酱油、红烧酱油、蒸鱼豉油等。

调味品人均年支出约百元，绝对数很低。由于调味品使用周期长，单次消费金额低，使得消费者价格敏感度不高，调味品行业的消费升级为行业结构升级提供了有利条件。

日本最大的酱油生产企业龟甲万，其酱油产品的市场份额达到约1/3，相当于第二名到第五名的企业的份额总和，凭借资金优势以及较强品牌力和渠道力，在细分行业形成垄断竞争格局。

20世纪50年代，日本调味品行业增长快速，龟甲万通过实施产品多元化战略，取得飞速增长。70年代以后，日本调味品行业进入成熟期，受益于同期日本人均收入提升引发的消费升级趋势，龟甲万推出高端化和功能多元化的产品，市场份额不断提升，一度是排名第二的企业 Yamasa 市场份额的三倍。

类似龟甲万，海天味业在国内市场具有压倒性的优势。海天味业酱油在国内市场占有率约 18%，产能利用率达到 98%左右，已处于饱和状态，而第二名到第五名加起来的市场占有率只有约 15%。

海天味业目前年营业收入 170 亿元，净利润约 44 亿元，市值高达约 3000 亿元，是 2014 年上市之初的近 6 倍。作为第一家把酱油卖到 100 亿元以上的企业，是目前唯一一家全国性酱油品牌。其单品草菇老抽和金标生抽收入已突破 10 亿元大关。

海天的销售网络覆盖了国内地级及以上城市，几乎在各个区域的销售额都超过了当地区域品牌，如东古、千禾、加加等的销售额。

反观我国酱油市场规模约 1000 万吨，市场容量约 700 亿元，酱油头部前三家企业的行业集中度（CR3）不到 30%，而日本酱油市场 CR3 已达约 50%。我国调味品行业分散且集中度较低，龙头市场占有率未来提升空间大。调味品行业接下来的发展，必然会提高市场集中度，重组并购趋势仍将持续，发展格局和趋势会和之前的肉制品行业和牛奶行业类似。

调味品是少数几种如中药、白酒等融合了中国文化的特殊产品，具备超强的中国比较优势，需求非常大，并且长期存在，不会改变，基本没有外来竞争压力。

还有，恐怕大家有所不知，我国产值最大的行业并不是银行和汽车，而是地产和食品工业。目前全国食品工业总产值约 9 万亿元，餐饮业收入约 4 万亿元。特殊的中国饮食文化保证了调味品在食品餐饮中一定的占比，哪怕这个占比不高，但乘以一个巨大的基数，其结果就不容小觑。况且，食品行业的产出最终受限于土地，产出效率不可能发生突破性进展。因此，自古以来，食品行业就注定不是一个跑输 CPI 的行业，注定在国民总产出中维持一个稳定的占比。受益于食品工业的基数效应，调味品行业可以说是永不落幕的朝阳行业。

第五大类是日化用品。

中国本土企业已上市的日化类公司数量不多，主要有上海家化、珀莱雅、拉芳家化和御家汇（面膜），毛利率水平在 50%以上。

上海家化是中国最大的日化企业，目前产品毛利率约为 63%，其中美容护肤类产品毛利率更高一些，约为73%，某些高端产品如佰草集、高夫等，毛利率应该会更高。

跨国日化巨头，如宝洁、雅诗兰黛、雅芳、科蒂等，根据公开数据，化妆品产品毛利率也都普遍在60%以上，其中高端的如雅诗兰黛可达约80%。

以上毛利率较高的医药保健、酒类、饮料、调味品和日化用品四大类产品中，医药和白酒上市公司可选标的较多，其他类产品上市公司不多。

毛泽东曾说过：我相信，一个中药，一个中国菜，这将是中国对世界的两大贡献。

中药和白酒是最能代表中国文化精髓的两大元素，只有民族的才是世界的，21世纪将是中国的世纪，会有一大批中国品牌成为世界品牌，一大批企业成为国际公司。

第三节 怎样提高毛利率

简单来讲，提升毛利率无非是两种途径：一是降成本；二是提售价。

先说降成本的办法。产品成本主要分为原材料成本和人力成本。一般来讲，原材料毕竟是人造品，随着科技的发展和生产效率的提高，相对成本总是逐步下降的，部分原材料绝对成本甚至还可以再下降。

然而，人力成本非但不会降低，而是总上升。尤其是在民生为要的基本国策下，人力薪酬上涨幅度不仅要大于物价上涨幅度（否则实际生活水平是下降的），还要高于经济增长的幅度。事实上，每年初各地出现的用工“民工荒”现象，也表明廉价劳动力无限供应的年代已经结束了。今后，试图通过压低人员薪酬，靠廉价劳动力来拼成本、抢市场的做法已不再可行。

人力成本与人口红利有很大关系。人口红利期可以根据总抚养比计算得出，当非劳动年龄人口(0~14岁的少儿与65岁以上老年人)与劳动年龄人口(15~64岁)之比低于50%的时候，一个社会进入人口红利窗口期，在此期间，同量投资可以带来更大收益；当总抚养比高于60%的时候，则进入人口负债期，劳动力比例的减少将制约经济的增长。

数据显示，2018年末中国60周岁及以上人口约2.5亿人，占总人口的17.9%，其中65周岁及以上人口1.67亿人，占总人口的11.9%。预计到2050年，80岁以上高龄人口将突破1亿人，约占老年人口总量的1/4，此后将长期保持在1亿人左右。

一般认为，60岁及以上老年人口占人口总数达到10%，即意味着进入老龄化社会。目前中国20~59岁的人口相对60岁以上的人口，比例约为5:1，预计到2030年这一比例会下降到2:1，即未来十多年，中国将由每五个劳动年龄人口支持一个退休人员，降至每两个劳动年龄人口支持一个退休人员。

为此，有观点认为中国劳动力不足时代即将来临，刘易斯拐点已经到来，人口红利的减少将拖累和制约经济的增长，未来中国经济令人担忧。

其实，决定经济增长的最终因素并不是人口的多寡和年龄。非洲很多国家劳动力资源非常丰富，有大量年轻劳动力，总抚养比和人均收入也较低，劳动力资源价格比较优势很明显，但是，并不意味着这些国家的经济一定会取得高速增长。

从20世纪60年代开始，美国65岁以上人口占比不断提升，虽然近年来老龄化有加速迹象，2017年65岁以上人口占比已经到了15.4%，已经超过中国约为12%的占比，但这并不意味这些年美国创新精神因此而衰竭。

事实上，自20世纪80年代中期开始，随着年龄结构的变化，消费升级趋势日益明显，美国消费者支出中，医疗保健、娱乐以及教育的支出占比不断提升，尤其是医疗保健，提升最为明显，美国经济结构随之发生很大变化，新的经济增长点也在不断涌现。

年龄的大小并不是劳动力创新能力和劳动效率的决定因素。有的岗位是需要体力的重复劳动，或者是仅需要简单技巧的流水线工作，年轻人做起来更得心应手一些，目前中国在国际产业链上的产出主要由这些劳动构成；有的岗位需要经验和综合知识技能，年龄大的人做起来就比较有优势，比如医疗、金融投资、管理和科研等岗位，这些岗位技术含量高，单位生产效率高，对经济的拉动作用更明显。

就拿做投资来讲，美国股票市场基金经理年龄一般至少要 40 岁以上，平均年龄约 50 岁。巴菲特 90 岁了，不是还在掌控着上千亿美元的投资吗?

中国和美国在自然资源、科技、创新制度等诸多方面存在很大差距，但是最大的差距恐怕是在教育方面。

美国教育支出始终占 GDP 的 6%以上，总额为 1 万多亿美元，约是中国的 2 倍，人均教育投入则是中国的 10 倍。

改革开放以来，中国教育支出绝大多数年份始终没有超过 GDP 的 2. 5%，2012 年度这一比例首次超过 4%。据最新数据，2018 年，全国教育经费总投入为 4. 6 万亿元，占 GDP 比例首次超过了 5%，有了明显进步。

接下来，如果能进一步普及教育、提高教育质量和水平、完善人才体制、优化教育结构和供给，则可以全面提升中国人力资源素质，企业也可以更容易以更低廉的价格找到更合适的员工，自然可以进一步降低产品成本，从而提升产品毛利率。

提升毛利率的另外途径是提高产品售价。

提高产品售价比降低成本还要难，道理很简单，客户或消费者比起供货商或员工更得罪不起。但是，如果一个企业有较自由的定价权，则表明其有较高市场地位和客户认可度，具有较高投资价值。不过这样的企业凤毛麟角，大类工业品企业中难寻其踪迹，有的话也只是昙花一现，维持不了多久。投资者关注的重点领域，可以锁定在消费股中拥有强势品牌和稀缺资源的企业。

第十章 市盈率：过去的好算，未来的才是关键

- PE“倒”着看
- 市盈率选股参考区间
- 大盘波动规律
- “巴菲特指标”适用于中国吗？
- 估值扭曲：白送的好机会

第一节

PE“倒”着看

市盈率(PE)分为静态市盈率和动态市盈率，静态市盈率是现在的股价与上年度每股收益的比率，动态市盈率是现在的股价与本年预计每股收益的比率。

在分析市盈率时，要注意非经常损益项目对盈利的影响。

公司盈利主要分为两部分：经常项目损益和非经常项目损益。经常项目损益指的是正常产品或服务项目的损益；非经常项目损益简单地说就是偶然性的、一次性的损益项目，如为了保壳，卖资产或卖股权的损益。剔除掉非经常项目损益因素的市盈率，才能真实反映企业估值水平。

衡量股票贵不贵的指标并不是股价的高低，而应是市盈率的大小。

比如，一个股价 100 元、年度盈利 10 元的企业，和一个股价 10 元、年度盈利 1 元的企业，股价估值本质上是一样的，前者并不比后者贵 10 倍。把前者的股本拆细扩大 10 倍，或者把后者的股本合并缩小 10 倍，二者股价就一样了。

一只股价高达 100 多元的股票，如果市盈率只有 10 倍，那么其实特别挺便宜(比如 2013 年的贵州茅台)；另一只股价只有 1 元多，市盈率却高达 100 倍以上的企业(比如 2013 年的河钢股份)，其实很贵，后者比前者贵 10 倍。

做股票不要认为买了低价股就是捡便宜，在跌幅一样的情况下，买高价股和买低价股的损失是一样的，如同在比萨斜塔上丢球，大球和小球是同时落地的。

市盈率是应用最广泛，同时也是最重要的估值指标，其含义并不复杂，但是很多投资者却不太关注这个指标，多数投资者是靠博取短期交易差价来赚钱，并不是通过分享企业内生性收益增长来取得投资回报，他们在意的不是市盈率的高低，而是股价第二天的涨跌。

在这种荒唐的理念下，2013 年年中的白酒和银行板块市盈率甚至低到只有 5~10 倍，却无人问津，很多投资者不但不逢低建仓，反而割肉离场，酿成巨大遗憾。

其实，有一个办法可以让大家更好地理解市盈率，就是把 PE 翻个跟头，即把市盈率的倒数作为估值参考指标。市盈率的倒数，即盈利/市价，类似投资回报率。这个指标一目了然，易于理解。其实，会计指标之间存在钩稽对应关系，用净资产收益率除以市净率得出的就是这个指标。

如此一换，在股票行情软件里，以往市盈率一栏所显示的“5”则变成“20%”，“10”则变成“10%”，“30”则变成“3. 3%”；意味 5 倍市盈率对应 20%的投资回报率，10 倍市盈率对应 10%的投资回报率，30 倍市盈率对应 3. 3%的投资回报率。市盈率越高对应投资回报率越低，这可以在一定程度上提示投资风险，抑制追高行为，防止高位套牢。

有投资者很关注市净率，不太关注市盈率，他们认为购买实实在在的资产才放心。

其实，市盈率的重要性要远远大于市净率。市净率指标主要是从企业净资产和会计账面价值的角度来评价投资价值，但是，投资者购买股票的目的并不是“捡”会计历史成本的“便宜”，而应是着眼于企业本身盈利能力。企业好像是一部印钞机，这部机器值多少钱并不重要，重要的是它能印出多少钞票。

总而言之，市盈率是判断股票估值水平的第一指标，也是最重要的指标，任何时候都不能忽视该指标，尤其是牛市时，更要加倍重视它。

第二节 市盈率选股参考区间

做股票，君子不立于危墙之下。相对来讲，市盈率高的股票风险大些，市盈率低的股票风险小些。

李嘉诚曾坦陈自己的投资秘诀就是拿出80%的时间来考虑风险，剩下20%的时间来考虑收益。做投资，安全性是第一要义，投资出现巨亏往往和追高股票有关，对高市盈率的股票应多加小心。

一般来讲，结合中国股市实际情况，对于普通投资者而言，购买白马股(科技股及创新药股除外)股票其市盈率最好不要超过25倍，最大不要超过35倍，其组合中市盈率小于25倍的股票至少要占一半以上；对于专业投资者来说，市盈率可以相对高些，最好不要超过30倍，最大不要超过45倍，其组合中市盈率大于35倍的股票不要超过1/3。需要说明的是，参考区间也不是死的，还要结合具体细分板块的成长性灵活变动。

当然，成长性较好的企业市盈率往往很高，很难降下来，而且降下来的时候往往是企业高成长期结束的时候。微软、戴尔、谷歌、脸谱、苹果等公司市盈率一度非常高，甚至长期维持在100倍以上，高市盈率与高成长性如影相随，同期股价也节节上涨。如今这些股票市盈率都降了下来，企业也度过了高速成长期。

估值(市盈率)和成长性永远是一对矛盾，鱼与熊掌不可兼得，很难找到估值又低、成长性又好的公司。因此，对于估值较高的成长股，切不可高仓位持有。这就像奥运会跳水比赛，难度系数高一些才可以得高分，但是跳不好的话会一败涂地。所以哪怕是最优秀的跳水选手，也只是在关键时刻才跳，不会每次都强求。

选股虽然很让人纠结，但是上帝也不是不给机会。优秀的公司也有遭遇突发重大利空、负面新闻等黑天鹅事件的时候，不过由于人性的恐惧，往往只有极少数人可以把握住这样的机会。

2012年底至2013年，贵州茅台遭遇了史上罕见的一连串突发事件的冲击，动态市盈率降到约10倍。很多平日言必称价值投资的人也扛不住了，逐步抛掉了手里的筹码。

金子也会有被埋没的时候，但是金子总会闪光的，当大家都看到闪光的金子的时候，恐怕价格早就不是原来的那个价格了。如今茅台市值达万亿元以上，让那些过早抛掉的人追悔莫及。

不过话说回来，对于机构投资者来说，有时不得不控制一下回撤幅度。在突发事件刚开始时，仓位比较高的话，适当调整下仓位也是一种应对办法。具体操作手法后文会有详述。

当估值和成长性发生矛盾时，孰重孰轻，要根据操作主体而定。对于普通投资者而言，要更多考虑估值因素，成长性放在次要的位置，以稳健为要；对于专业投资者而言，“艺高人胆大”，可以更多考虑成长性因素，投资组合应体现一定的进取性。

企业家素质体现在敢作敢当、能做能当、会做会当。同样，对投资者而言，如果总是缩手缩脚，不敢把握机会，不敢承担风险，那成绩恐怕也总是平庸无奇的。

高科技公司估值一般较高。对于高科技公司，哪怕是专业投资者，也只可轻仓参与，普通投资者更不要轻易尝试。做投资要投常青树企业和百年老店，在这个信息爆炸的时代，科技发展变化太快，任何一个企业都不可能成为高科技领域的常青树，过去的德州仪器、松下、索尼、思科、朗讯、阿尔卡特、摩托罗拉、惠普不会，现在的微软、苹果、三星、谷歌、脸书虽如日中天，但长久看也不会。高科技领域其实应该是普通投资者回避的对象。

当然，从更长周期(几十年)范围来看，在世界范围内，风险投资和股权投资的业绩回报水平要高于股票投资回报水平，在高科技领域这种现象表现得更明显一些。如一项统计数据显示，近十年期间，全球私募股权的整体年化投资回报约为9.4%，超过房地产信托(REITs)的7.5%、美股的7.4%、高回报债券的7.1%、对冲基金的3.6%的回报水平。同时，全球私募股权整体投资的年化波动率约为13%，远远低于房地产信托和美股的波动水平。

此中原因也很简单：从市场的有效性来讲，股票市场由于信息披露更为彻底，交易更为频繁，其有效性要远远大于风险投资和股权投资市场。因此，对于掌握专业知识，拥有大量专业团队的机构投资者来说，风险投资和股权投资市场比股票市场更有用武之地，投资回报相对更高一些。

不过，风险投资和股权投资资金往往是长期资金，一个项目短则三五年，长则八九年，资金流动性比较差，这是风险投资和股权投资最大的劣势。而股市投资完成一个交易只需要几秒钟的时间，资金流动性特别好，可以很快纠错。

其实，市场从来就不缺少对“高科技”感兴趣的资金，企业的发展也需要创投资金的支持，需要不断试错来甄别出优秀公司，没有风险投资，高科技产业也难以孵化出来。如果实在忍不住投资高科技企业，不如把资金放在风险投资和股权投资市场，最好别去股票市场凑那个热闹。

第三节 大盘波动规律

从历史上看，美国股市熊市平均市盈率约为 7 倍，牛市平均市盈率约为 23 倍，中值约为 15 倍。大部分交易时间里，股市在 15 倍市盈率上下波动。

纵观美国股市近 70 年的表现，市盈率有 5 次突破 20 倍，有 2 次突破 25 倍，除了 2000 年的网络泡沫之外，其余几次高市盈率一般只在高位停留几个月的时间。

过去 40 年，香港股市的市盈率基本在 8~22 倍之间波动，与美国股市的波动幅度基本相当。

下面来回顾一下美国股市百年历史。

19 世纪 20 年代，美国股市完全是一个坐庄和投机的场所。直到 1934 年本杰明·格雷厄姆的《证券分析》等价值投资类书籍出版，在价值投资理论的影响下，美国股市开始进入了投资时代。1959 年，哈里·马克威茨整理出版了《资产选择：投资的有效分散化》一书，系统阐述了现代资产组合理论，投资理论逐步成型。

20 世纪 60 年代初，美国股市进入了一个疯狂年代。“成长性”成为华尔街最流行、最具有魔力的词语，这期间曾出现过几次热潮：

第一次热潮出现在 20 世纪 60 年代早期，很大程度上与当时的美苏两国太空军备竞赛有关。IBM、德州仪器公司、摩托罗拉等与新技术联系的宇航、半导体、光学扫描器和其他仪表装置电子行业公司成为股市宠儿，一些公司市盈率动辄达到50倍、上百倍甚至上千倍。当时，“电子”意味着高科技，很多公司的名称只要沾上“某某电子”的边就会被市场热捧并炒作，即使这些公司本身业务和电子产业毫无关联。

第二次热潮出现在20世纪60年代中期。当时诞生了美国产业发展史上的第三次并购浪潮，部分公司绕开了美国反托拉斯法，开始尝试通过换股等方式收购市盈率较低的公司，在“协同效应”的旗号下，变相提高本公司的每股收益，从而制造业绩成长神话。但是，随着联邦贸易委员会和司法部的监管调查以及并购会计制度的改变，这一热潮最终在20世纪60年代末开始消退。

第三次热潮出现在20世纪60年代末期至70年代初期。当时华尔街的基金经理们热衷于一些有“故事”的股票，并不厌其烦鼓吹所持股票背后的故事，引来了众多的模仿者和跟随者，最后发展到任何概念都可以炒作。大家不在意“概念股”的业绩神话能否兑现，只在意有没有人继续跟进。可想而知，当大部分人冲进去后而在无人接盘时，“概念股”股价也会一落千丈。

20世纪70年代，华尔街基金经理的投资理念重新回归“内在价值”，蓝筹股成为时代宠儿。当时，IBM、施乐、柯达、麦当劳、迪士尼等约50只蓝筹股被称为“漂亮50”。这些股票又被称为“一次决策型”股票，养老基金、保险资金、共同基金等机构资金是购买主力，市盈率甚至一度达到七八十倍以上。这一热潮在1973年的股市下跌中逐步消退。

20世纪80年代，美国股市投机风潮再起，技术革命再次唤醒了人们对高科技的热情。这期间，高科技新股发行热潮就像是60年代的翻版，只是主角换成了生物技术股票和微电子股票，尤其是生物基因科技股被炒上了天，华尔街为此诞生了专门针对生物技术公司的估价方法。经过几年疯狂的炒作，80年代末大部分生物技术股的股价下跌了75%以上。

20世纪90年代，互联网开始普及，这是一场人类生活方式的巨大变革。较之60年代的电子技术和80年代的生物技术，90年代的网络潮更为火热。Yahoo、Amazon、Ebay 等公司股价在一年内上涨了 10 倍，“. com”公司横扫一切，很多带有网络概念的股票，在发行当日就能上涨好几倍。互联网泡沫最终在 2000 年初突然破灭，大网络股在一年内跌幅达 90%以上。

总体上看，美国股市每一特定时期都会有特定板块唱主角，比如 19 世纪的铁路股，20 世纪早期的钢铁股，50 年代的汽车股，60 年代的电子股，70 年代的石油股，80 年代的生物科技股，90 年代的网络科技股等，这些都是某一产业在某一特定时期高速发展在资本市场的外在表现。

从美国股市的发展历史可以看出，引领资本市场发展的是那些可以代表不同时代先进生产力的产业及其领头羊。

中国股市整体市盈率波动幅度更大一些，历史上看在 10~60 倍之间波动，幅度约为 6 倍，并且整体估值水平要高于美股和港股。

比如，先看底部：

1994 年上证指数 325 点底部，市盈率约为 11 倍；

1996 年 512 点底部，市盈率约为 19 倍；

2005 年 998 点底部，市盈率约为 15 倍；

2008 年 1664 点底部，市盈率约为 15 倍；

2013 年 6 月 1849 点底部，市盈率约为 11 倍；

2016 年 1 月 2638 点底部，市盈率约为 15 倍；

2019 年 1 月 2440 点底部，市盈率约为 11 倍。

再看高点：

1997 年上证指数 1510 点，市盈率约为 60 倍；

1999 年 1756 点，市盈率约为 60 倍；

2001 年 2245 点，市盈率为 60 多倍；

2007 年 6124 点，市盈率约为 50 倍；

2015 年 6 月 5178 点，深交所 A 股平均市盈率约为 70 倍。

当然，以后随着外资、基金、保险等机构资金占比的不断提升，波动的幅度会逐步缩小。尤其是顶部的估值，再像 2001 年、2007 年那样出现 50 多倍的估值水平，可以说可能性几乎没有了。

从历史运行规律看，大盘阶段最低点，一般出现在“吃药喝酒”类股票最后一轮暴跌之时。此类股票一般为机构资金的底仓品种，获利丰厚，平时轻易不会有大的变动。当机构资金对该类股票缺少信心，大举抛售之时，恰恰说明市场信心已经到了冰点，此时也正是大盘的阶段低点。

远的不说，就看下 2018 年底的行情。自 2018 年春末始，各行业板块陆续下跌，连估值极低的银行板块也没能幸免。各板块持续轮跌了约半年，在迎来医药板块和白酒板块的最后一跌后，大盘在 2018 年底 2019 年初终于见底，并在此后迎来一波修复性行情。

中国股市整体上体现牛短熊长。其实，任何国家股市中的任何股票，在大部分交易时间里，如 80%~90% 的时间里都是下跌的；只有 10%多一些的少部分时间是上涨的，而且，真正快速上涨的那段时间可能只有 5%。如果没有长久持股的耐力，试图及时把握股价上涨最快速的那段，这只是一种良好愿望而已。

资本市场市盈率波动虽然有一定的规律可循，但只能作为参考，不可简单套用。因为每一次熊市来临时，股票跌起来肯定要跌过头；每一次牛市来临时，股票涨起来肯定要涨过头。谁也不知道大盘何时逆转，所谓的大盘估值拐点都是事后看出来的，这时股票都已经跌下来了或者涨上去了，再采取措施肯定已经晚了。

第四节

“巴菲特指标”适用于中国吗？

若将美联储前主席格林斯潘关在一个荒岛上，只能以一个经济指标来决定宏观经济政策，他选择的是采购经理人指数（PMI），于是该指数被称为“格林斯潘荒岛指数”。同样，若有机会当面询问巴菲特衡量股市大盘估值水平的最佳单一指标，他会选择股市总市值与国民生产总值的比率，这个指标被称为“巴菲特指标”。

这个指标是美国的经验数值，在历史上曾屡屡奏效。美国股市总市值与其国民生产总值呈现很强的关联性，大多数时候两者在体量上大体相当。当处于牛市时，股市总市值一般会大于国民生产总值，体现出一定程度的高估状态；在熊市时，股市总市值一般小于国民生产总值，股市一般会被低估。这个指标常被巴菲特拿来衡量股市估值水平，用起来既简单明了，又有很强的参考价值。

譬如，道琼斯工业指数自 2008 年国际金融危机影响下创下 6470 点的历史低位后，至目前初已升至 27000 多点，可以说十年牛市特征明显。对应包含纽交所和纳斯达克交易所的总市值已达 40 多万亿元美元，2018 年美国国民生产总值约为 20. 5 万亿美元，股市总市值约是国民生产总值 2 倍多。按照历史规律来讲，这时的美国股市呈高估状态。

那么，这个指标是否适用于中国股市呢?

我们知道，美国股市已有 200 多年历史，几乎将国内各行业支柱企业尽收囊中，上市公司群体贡献了国民生产总值的绝对份额，资产证券化率水平非常高。尽管美国股市有很多美国以外的跨国公司如汇丰、阿里巴巴、壳牌石油、丰田、诺华、联合利华等在上市交易，但其所占比例较小，不影响股市总市值和国民生产总值的相关性。

但是，如果将这一指标简单套用到沪深股市，得出的结果却会有一定程度的失真。这是因为，我国仍有大量经营性资产尚未上市，资产证券化率水平还不高，这一指标用起来要进行调整修正。

以 2018 年的年报数据为准，2018 年约 3600 家披露年报的 A 股公司合计实现营业收入 45. 25 万亿元，同比增长 12. 33%；合计归属母公司股东净利润达 3. 38 万亿元，同比下降 1. 77%。

而据国家统计局公布的数据，2018 年规模以上工业企业实现主营业务收入 102. 2 万亿元，比上年增长 8. 5%；实现利润总额 6. 64 万亿元，比上年增长 10. 3%(按可比口径计算)。

虽然在统计口径上两者不尽一致，比如上市公司报表所体现的收入和利润，一定是对冲了关联收入和关联交易后的合并后数值，挤出了很多虚增成分，而统计局的数据有些是简单的算术叠加，有一定程度的重复计算。

但通过对比也可以大致推算，仅以沪深股市来衡量，我国的资产证券化率水平大约略超50%，与美国相比还有很大的差距。

另外，还要考虑该指标中总市值的样本选择，不能仅看A股总市值。

目前，我国资产证券化的上市渠道平台主要有三个：境内的沪深股市，境外的香港股市和海外的美国股市。截至2019年底，上交所总市值约34万亿元，深交所总市值约23万亿元，合计沪深股市总市值50多万亿元。香港股市的红筹股（不包括在两地同时上市的H股）总市值约10万亿元，美国股市中概股总市值约5万亿元，合计总市值70多万亿元。

因此，如果算总数，70多万亿元的总市值与2018年我国约90万亿元的经济总量相比较，相差不大。考虑到我国经济增长率远高于美国这一因素，即中国股市成长性高于美国股市，中国股市在整体上呈现较低的估值水平，有较大投资价值。

说到底，只要经济在不断增长，企业营业收入和盈利就会持续增加，并会最终反映到资本市场上，致使总市值上升。虽然短期看两者不仅不一定完全同步，而且受环境因素的影响甚至还会此消彼长，但从长周期看，两者的走向必定会趋于一致。

如果以年均6%的实际经济增长率和2%的平减指数（名义GDP与实际GDP的比率，近似等于通货膨胀率）推算，10年后我国经济总量可以翻番，届时，理论上对应的大盘股指也会有同样涨幅。

当然，由于新增IPO和老股增发的因素，届时两市的总市值会增加得更多，并进一步提升我国资产证券化率。到那时，这个巴菲特大盘估值指标会更客观更实际，适用性也会更强。

第五节

估值扭曲：白送的好机会

就世界范围来看，快消品公司的市盈率普遍高于其他行业，一般在20倍以上。中国股市有些快消品股票由于良好成长性，估值高于国际水平，于是在投资者中造成一定的认知分歧。

恒瑞医药、片仔癀等白马股一直以来估值较高。10多年过去了，过分谨慎的投资者一直没有买入。恰恰就在这期间，由于良好成长性，这些股票完成了几倍甚至10倍以上的涨幅。

有意思的是，另外一些白酒股如贵州茅台、五粮液、洋河、泸州老窖、汾酒、水井坊等，曾一度被追捧为高成长性股，但在几年前塑化剂事件和控酒令的冲击下，市盈率回归到了10倍左右，这时大家却犹豫观望起来，希望利空消化掉业绩好起来再买入。成长性明朗的时候股价高，估值高，不敢买；市盈率低的时候，又怀疑成长性，同样是不敢买。

几年过去了，如今这些个股从当时的阶段低点普遍实现了5倍以上的涨幅，有的个股如贵州茅台、五粮液、水井坊涨幅高达10倍。

还有银行股。2012年，伴随4万亿元投资隐形坏账、产能过剩、地方政府债务危机等一连串利空压力山大的负面消息，在业绩不断增长的同时，银行股股价却阴跌不止。截至2013年年中市盈率只有5~7倍，与那些市盈率动辄五六十倍，甚至100倍以上的光鲜无比的创业板"明星股"或"概念股"相比，估值相差10倍左右。又是几年过去了，如今，银行股普遍实现涨幅在2倍以上，有的牛股如招商银行和兴业银行涨幅约5倍。

类似的例子还有很多。比如地产股龙头中国恒大在港交所上市，企业基本面不错，2009年上市后业绩持续增长，上市当年度净利润只有约10亿元，2年后，即2011年净利润就上升到约100亿元。但是截至2016年底，股价基本没怎么涨，市盈率只有约4倍。而A股地产股市盈率一般在10~30倍之间。估值在A股和港股之间扭曲得如此大。

终于，2017年中国恒大开始大爆发，股价从年初一路上涨，至当年10月最高点，不到一年的时间，年内累计涨幅接近10倍。如今，中国恒大已成为市值达2000多亿元的地产巨无霸，截至2018年末土地储备已达3亿平方米以上，平均楼面地价仅1600多元/平方米。

再来看看华谊兄弟和泸州老窖。2013年第三季度，华谊兄弟市值超过了400亿元，泸州老窖市值还不到300亿元；华谊兄弟2012年净利润约 2.4 亿元，但是泸州老窖同期净利润却高达约 44 亿元，约是华谊兄弟的 18 倍，但是总市值却不及华谊兄弟。仅从估值的角度，以 2012 年业绩为基准，截至 2013 年第三季度，两者相差 20 多倍，即华谊兄弟股价比泸州老窖贵 20 多倍。如此大的差异，却阻挡不了对华谊兄弟股价的进一步追高和对泸州老窖股价的进一步杀跌——这就是资本市场的“离奇”现象。

换个角度来看，以当时华谊兄弟的 400 多亿元市值，可以买下当时 1 个山西汾酒(150 多亿元)+1 个古井贡酒(90 多亿元)+1 个水井坊(60 多亿元)+1 个酒鬼酒(50 多亿元)+1 个沱牌舍得(40 多亿元)。

也就是说，如果将这几家有着几百上千年历史底蕴、可以代表中国文化精髓的白酒企业打包捆绑甩卖，甚至还换不来一个电影公司，这正常吗?

以上分析笔者曾于几年前在首部书里论述过，如今，泸州老窖股价从当时阶段低点股价上涨约 7 倍，恒大地产更是上涨了约 20 倍，而华谊兄弟股价却跌了 80%以上。

这充分证明，市场不会一直冤枉好股票的，是金子总会发光的，中长期看，市场就是一部精确的称重机，一定会准确称出一只股票到底值“几斤几两”，一定会给它一个正确的价格。

其实，从股市诞生那日起，非理性因素就一直存在，但是话说回来，如果股市真的理性了，股价表现一直合理，那么还会有赚钱的机会吗?

只要市场存在，交易存在，就会存在非理性因素，同时存在估值的差异和扭曲，以及对估值认识的分歧。市场本来就是用来交易的，如果没有分歧，交易双方也就不会交易。交易的本质是市场错误的自我修正。短期来看，市场定价总是错误的；长期看，市场定价永远是正确的。

一只股票到底如何定价，市场为何屡屡“看走眼”？究其原因，这和众多资金喜新厌旧，对优秀白马股审美疲劳有很大关系。过去二十多年，大批短期资金热衷于找寻飘忽不定的“黑马”，期望立竿见影，一夜暴富，对优秀“白马股”总觉得“太慢”，视而不见，致使机会一再错过。事后才发现，做股票，慢就是快，谁要是一开始就想赚快钱，谁就输在了起跑线上。

投资者关注的重点应该是百年企业或者说常青树企业。原因也很简单，之所以被称为常青树，是因为它们能在很长一段时期里始终领先于同行业，领先于外围经济。领先于同行业，会使它们跑赢大盘（证券市场一般是一个国家优秀企业的代表）；领先于外围经济，会使它们跑赢经济增长水平。

巴菲特在几十年的投资生涯中之所以取得骄人的约21%的年化复合增长回报，原因就在于其重仓持有了一批像可口可乐、宝洁、亨氏这样的10倍股常青树企业，从而获取超额回报。

我国证券市场迄今只有20多年历史，很难讲哪些个股会成为像可口可乐那样的百年企业。不过，即使百年以后水落石出了，也没有了意义，因为届时百年的投资良机已经错过了。真正的百年企业，并不是在你遇到它的第一年才开始优异的，也不是在第九十九年就立马没落了。

最大的可能，遇到它之前的一段时期里，就已有了优异表现；遇到它之后的一段时期里，仍将继续优异下去。如果遇到之前是优异的，之后便没落了，那么，只能说遇到的并不是真正的百年企业，而是一家伪百年企业。如果遇到之前是平庸的，遇到之后突然变得优异了，这种可能性微乎其微；很难想象，一个糟糕了若干年的公司会突然有一天彻底脱胎换骨，转变为一家优秀的百年企业，如果是的话，最大的可能是它被别的百年企业借壳了。

由此可见，真正的百年企业，往往在遇到它时，就已经优异很久了，而且，并不是之前的一两年、三五年如此，而是之前的10年、20年都是如此。反之，一家企业若在过往的较长时间里并没有好的表现，那么基本上就能断定其成不了百年企业。

目前，美国纽交所和纳斯达克交易所合计上市公司数量约是我国的两倍多，参照美国情况，我国A股市场上市公司数量未来若干年很可能会翻番。

在目前A股已上市3700多家公司，和未来3000多家新上市的IPO企业中，要遴选出那几家寥若晨星的百年企业，最靠谱的办法就是从历史表现优异的白马股中挑选。如果一股脑从几千家公司里胡乱扒拉，其难度和成功率可想而知。

第十一章　高 ROE+低 PE

- 杜邦财务模型：能发现问题却难以解决问题
- ROE 假象
- 好股，还要好价

第一节

杜邦财务模型：能发现问题却难以解决问题

净资产收益率(ROE)是净利润与净资产的百分比，用来衡量公司运用自有资本(原始本金及历年积累的留存收益)的效率。数值越高，说明原始股东的投资回报越高。好的股票，净资产收益率应至少大于10%。

企业总资产可以划分为以下两个部分：

一部分是净资产，也称股东权益，由公司成立时的实收资本金和历年分红后的净利润剩余(也称留存收益，会计上是资本公积、盈余公积和未分配利润的总和)组成；在某些特殊情况下，资产评估增值和资产市场溢价也计入净资产，但是按照中国会计准则，该部分增值和溢价不得计入利润。

另一部分是企业负债，企业或多或少都有一些负债，借钱生钱、借鸡生蛋不仅是金融企业的主要盈利手段，也是企业实现快速发展的有效途径。

企业负债经营简称为财务杠杆，财务杠杆可以提高资金使用效率。财务杠杆可以在企业净资产不变的基础上扩张业务，增加收入，从而提高企业盈利，进而提升净资产收益率。

净资产收益率不受送股、转增股本等因素的影响，而其他指标如股价或每股盈利，当送股或转增股本后会有不同程度的下降，从而给人造成错觉，以为公司的盈利能力下降了。其实公司的盈利能力并不会因为股本计量规则的变化而变化，净资产收益率在这种情况下也是不会变化的。

对于IPO企业来讲，通过招股说明书可以看到，公司往往在上市前几年有不错的净资产收益率。但是，上市之后净资产收益率会明显下滑。这是因为IPO定价依据不是每股净资产，而是该行业平均PE

水平，因此IPO价格一般会大大高于每股净资产。当新的募集资金进入公司后，企业净资产陡然增加。然而，募集资金兑现利润要经历生产和销售周期，业绩往往要几年后才体现出来，因此净资产收益率上市后第一年会有陡然下滑。募集资金越多，占比越大，这种现象越明显。

有一个很有名的杜邦财务分析模型用来分析净资产收益率。在很长时间内，杜邦模型在财务分析领域一直保持着主导地位。

根据杜邦模型公式：

净资产收益率=净利润÷净资产

=(净利润/销售收入)×(销售收入/总资产)×(总资产/净资产)

=销售净利率×资产周转率×财务杠杆比率

销售利润率可以视为盈利指标，资产周转率可以视为流动性指标，杠杆比率可以视为安全性指标，三者存在一定的内在联系。

对杜邦公式运用的传统说法是：既然净资产收益率取决于销售净利率、资产周转率和财务杠杆比率三大因素，提升这三项指标就可以提升净资产收益率。比如，提高产品售价可以提升销售净利率；增加销售额可以提高资产周转率；尽量多借钱办事，借鸡生蛋，可以提升财务杠杆比率。

上述道理很简单，但是做起来却很难。哪个企业不想把产品卖个好价格？如果价格上涨，销售净利率是提升了，可是代价很可能是销售额的下降，从而带来资产周转率的下降，一升一降，最终净资产收益率不见得提高。说不定资产周转率下降的幅度大于销售净利率上升的幅度，净资产收益率可能还会下降。

如果大举借债，固然可以提升财务杠杆率，可是若没有一定自有资金比例和资产抵押，银行怎肯大笔放贷呢？此外，举债过多会使财务费用高企，净利润下降，销售净利率随之下降，又是一升一降，最后净资产收益率也不见得提高。

杜邦财务分析模型中的销售净利率、资产周转率和财务杠杆比率与企业盈利能力之间仅仅是现象与本质的关系，销售净利率、资产周转率和财务杠杆比率仅仅是事后会计表象数字。企业出业绩并不是靠财务指标和财务游戏，而应靠产品本身的真功夫。

由此可见，杜邦财务分析模型只可用于参考，似乎有点“事后诸葛亮”的味道。可能会发现问题，但却不能解决问题。

第二节
ROE假象

我国《会计准则》规定，会计核算包括一系列前提假设和原则，会计报表体现的是在一系列人为设定的规则下核算后的数据，规则不同，数据结果也不同。

我国《会计准则》主要是在借鉴和参考美国会计准则的基础上生成的，与美国会计准则很相近。世界各国的会计准则并不完全相同，核算方法规则有一定差异。因此，同一个跨国公司，按照欧洲的会计准则与按照美国的会计准则，核算后的利润结果可能截然相反，甚至在一个地方是盈利的，而在另外一个地方是亏损的。

因此，投资者要重视财务分析，但也不要迷信会计指标，单纯依靠会计指标进行选股的方法不足取。会计指标反映的是过往的经营业绩，用历史简单推断未来，很有可能犯刻舟求剑的低级错误。

当然，也不能因为会计指标的局限性而否定财务分析的作用，就像不能因为经济学家不能预测经济危机而否定经济学的价值。会计指标应灵活运用，知其然，更要知其所以然。像庖丁解牛一样，手里有刀似无刀，达到游刃有余的境界。

根据定义，ROE是净利润与账面净资产的比率。根据中国会计核算的历史成本原则，公司取得一项资产入账时是以历史成本入账的，哪怕今后资产升值了，会计上还应记录原始账面价格（有的国家会计准则允许在一定条件下调高资产账面价值）。所以，如果企业成立比较早，设备更新比较慢，企业原始生产资产还停留在当初记账成本，在通货膨胀的大环境下，企业营业收入和净利润也会水涨船高。这样一来，ROE的分母相对不变，分子相对变大，ROE数值就相对虚高一些，有一定水分。

因此，ROE 指标更适用于公司原始股东而非二级市场股票投资者。对于原始股股东而言，ROE 就是投资回报率，如果企业 ROE 达到 20%以上，就意味着原始股股东 5 年就可以收回投资。对于二级市场股票投资者而言，却不是这样，ROE 除以市净率才是投资回报率，这恰恰是市盈率 PE 的倒数，这也反映了会计核算的钩稽关系。

上述例子引申出一个问题：为什么原始股一旦上市，交易价格就会上升几倍甚至几十倍，同一股份为什么在上市前后有如此大的价格差别呢？

这个问题可以用一个比方来解释：企业好比是一只可以下蛋的母鸡，假设最初买小鸡崽花了 2 元钱，饲养成本又花了 2 元钱，则母鸡账面成本是 4 元钱(企业原始投入成本)。如果母鸡每年下一个蛋，售价 1 元(企业盈利)，则对母鸡的投资回报率就是每年 25%，相当于 4 倍市盈率。

某一天“母鸡”上市了，IPO 定价以市盈率为准。一般情况下，市盈率总是在存款利息的倒数和贷款利息的倒数之间波动。比如，存款利息为 3%，贷款利息为 6%，那么市盈率的范围大致在 17～33 倍之间。如果取中间数 25 倍市盈率(年回报率 4%)来定价，那么 IPO 价格就是 25 元——相当于原始股价的 6. 25 倍!

如果这只“母鸡”成长性非常好，下蛋数量每年持续增长。第一年 1 只蛋，第二年 1. 3 只，并以此递推，那么股价则以 PEG 来定价。PEG(PE/GROWTH，即市盈率/利润增长率)是针对成长性企业的定价指标，PEG=1 算是估值比较合理，越低意味着投资价值越大，越高意味着风险越大。

事实上，决定股价高低以及企业价值的最终因素是盈利回报水平和成长性。在自由、自愿的交易原则下，资本市场具有价格发现功能，是企业变现自身价值的平台。并不是上市让企业变得更值钱，而是上市让企业找到了自己的真实价值。

第三节

好股，还要好价

投资者选股和老板选员工很相似，用尽量低的薪水招到优秀的人才是招聘之道，同样，以低价格买到好股票是投资要诀。

从会计指标上来看，“好股”表现为较高的 ROE 值，“好价”表现为较低的 PE 值，即不但要内部报酬率高，还要估值低。有些企业基本面的确不错，符合好股的标准，但是如果忽视了价格因素，估值较高，买了后也很难赚钱，甚至亏损。

反过来讲，有的股票价格虽然较低(市盈率较低)，像电力、公路、燃气等公用事业股，但缺乏成长性，无非是靠行业垄断吃老本，并不符合好股的标准。其股价可能有一定抗跌性，甚至不排除在某个短暂的时期，由于行业管制价格的短期松绑或机构避险资金的进入，短期内有一定涨幅。但这毕竟是外因，企业核心竞争力本质上并没有变化。买这类股票可能不会亏钱，但是想赚钱，特别是持续赚大钱是非常难的。

好股和好价很难兼得。在95%的交易时间里，股市大量充斥着好股差价、差股好价或者差股差价的股票；只有在5%的时间里，才会偶有好股好价的股票出现，但是这样的机会稍纵即逝，是对投资眼光的极大考验，也是成就伟大投资家的宝贵时机。

可惜的是，大多数的投资者往往是在前一个95%的时间里买进，并在后一个5%的时间里卖出，完全做错了方向。

好股和好价哪个因素更重要呢？一种观点认为好价比好股重要。比如，虽然宝洁公司是一只几十年的大牛股，但是假如投资者没有掌握好买入价格，在1963年的相对高点买入并一直持有25年，那么投资回报仅有4倍而已。

另一种观点认为好股比好价重要。比如，40年前，美国有个小镇的居民们听从了一个很会“忽悠”的股票经纪人的建议购买了可口可乐的股票，由于不懂股票，就一直没有交易，结果可口可乐上涨了几百倍，从而诞生了今日全美最富有的小镇。也就是说，这期间，哪怕可口可乐估值一度很高，只要当初买了，就会发大财。

综合考虑，如果非要说出哪个因素更重要的话，在目前中国股市情况下，好股应该比好价重要。

首先，如果投资者买了不好的股票被套，一般不会忍心割肉，结果会越捂越亏，后悔不迭。其实，不好的公司任何时候都不要持有，哪怕很便宜。就像差的员工，薪水要求再低也不要留。反过来讲，就算薪水多开了一点，但只要是人才，假以时日，其创造的价值总会大大超过用人成本。

其次，能够甄别出好的企业已属不易，而再去判断估值的高低，难度更高。识别出好企业是投资者最主要的基本功，如果连这个眼光都不具备，讨论好股和好价孰优孰劣还有什么意义呢？而估值水平很多情况下是市场情绪的反映，几乎没有客观判断标准，判断一个市场当时估值水平的合理性，是难度很高的工作，不但体现专业性，更体现艺术性。

所以，好股比好价更重要一些。选择了一只好股票，就像骑上了一匹好马，只要你不轻易下马，保持些耐心和信心，终会取得胜利的。

也就是说，只要是好的股票，哪怕价格稍高些，也可以适当持有。如果等不到低价的机会，不妨先少量持有一些，防止踏空。但是一定要控制好买入量和买入节奏，总的原则是不见兔子不撒鹰，出现亏损就不要追加投入，切忌贸然一次性投入大量资金。

ROE是贯穿整个会计报表的核心指标，ROE指标可以把很多其他会计指标串起来。比如，在没有外部融资和内部分红的前提下，ROE是多少，每股盈利(EPS)的增长率就是多少。

如果公司ROE较高，成长性较好，分红不见得是一件好事请。把盈利留存在公司进行再投资，进入生产循环进行财富再创造，则不必举债承担利息支出，通过滚雪球的方式实现高效内生性增长，最终促使股价持续上涨。如果公司实施高比例分红，则降低了企业净资产(分母)，在盈利(分子)增长不多甚至不增长的情况也可以维持较高的ROE，但是这时ROE体现的却是伪高成长。

第十二章　持续实现盈利，持续创造财富

- 财富创造的衡量指标：净利润
- 远离亏损股，立于不败之地
- 利润率代表财富创造效率
- 好企业的利润率标准
- 高利润率的银行股价值几何
- 营业收入：企业的长城
- 盈利增长快于收入增长

第一节

财富创造的衡量指标：净利润

财富是如何创造出来的？——劳动，劳动创造财富。

有种观点认为，只有实实在在的体力劳动——诸如工人在车间制造产品，农民在田地种庄稼——才创造财富，而投资只不过是金钱的简单流转，投资活动不是劳动，并没有创造财富。这种观点甚至认为，资本家借助于资本剥削劳动者，或者炒房炒股赚钱，是在掠夺别人的财富。

其实，上述观点是对劳动概念的误解，劳动可分为脑力劳动和体力劳动。投资活动可归类于脑力劳动，投资不但可以创造财富，而且是以更高的效率在创造财富。

沃尔玛做销售，低买高卖，赚取商品价差；银行低息揽储，高息贷出，靠存贷差赚钱——这些都是资源配置的形式。同样，表面上看，股票买卖是高抛低吸的金钱流转游戏，其实通过股票交易，资金被引导到优势企业和回报率更高的企业，从而提升了社会整体生产效率。从这个意义上来讲，做股票赚了钱就是为社会创造了财富，做股票也是一种劳动。

经济学意义上讲，企业是创造社会财富的主体。没有投资，就没有企业；没有企业，就没有财富的创造。投资通过下列方式来创造财富。

首先，企业成立前，投资人要运用专业知识和经验对未来产品和市场做出全面的评估和准确的判断，然后将资金转化为土地、生产设备、原材料等生产资料，并雇用员工来创建一个有生产能力、可以为社会提供有效需求品的组织体。

其次，在企业经营过程中，投资人要通过选拔和监督经理人(管理层)来间接管理企业，决定企业发展战略，指导并监督企业以更高的效率、更低廉的成本生产更好更多的产品。

最后，投资人是企业风险的承担方。不管企业盈利还是亏损，雇员都可以获得劳动报酬；而投资人以投入资本承担亏损，是企业风险的最终埋单者。

企业家是资源整合者。俗话说，“治大国若烹小鲜”，企业家和“烹小鲜”的厨师很相像：高超的厨师善于把各种普通食材在锅里倒腾一下，成为美味佳肴；企业家则是把资源、劳动、资本、技术等要素进行优化组合，以低廉的成本生产出优质的产品，资源整合能力的强弱决定了企业家价值的大小。

给定一批资金和设备，一群 IT 工程师，乔布斯整合出的是苹果产品，诺基亚只能整合出诺基亚产品。

苹果产品恰恰是国际范围内资源整合后的产物：产品生产组装安排在中国，应用软件由加利福尼亚州的中国工程师、印度工程师编写，资金来自华尔街，销售在国际市场实现。

正如乔布斯的同事对他的评价：他不是程序员，不是工程师，不是设计师，但他却是整合者和实践者。他知道这个世界需要什么样的东西，他有眼光，是一个伟大的远见家。

企业家不一定是发明家，但一定是创新大师，发明和创新的区别在于实践。创新包括原始创新和更新创新，如今，创新难度越来越大，成功概率越来越小，像乔布斯的苹果那样的原始创新越发稀少，大部分企业家的创新主要以更新创新为主，即在原始创新的基础上进行新的要素组合，并集合各要素的优势将创新理念做到最大化。

更新创新也可以很成功：汉堡不是麦当劳发明的，耐克也不是跑鞋的发明者，戴尔不是第一个在网上卖电脑的人，DOS 系统也不是比尔·盖茨发明的，只有更加善于整合资源的企业和企业家，才可以更加敏感地把握市场需求，抓住机会从而成为胜出者。

生产要素理论是微观经济学的基本理论。威廉·配第曾说过，“劳动是财富之父，土地是财富之母”；此后，亚当·斯密在其《国富论》中提出，商品的价格归根结底都可分解为劳动、土地和资本三部分，由此形成“生产要素三元论”。然而，一个生产组织单具备生产三要素还不够；新古典学派创始人阿尔弗雷德·马歇尔在其《经济学原理》中，又增加了企业家才能这一生产要素。

企业家才能是企业家经营企业的组织能力、管理能力与创新能力的综合，简言之，就是整合各种资源的能力。牛根生曾总结出“四个98%”理念，即经营的98%是人心，品牌的98%是文化，矛盾的98%是误会，资源的98%是整合。

“整合”在经济生活中无处不在。从微观经济层面来看，企业家是企业资源的整合者；从中观经济层面来看，硅谷是信息产业的整合者；从宏观层面来看，华尔街是全球金融的集成整合者。

企业家不是书本教出来的，硅谷和华尔街也不是人为规划出来的。企业家、硅谷和华尔街，都是市场实践的产物。

投资是实现资源整合的工具。投资以资金为纽带，将自然资源、人力资源等生产要素集结起来，使生产要素价值实现最大化。投资形成了新的产能，体现为比原有社会平均水平更高的生产效率。从这个角度来看，资源配置重要性不一定弱于资源生产，正如用对人比改变人更重要一样(天才是放对位置的人)。

正所谓千里马常有，而伯乐不常有；企业是千里马，投资家就是伯乐。相比千里马，伯乐更稀少，做投资家的难度要高于做企业家。

总而言之，投资不但创造财富，而且是以更高的效率在创造财富。因此，“搞企业的创造财富，搞金融的分配财富”这句话是片面的。

事实上，金融业打通了资金供给方和需求方的通道，提高了资金的流动和配置效率，发现发掘了投资机会，并将闲置资金成功转化成了新的生产力。

中国有3亿农民工，经过他们的手生产出的产品供全世界人享用。中国储蓄率高达50%以上，如果没有银行、证券、保险、信托等金融机构把剩余资金转化为企业投资，转化为生产力，这3亿农民工也就没有机会从土地脱离出来转变成产业工人，中国城镇化进程也不会演绎得如此迅速。因此，金融业不是分配财富，而是创造财富。

投资的本质是将闲置资金转换成生产力。一个企业，产出必须大于投入；一个好的企业，必定是产出投入比较高，生产效率较高的企业。从经济学意义上来讲，企业成本、费用和税金(包括原材料、固定资产折旧、工资、管理费用、销售费用、财务费用等）是企业从外部购入的生产要素和生产条件（税金是向政府购买的社会服务），是投入方面的消耗。企业产出扣除以上消耗后才是对社会的净贡献，会计上体现为净利润。

因此，衡量财富创造多寡的指标是企业净利润。企业盈利越多意味着对社会的贡献越多；反之，亏损是对社会财富的消耗和浪费（投资人是埋单者）。

从这个意义上来说，资本逐利天经地义。在合法合规的前提下，获利是资本应尽的责任，是应有之义，是为社会创造财富的自然结果，也是实现投资人、企业和社会共赢的手段。

在此特别强调投资创造财富的合理性，是想告诉做投资的人在做实业的人前不必觉得“低人一等”，对自己的职业应有坚定的信念。由此，方可以对其投入激情和毕生精力，才可以有所建树。

纵观全球富豪榜，企业家占据绝大多数，投资家只有巴菲特、索罗斯、孙正义等寥寥数人，对于绝大多数人来说，要想通过投资获得财富，一种办法是成为巴菲特那样的人物，另一种办法是找到像巴菲特那样的人。

看起来，还是后一种办法比较靠谱。

第二节
远离亏损股，立于不败之地

做股票当然要买赚钱的企业，这是投资常识，但是也最容易被人忽视，成为大多数股民亏损的主要原因。

股市“二八现象”明显，往往只有20%的股票可以跑赢大盘，80%的股票跑不赢大盘。美国股市有200多年的历史，曾经有几万家公司上市交易，但是随着岁月的洗礼，目前仅存几千家，其他的都陆续退市或破产了。过往30年，美国股市所有收益也仅由25%的公司产生。

美股大盘自 2008 年全球金融危机以来，已从阶段低点翻了两番，涨了 4 倍，但这并非普涨行情，为大盘指数提供主要贡献的实际上是以 FAAMG——五大科技股 Facebook（脸书）、Amazon（亚马逊）、Apple（苹果）、Microsoft（微软）和 Google（谷歌）母公司 Alphabet［有人戏称中国有 ATM——Alibaba（阿里巴巴），Tencent（腾讯），Moutai（茅台）］为代表的超级明星股。正是这些明星股的大幅上涨，才引领了美股的近 10 年牛市。

从实际情况来看，全球范围内的任何交易所上市股票，大约只有 20%的股票可以保持持续盈利，有 80%的股票时盈时亏，而且亏损的时间总是多于盈利的时间，与此对应，大多数投资者亏就亏在这 80%的股票上面。

就一个投资组合而言，如果整体组合出现亏损，那么约 80%的亏损也是由亏损企业造成的。经常出现的情况是：起初，亏损股票在组合中权重并不大，整体亏损不是很多，但是随着亏损股票股价的持续下跌，为所谓摊平成本，不断加仓，于是陷入越亏越补、越补越亏的怪圈，最后经过一次次所谓抄底后，少数垃圾股造成了整体组合 80%的亏损。

有时，亏损股票容易成为投机对象，从而套牢投资者。有投资者简单认为股票涨久必跌，跌久必涨，看到业绩亏损得很厉害的股票，重仓杀入，指望公司翻身时大赚一笔。

然而，商业市场的规律却是强者恒强，弱者恒弱，马太效应明显。一个企业现在没有竞争力，以后会越来越没有竞争力。咸鱼翻身、乌鸡变凤凰的故事是小概率事件，根本不值得去碰运气。

有一种投资逻辑是靠捕获周期股的业绩“拐点”而获取暴利。周期股业绩表现起伏不定，经常是今年盈，明年亏，完全靠天吃饭，外围经济环境好时业绩会好点，外围经济环境不好时业绩就很差。

其实，真正的好公司哪有什么业绩“拐点”，好公司必定提供好产品，好产品就是好产品，过去是，现在是，未来也会是，不会因为外在环境的变化而发生大的改变，所以业绩表现会非常稳定，像这类持续盈利的公司才应是投资者关注的重点。

当然，好公司也会遇到突发的负面事件和黑天鹅事件，也会短期亏损。但是，一个好公司，不管遇到什么危机，只要其产品核心竞争力没有丧失，不管股价如何波动，公司的真实价值是不会发生实质变化的，这个时候，往往是难得的建仓良机。

比如，巴菲特掌控的伯克希尔·哈撒韦公司股价在历史上曾经有数次跌幅超过 50%，事后来看，每一次下跌都是加仓良机。

再如，2008 年中国奶业爆发三聚氰胺事件，在这个事件的冲击下，个别企业会破产，但整个行业却不会破产，伊利、蒙牛这样的龙头乳企，其市场地位和多年积累的生产资源不会因为一个突发事件而丧失。况且，三聚氰胺事件是可以纠错的事件，行业经过洗礼和整顿后其实更利于寡头的扩张。

事实上，三聚氰胺事件后，自当时阶段低点算起，10 年后，蒙牛的股价已经上涨约 10 倍，伊利上涨更是达到惊人的 20 倍。

第三节
利润率代表财富创造效率

企业产出扣除与之对应的全部成本、费用、税金等消耗后，才是对社会的净贡献，会计上体现为净利润。有多少利润，就创造多少财富。

如果说衡量财富创造多寡的指标是企业净利润的话，那么，衡量财富创造效率的指标，净利润率则当仁不让。

有人曾做实验让大猩猩通过掷飞镖来选股，结果显示大猩猩“飞镖组合”的回报水平要好于一般基金经理。其实，这只是笑谈而已。如果真的让大猩猩选股，注定要亏损。道理很简单，假设起始本金是 100 元，大猩猩掷飞镖蒙对和蒙错的概率相同。假设第一次蒙对了，股票上涨 30%变成 130 元，第二次蒙错了，股票下跌 30%变成 91 元，对错各一次后，本金只剩下 91 元。反过来，如果先蒙错，再蒙对，错对一次后也是只剩 91 元。如果这个游戏继续下去，其本金必然会以某一个小于 1 的系数不断递减。

由此看来，靠碰运气投资必然失败，做股票还是要立足企业价值。但是，黄金有黄金的价值，废品也有废品的(回收)价值，不同的人对价值有不同的理解。那么如何甄别价值呢?

以 A 股两个巨无霸企业为例来做个比较说明：一个是中国石油，另一个是贵州茅台。

2018 年报表显示，中国石油总资产 2.43 万亿元，营业收入 2.35 万亿元，净利润 526 亿元；

同期，茅台总资产 1598 亿元，营业收入 772 亿元，净利润 352 亿元。

这两个公司的净利润一个是 526 亿元，一个是 352 亿元，相差不大，但如果比较一下财富创造效率，会发现巨大的差异。

首先，从资源占用的角度，中石油用 2.43 万亿元的总资产来经营获取了 526 亿元的净利润，茅台仅仅运用了 1598 亿元的总资产就获取了 352 亿元的净利润。中石油的总资产回报率约是 2.2%，茅台的总资产回报率约是 22%，两者相差约 10 倍。

换言之，在对资产的占用使用效率方面，茅台领先中石油 10 倍。

其次，从资源流转循环的角度，中石油产生 526 亿元的净利润需要 2.3 万亿元的资源配比循环(成本、费用及税金合计数，会计上近似等于收入减净利润，即全部生产要素流转循环合计数)；茅台产生 352 亿元净利润仅需要 420 亿元的资源配比循环。

净产出与生产要素循环配比当量比，中石油约是 2.3%，茅台约是 84%，差了几十倍。

从以上对比可以看出，茅台以更少的资源贡献了更多的财富，财富创造效率大大超出中石油。体现在会计指标上，茅台净利润率约 51%，中石油利润率约 3%，相差非常大。

从资本市场表现来看，中石油市值由 10 年前刚上市时最高的约 8.7 万亿元，跌落到目前的约 1.1 万亿元，跌幅 80%以上；茅台市值由 10 年前的约 500 亿元，上涨至目前的约 1.5 万亿元，期间涨幅高达 30 倍。

当然，石油石化行业是一个国家能源的命脉产业，中石油的地位和贡献不仅仅体现在财务数据上，还体现在国家战略方面。这里没有贬低谁抬高谁的意思，引用仅用于举例。

由以上比较可以看出，利润率高的企业生产效率高，财富创造效率也高，更有投资价值。

需要注意的是，做投资购入价格的大小非常重要，5 元的价格和 10 元的价格购入，未来的投资回报肯定相差 2 倍，这是显而易见的。正确的投资是以尽量低的价格购买高效率企业，以过高的价格购买了有价值的企业并不是价值投资。利润率高的企业不一定全是有投资价值的企业，但有投资价值的企业利润率一定不错。

市场上总把巴菲特称为伟大的价值投资者，巴菲特自己说，我也不知道自己是不是价值投资者，我只不过投资价值而已。利润率，就是衡量企业价值一把很好的尺子。

第四节

好企业的利润率标准

企业是财富创造的微观主体，利润率是衡量财富创造效率的会计指标，企业不产生利润就意味着没有创造财富。

2018 年，所有 3600 家披露年报的 A 股公司合计实现营业收入约 45 万亿元，合计归属母公司股东净利润约 3.4 万亿元，据此计算，A 股整体平均利润率约 8%。

这样看，一个企业利润率水平若达不到 8%，就是跑输了均值水平。一个好企业，利润率水平最起码要达到 8%。

当然，这个标准也不是僵化的，不能只看一年的情况，要结合历史数据和预计数据来进行综合性和连续性的分析。利润率不能只看一年，一般来讲，在 3~5 年的时间里，平均利润率要达到 8%以上。

一般来讲，在产品的不同成长期会采取不同的定价策略，利润率会有相应变化。如为了抢占市场并提高市场占有率，在产品推广期，定价不会太高，加之收入回笼和费用支出会有时滞，短期内利润率可能不高。

医药股白云山2012年7月开始直接运营王老吉凉茶，红罐王老吉和瓶装王老吉在会计核算上计入新成立的王老吉大健康公司里面。2012年度红罐王老吉和瓶装王老吉共实现销售约27亿元，但是王老吉大健康公司2012年度净利润只有约3000万元，利润率只有约1%。这主要是由于为快速扩大市场占有率而向经销商低价让利和短期投入包括渠道费用、人工费用、广告费用等大量前期市场推广费用而造成的，并不能反映王老吉的真实利润率水平。

目前，王老吉大健康营业收入约95亿元，净利润8.5亿元，净利润率约9%，开始反映该产品的真实利润率水平。

据统计，美国道·琼斯指数百年以来年均上涨幅度为8%~10%，其中一半是由企业盈利增长贡献，一半是由分红贡献。可见，8%也是国际适用的投资回报率水平。

所以说，投资股票年回报率设定在8%是比较客观的水平，如果期望股票年收益达到16%，则意味着企业创造财富的效率要比平均水平高1倍；从长达10年以上的长周期来看，能一直维持这个水平的企业，一万家中可能只有几家。同样，24%的股票年收益水平意味着创造财富的效率要比平均水平高两倍，这样的企业在一万家回报率为16%的企业中也只有几家。

换言之，如果期望在长达10年以上的长周期里一直维持在24%以上的股票收益率水平，则意味着万里挑一再万里挑一的选股水平，万万相乘是亿元，所以全世界亿万投资者中，只诞生过寥寥几个投资大师。

在巴菲特几十年的投资生涯中，其股票平均投资回报水平仅略超过20%。菲利浦·莫里斯(旗下有万宝路香烟)是20世纪50年代以来美国股市最牛的一只股票，几十年间上涨了约5000倍。涨幅如此之大，全在于复利的贡献，但是其每股盈利年均增长率仅约为19.8%，并没有超过20%。

也就是说，哪怕你50多年前建仓，全仓持有菲利浦·莫里斯这只最牛的股票，至今仍不能超越巴菲特的投资业绩。由此看来，巴菲特也不是几十年持股不动，一竿子插到底，否则不可能达到20%以上的回报水平。

第五节

高利润率的银行股价值几何

一般来讲，服务业利润率高于制造业，就目前中国各行业现状看，制造业中的食品饮料行业、医药行业利润率较高；服务业中的金融业、生态型互联网企业利润率较高。

高利润率来自超额利润，超额利润要么来源于品牌美誉度，要么来源于垄断，要么来源于独有的资源。但是，时尚总在变化，消费者的口味总让人琢磨不定，维持品牌美誉度是一项艰辛的工作；垄断，包括技术垄断和资源垄断，迟早也会随着科技的发展被打破或被替代。投资者不但要关注利润率水平，更要了解是什么因素在支撑利润率水平。

就拿银行业来看，在中国，金融管制很严格，银行业属于准垄断行业。外资银行业务范围受到很多限制，民营小额贷款公司等影子银行规模还不大，有的还处于试水阶段，而国有银行占据了绝对市场地位。

从上市公司范围来看，目前A股上市公司整体实现净利润3.4万亿元，其中上市银行合计净利润总额约为1.5万亿元，上市银行利润几乎占了全部上市公司利润的半壁江山；如果把所有非上市银行和非上市公司全部计入，则银行业整体盈利在全行业盈利的占比没那么高，约为1/4。银行股利润率也较高，普遍在30%以上。

综合来看，银行股投资价值可以从以下几个方面来考量：

一是银行业不是夕阳产业，相反，银行业从来都是朝阳行业。

经济越发展，金融业在国民经济中的作用和地位会越强，银行与居民的关联会越紧密。如今，大家出门必带三样东西——手机、钥匙和钱包，就连手机也具备了金融支付功能，这说明人们的日常生活离不开金融，离不开银行。

未来社会，资源配置的速度会越来越快，资源配置的效率也会越来越高，在这个过程中，银行将扮演不可或缺的角色。虽然金融业要面对“脱媒化”(即资金可以通过证券、基金和债券方式脱离银行媒介实现供需匹配)的挑战，但是这些直接融资的方式必须依赖完善的社会及企业信用体系，并以完善的法制体系来作保障，这是一个很缓慢的过程。就目前情况来看，至少在未来几十年内，银行业仍将在金融业中扮演主要角色。

看看美国金融业的今天，就可以预判中国金融业的明天。虽然美国金融业非常饱和，竞争非常激烈，但是巴菲特仍重仓富国银行、美国运通、美国合众银行等金融股，在投资组合中占比很大。

二是银行业有国家信用托底，买银行股至少不会血本无归。

经济形势好时，银行业赚大钱；经济恶化时，哪怕其他行业公司破产清算，银行业也不会破产，顶多被收购重组。换句话说，如果银行不行了，其他还有什么行业可以行呢？银行业是为数不多的风险和收益不对称的行业。有人说，把钱存银行不如买银行股，还是有一定道理的。

三是中国银行业净息差已经与世界水平接近。

目前，大家对银行业的认识可能存在一些误区，例如，错误地认为中国的息差是全球最高的，其实包括美国在内的多国银行的息差长期高于中国，不存在一旦放开金融管制，净息差就会陡然跌落的问题。

国际范围内，大型跨国银行如摩根大通银行、花旗集团、富国银行等，净息差区间为2.5%~3.5%，国内大型商业银行净息差区间为2%~3%，其中四大行略低些，像招商银行这样的转型零售银行比较成功的要高些，接近3%。这样看，我国净息差水平均值并没有高于国外同行，未来再往下缩减的余地已不大。

四是银行的商业模式简单。

银行不用搞研发，基本不用购买大型设备，没有很高的资本支出，最基本的业务是存贷业务，左手收钱，右手放贷，坐收利差，业务稳定。银行业客户黏性和忠诚度很高，其他竞争者较难进入。据说通用电气 CEO 韦尔奇介入金融业务后，感叹和通用电气传统业务相比，金融业务太简单了，太容易赚钱了。

在中国，金融业是管制行业。随着经济的不断发展，居民和企业贷款需求不断增加，新增银行的供给相对受限，银行业基本属于卖方市场，在供求规律影响下，银行业的盈利还是有一定保证的。

五是目前银行股存在一定低估。

目前银行股市盈率普遍在 5~10 倍之间，市净率也就在 1 倍上下，估值水平处于历史低位。目前，银行股市值和账面历史成本基本相当，具备较高的并购价值，买银行股就等于不用亲力亲为劳筹备之苦开银行。

六是应关注行业集中度的提升，注重挑选个股。

美国银行业净利润总额只占美国全行业净利润总额的约 1/8，而这一比例在中国却高达 1/4。从中长期来看，中国银行业在未来继续领先跑赢国民经济增长的可能性不大。况且，银行业在中国属于金融准垄断行业，随着市场化的深入和改革的推进，会有更多的社会资本参与进来分享这块蛋糕，使得金融市场的供应方逐渐增加，利润率有逐步向社会平均利润率靠拢的趋势。

美国银行中资产超过百亿美元的大银行是行业利润增长的支柱，它们的数量加起来仅占 FDIC 全部银行名单的 1.5%，在美国市场上的资产占比达 74%，贡献了 80%以上的行业利润。就美国银行业发展历史看，这是一个赢者通吃的市场。

中国银行业金融机构共有法人机构近 4000 家，仅全国性商业银行就有数十家。其中，工、农、中、建、交五家最大银行合计市场份额约 50%。中国银行业的市场集中度与美国相比还有一定上升空间。

银行业虽然是传统行业，但并不是夕阳产业。1960 年，国际十大银行中有 6 家在美国上市，几十年过去了，虽然科技高速发展，社会发生很大变迁，但是这些银行股还是跑赢了大盘。

因此，投资银行股不能眉毛胡子一把抓。虽然银行股之间的分化程度不像其他行业那么明显，但是，银行股今后也将面临洗牌的考验，二八分化现象也会上演。买银行股也要精挑细选，银行股可以做底仓品种，在组合中权重不要太高，也不要太低。做银行股为的是求稳，特定机会主要体现在短期估值修复上，指望长期大赚的可能性不大。

第六节
营业收入：企业的长城

长城为什么那么长？——是祖国的壮阔山河需要这样。营业收入，就是企业的长城，越长越好。

事实上，如果要确定一个判断成长性的最重要的核心指标，那么，就像格林斯潘决定宏观经济走向选取采购经理指数一样，营业收入指标是当仁不让的。

这是因为，收入是维持企业正常运转的根本因素，收入基数的不断增加是维持利润增长的基本保障。尤其是行业剧烈波动期，没有一定的收入保证，就没有安全的现金流量；没有一定的收入规模，掌控产品定价权就成了一句空话；有了一定的收入规模，才可以在成本采购、负债融资等方面取得话语权。

营业收入指标恰如一国版图，没有足够大的疆域面积，是很难跻身为大国行列的。这也是为什么世界500强是以营业收入规模为划分依据的原因。

小富即安的公司过度担心市场风险，不敢大步伐扩张，营业收入增长很缓慢，因此很难把企业做大做强。其实，好公司并不会无视风险，一味猛打猛撞；与此相反，成功的企业往往善于在控制风险的前提下，“得时无怠”，及时把握住了机会。

国家的发展也是如此。

中国改革开放后的第一个30年的发展主要表现为经济体量的增长，以“收入”的增长为第一目标。在GDP总量位列世界第二后，第二个30年的发展将主要体现为经济结构的调整和增长质量的提升。先规模为要，后效益为重，这是在经济规律作用下，中国经济自我选择的必然结果。

一个拳击手如果达不到一定的体重量级，哪怕技术再好，也难成拳王。在不同的市场阶段，企业应当权衡收入和效益的辩证关系，结合短期目标和中长期目标，采取不同的发展策略来达到股东收益最大化。

中国消费市场近年来一直保持着非常快的增长速度，面对国内巨大的内需消费市场，消费品企业应当把收入的增长放在企业战略中更为重要的位置。小富即安、安于现状的企业很容易被市场经济的大潮所淘汰。

一般来讲，好企业比较理想状态是量价齐升，即出货量和售价共同增加。只跑量不跑价，或者只跑价不跑量，都不是好企业的标准。

第七节 盈利增长快于收入增长

企业成长性最终体现为净利润增长速度，其他诸如总资产增长率、资产周转率、应收账款周转率等指标都要落脚到利润增长上来。如果企业资产的增长，即规模的扩大不能带来每股收益的增长，那么这种增长只是重复建设铺摊子，大而不强，其实是在做无用功。

一般来讲，好公司的每股收益年增长率要达到 10%以上，考虑到短期因素的影响，一般取前 3 年平均数，即最近 3 年平均增长率要达到 10%以上。

在股本不变的前提下，每股收益增长率与净利润增长率是一致的；如果发生增资扩股，利润可能会被摊薄，净利润增长率可能大于每股收益增长率，甚至出现净利润增长率为正而每股收益增长率为负的情况。因此，每股收益增长率要结合净利润增长率一同进行分析。

近年来，中国 GDP 年均增长率约为 6.5%，需要注意的是，6.5%

不是名义增长率，而是实际增长率。如果考虑物价上涨因素，名义增长率接近10%的水平。名义增长率减实际增长率的差值是平减指数，近似等于通货膨胀率。

对于企业会计核算来说，会计数据是实际货币数，并不需要平减指数来进行调整。GDP增长率是一个国家全部企业的整体平均经济增长速度，好公司的成长性水平自然要高于这个整体平均数。

因此，每股收益增长率达到10%以上并不是一个很高的要求。事实上，很多高成长性企业的每股收益增长率保持在20%甚至30%以上。

其实，不要小看这10%的增长速度。爱因斯坦说过，复利是世界第八大奇迹。在复利的作用下，长期来看，10%的增长速度意味着未来丰厚的回报。

按照复利计算的“72”法则，即年增长率乘以增长年数等于72则意味着基数翻番。如果每年能保持10%的增长速度，则7.2年后本金翻倍；14.4年后，翻两番，净值是原始本金的4倍；21.6年后，翻三番，净值是原始本金的8倍……以此类推，约50年后，净值将增加到原始本金的120多倍。

这就意味着，如果年化投资收益每年达到10%，那么年轻时投资1万元，老年时就可以成为百万富翁；如果投资10万元，老年时就是千万富翁；如果投资100万元，老年时就是亿万富翁。

如果年化投资收益比10%哪怕多一个百分点达到11%，那么在复利的作用下，50年后总回报要比上例多近1倍。如果年增长率达到15%甚至20%以上，那最后简直就是一个天文数字，富可敌国。

据统计，1965—2006年42年间，标准普尔500指数年均增长率是10.4%，累计增长了近65倍；而同期巴菲特的伯克希尔·哈撒韦投资组合净资产增长率是21.5%，累计增长了近3612倍。两者年均增长率相差约11个百分点，但是在42年复利的作用下，最后的净值却相差了近56倍。

话说回来，在几十年的时间里一直维持很高增长率是一件非常难的事情。据统计，在美国股市，40年内每年都持续增长的企业只有6个。在中国股市，过去10年业绩每年都增长的公司也就几十个而已。

所以，选择好公司如同是在万千匹马里，选择出千里马一样，是一项难度很高的工作。

需要说明的是，一个企业的成长性最终要落脚到盈利增长上。因此，好的企业，其净利润增长率不能长期小于收入增长率，要基本保持同步，最好是净利润增长率大于收入增长率，即利润率呈现上升趋势，这样才算体现出了真正良好的成长性。

第十三章　现金流分析模型

- 预收账款提供资金保障
- 经营活动净现金流量是关键
- “三个大于”财务分析法
- “百元市值—收入”财务模型

第一节

预收账款提供资金保障

企业开展生产经营活动需要经常持有或多或少的自由资金。自由资金主要来源于原始股东的发起投入、再融资募集、公司收益历年留存(即未分红和未投入再生产的资金)、企业内部积累(即按国家规定提存的各项专用基金、公积金等)，这些资金归属于股东权益，是自有现金的概念。

另外，公司预收款和延迟支付的应付款、客户保证金、长期银行借贷，虽然在账上表现为负债，但只要时间够长并且滚动续存，也可以视作准自由资金。

从会计报表上来看，自由资金主要体现在资产栏中的现金和银行存款会计科目下。如果以现金购买短期理财产品，一般体现在交易性金融资产科目下。

自由资金多的公司不一定都是好公司，但是好公司一般自由资金较多。预收账款可以为企业带来大笔现金资产。对大多数商品销售而言，要么一手交钱一手交货，要么先出货再催收货款，只有少数企业先打款订货，待货品生产出来再发货。先出货再收款在财务上体现为应收账款，先打款再出货体现为预收账款。因此，预收账款可从侧面反映商品的供求状况。

贵州茅台预收账款多年来一直处于较高水平。2018 年报显示，其预收账款余额为 136 亿元，约占其当期营业收入的 18%。往前追溯，2016 年末、2017 年末预收账款余额分别为 83 亿元、144 亿元，约占其当期营业收入的 25%、24%。如此高的金额和比例，在白酒股中独一无二，它真实反映了经销商及终端市场对茅台酒的饥渴程度。

房地产企业普遍采取预售方式，预售房款不能全部确认为当期收入，在财务上体现为预收账款。预收账款与收入的比例可反映商品房去库存状况。2018 年末，保利地产预收账款为 3253 亿元，同期收入 1946 亿元，预收账款/收入比值为 1.54；金地集团预收账款为 709 亿元，同期收入为 507 亿元，预收账款/收入比值为 1.39。

可以看出，近年来，两家企业的预收账款/收入比值维持在高位，尽管这里可能有会计跨期结算调整因素，但也同时反映出该时点下，房地产龙头企业处于清库存顺畅、现金流充足的良好状况。

教育股也存有较大金额的预收账款。如有“A 股第一教育股”之称的昂立教育，2018 年末预收账款约为 13.5 亿元，而其同期收入为 21 亿元，预收账款/收入比值为 0.64。昂立教育预收账款主要是学员缴纳的学费和培训费，由于教育主管部门规定教育培训机构不得预收超过一年的学费，因此，这部分学费必定在未来一年确认为营业收入，这就提前锁定了来年大部分收入。如果再算上来年的新增收入及后续的学费续交递延收入，则未来教育收入的增长是有相当程度保证的。

第二节
经营活动净现金流量是关键

企业现金流量表分为三大类：经营活动现金流量、投资活动现金流量和筹资活动现金流量。与此对应，企业净现金流量包括：经营活动净现金流量、投资活动净现金流量和筹资活动净现金流量。

经营活动是指直接进行产品生产、商品销售或劳务提供的活动，是企业取得净收益的主要交易事项。经营活动所创造的净现金流入是维持企业长期良好经营状况的源泉，没有哪家企业能够长久地发展而不依赖于其经营活动的敛财能力。因此，在对现金流量表进行分析时，应特别关注经营活动净现金流量状况。

此外，现金流量的纵向分析同样不可忽视，须考察不同期企业现金流入流出的变动情况。比如，当期销量增加或未变，而经营现金流入比前期减少，则有可能是应收账款、票据、预付账款增加了。这时虽有良好的账面盈利，但净现金流量却减少甚至为负，并不是好兆头。

净利润现金含量是指生产经营现金净流入与净利润的比值。一般来讲，该指标越大越好，表明企业销售回款能力较强，成本费用低，财务压力小。

比如，企业收到大量预付款，没有确认收入，不计算利润，但是现金净流入很多，净利润现金含量会比较高。但是，某些特殊类型的企业，净利润现金含量也会比较高，如重化工企业，由于计提大额折旧使得生产经营现金净流量大大高于会计利润。

因此，对于这个该指标要具体情况具体分析。一般情况下，经营比较稳健的企业净利润现金含量往往比较稳定，每年的波动很小。生产经营现金净流入与会计利润相差不要太大，反之要仔细分析会计报表，找出具体原因。

消费类“现金牛”公司可作为重点关注对象。一般只需一次性资金投入，现金牛公司基本上就可以依靠盈利增长和自有资金循环而实现内涵式发展。即使不分红或少分红，将留存收益用于再投资，会使分红率下降，但是这些钱可以生更多的钱，可以节约财务费用，更利于实现股东回报的最大化。

与之相反，有些上市公司象征性地先分一下红，然后不久再抛出一个天量融资方案，施小惠而得大利，轻易地就把投资者的钱忽悠进来。如果碰到宏观经济好的时候还可以勉强赚些钱，当经济恶化时，这笔钱还可以让公司苟延残喘，只要不退市、不破产，高管们的日子依旧过得很滋润。说白了，此类企业就是资本市场的寄生虫，要坚决回避此类公司。

在做大还是做强的先后顺序上，国企一般喜欢先做大，再做强，因为规模更能体现出国企领导的“业绩”和影响力。在这种思路下，大批巨无霸国有企业并不是将自由资金用于向投资者分红或回购股票，而是用于扩充产能，甚至追加债务用于项目投资。

这种以“规模”而不是以“投资回报率”为指挥棒的投资项目必然产生大笔折旧，拖累企业业绩，能勉强不亏损就不错了。如果投资项目效益不佳，就会利用国企优势继续借钱追加投入，维持“僵而不死”的状态，陷入越投越亏的怪圈。

真正的好公司，总是将做强(包括利润率，净资产回报率等在内的盈利水平)放在更加重要的位置。项目赚钱了，规模自然会上去。一般来讲，此类企业多属轻资产企业，善于利用现有设备和产能完成追加订单任务，即使扩张产能也不需要过多资本投入，属于投入较少而产出较大，投入产出比很好的企业。

做股票，应多按 F10 键看看，不妨查查上市公司的总融资额、总派现额、总融资额与总派现额之比等指标。从这些指标中可以看出公司上市后从投资者口袋里拿了多少钱，又分给投资者多少钱，非常有参考价值。

第三节

“三个大于”财务分析法

一般来讲，财务分析指标主要分为 4 大类：

偿债能力指标，如资产负债率、流动比率、速动比率等；

营运能力指标，如应收账款周转率、存货周转率等；

盈利能力指标，如成本费用利润率、利润率、毛利率、净资产收益率等；

成长能力指标，如盈收增长率、资产增长率等。

几大类指标合计共有几十个，若面面俱到逐一分析的话，同一期间，多个指标反映的信息肯定不尽一致，不同的角度看，结论甚至是相反的。

“三个大于”财务分析法给出贯穿会计报表财务分析的一条主线，提纲挈领，涵盖要点，易于理解，有助于抓住主要矛盾，含义详细叙述如下。

第一个大于：净利润增长率>0，收入增长率>0，大得越多越好。

这其实是成长性指标。原因很简单，盈利不增长，股价怎么会增长。做股票要看企业赚钱能力，如看利润大小、利润率、净资产收益率等。但很多人只看赚钱多不多，却忽视了是不是一年比一年赚钱多。中国最赚钱的企业工商银行，还有中石油，净利润绝对数很大，但利润增长率却不很理想，因此股价表现也不很理想。就像一些进入世界500强的中字头国企，大是够大的，但却不很强，即成长性不强。

另外，还有人只关注利润指标，却忽视了收入指标。收入的重要性不言而喻，没有收入，就没有利润。传统的观点认为利润是企业唯一经营目标，但是管理大师德鲁克却认为，企业的价值在于为用户创造价值。换言之，产品和服务要满足用户需求，产生“消费者效用”，贡献“消费者剩余”。衡量标准就是顾客是否买单，以及买多少单，即企业取得收入的能力。如果以利润为唯一目标，职业经理人完全可以以减少研发投入、克扣员工工资、延缓设备更新等手段达到任期内的利润“贡献”，但却消减了产品创新力、技术创造力和宝贵的人才资源等核心竞争力，影响企业长期可持续发展。

第二个大于：净利润增长率>收入增长率，大得越多越好。

收入带来利润，利润是企业经营结果。但如果收入的增长和资产的扩张，不能带来利润更快地增长，那么这种增长就是重复建设铺摊子，大而不强，是在做无用功。

按照正常的增长逻辑，规模的扩大通常会带来边际成本的降低和协同效应的充分共享，体现为规模效应，表现为净利润增长率>收入增长率。但是，如果管理效率不能同步提升，将会出现体制臃肿，内耗损失扩大，表现为收入增长率>净利润增长率。前者称之为内涵式增长，后者称之为简单外延式扩张。显然，内涵式增长的公司才是投资者的理想标的。

贵州茅台、五粮液、片仔癀、药明康德、石药集团、海天味业、涪陵榨菜等，都是内涵式增长的典型个股。

第三个大于：经营活动现金流量净额>净利润，大得越多越好。

权责发生制和收付实现制是会计核算的两种方法。净利润是权责发生制核算的结果，经营性现金流量净额是收付实现制核算的结果。经营活动是企业直接进行产品生产、商品销售或劳务提供的活动，经营活动产生经营性现金流量，是实体企业取得利润的主要交易事项。

由于应收账款和固定资产折旧等因素，经营性现金净额和净利润往往不尽一致。比如，赊销的企业东西是卖出去了，但没拿到钱；在会计核算上有利润，但却没有经营活动现金流量的增加。长此以往，企业现金流枯竭，经营会出现困难。

一般来讲，经营性现金净额和净利润的差值越大越好，这表明企业销售回款能力较强，产品周转顺畅，具有较大的市场掌控力。比如，供不应求的企业取得商品预收账款，虽然不确认收入，不计算利润，但是会增加经营活动现金的流入，表现为经营活动现金流量净额大于净利润。因此，从两者对比入手，往往能发现企业运营的真实状况和潜在问题。

需要说明的是，对于“三个大于”财务分析法而言，比较基期可短可长。短期如单季报比较，有助于把握短期经营反转；中期如年报比较，有助于检视年度经营计划落实情况和战略实施情况；长期可至2年以上累计报表数据叠加分析，有助于分析企业核心竞争力和可持续发展能力。

第四节 “百元市值—收入”财务模型

“百元市值—收入”财务模型法是笔者自创的财务分析方法。该方法不同于传统对会计三大报表进行的一元化分析，而是着重于从投资的角度建立“投资—财务”两方面关系，并从“投资人—企业方”的视角入手进行二元化数据比较分析，避免了一元化报表分析的单一性。

如果仅单纯进行传统报表分析，倒是可以找出一个好企业，但这并不意味着找到了好的投资标的。这是因为，传统报表分析忽视了投入因素，无视投入成本，即价格因素，可能会致使高位接盘，导致亏损。

“百元市值—收入”财务模型引入购买成本因素，可有助于理解企业盈利内涵和原因，一目了然地比较企业优劣和投资价值，很有参考意义。

"百元市值—收入"财务模型的构建步骤是这样的：

第一步：建立投入资金与企业营业收入的关联关系。

消费和投资都要花钱，简单来讲，消费花钱购买的是产品效用，投资花钱购买的是企业盈利能力。盈利能力强的企业投资回报才高，而盈利能力主要体现在企业营业收入方面，即营业收入数量和质量两方面俱佳。"百元市值—收入"财务模型以 PE 股权的思路，假定投资者全盘收购上市公司全部股票，从获取企业营业收入能力的角度来进行财务分析。

第二步：量化"市值—收入"基准。

收购一个公司全部股票，得到其全部营业收入；购买公司一股股票，得到一股股份所对应的营业收入。由于投资是通过投入一定资金来获取尽量多回报的经济行为，为便于比较分析，假定每家公司均投入 100 元标准份额，即每家公司的投资基数都是 100 元，则得到 100 元市值(股票)所对应的营业收入。

第三步：营业收入数据结构分析。

以 100 元市值(股票)所对应的营业收入为研究对象，结合成本、毛利、三项费用、投资收益、净利等指标要素来细化营业收入数据结构，按照财务报表逻辑关系和会计钩稽关系，得出毛利率、利润率、市盈率等财务标准投资指标，对这些指标进行比较分析。

第四步：市盈率动态调整。

以公司最近一个会计年度数据为对象来分析，得出的是静态财务模型数据；以公司最近一个模拟会计年度数据为对象来分析，即以最新公布的单季报往前追溯倒推至整个会计年度的数据为对象来分析，得出的是滚动财务模型数据；以公司下一个会计年度预测数据为对象来分析，得出的是动态财务模型数据。

动态财务模型数据最客观，最具时效性，参考价值最大。

下面以贵州茅台为例进行说明：

2019 年 5 月 8 日茅台总市值约 1. 1 万亿元，以茅台 2018 年会计报表数字为基准，假如该日以 100 元标准份额购买贵州茅台股票，则相当于获取了约6.9元的营业收入，对应营业成本约0.6元，于是得出对应毛利为6.3元。

接着，再扣除约0.5元的管理费用、约0.2元的销售费用、约1.0元的税金及附加、约1.2元的所得税，最后得到约3.4元的净利润，即100元的资金投入可获取投资标的每年约3.4元的内生盈利。前者与后者的比值，就是该股票在该时点的市盈率，计算后可得出茅台在2019年5月8日的市盈率约30倍，此处为2018年静态市盈率。

需要注意的是，投资者获得的利润与茅台酒厂销售产品获得的利润不是一个概念。茅台酒厂卖产品的利润率为50%，表明每卖出100元的茅台酒，可以获利50元；但投资者购买茅台股票，每投资100元每年相当于获取了3.4元企业内生盈利。

当然，投资者购买茅台股票，每花100元投入并不是为了每年获取3.4元盈利分红的，大家看好的是茅台股价的持续上涨，主要靠买卖价差来赚钱。只要茅台业绩保持稳定增长，哪怕内生盈利增长的绝对数不大，但在PE同倍放大效应下，盈利增加一块钱，股价会多增长几十块钱，这才是投资获利的主要办法。

第十四章　预测经济管用吗？

- 经济周期的“罗素悖论”
- 大盘和 GDP 同步吗？
- 大盘归大盘，个股归个股
- 靠仓位调整来“抄底”“逃顶”管用吗？
- 从“5·19”行情到“2·25”长阳的启示

第一节

经济周期的“罗素悖论”

理论上，股市和经济是正相关的，即经济好股市也好，经济不好股市也不好。但是，从实际情况来看，在某一时点，经济面的变化与股市波动在大多数时间里都没有同步过。股市要么提前于经济面，要么滞后于经济面；短则提前或滞后几个月，长则提前或滞后几年。

有个比喻，股市和经济的关系就像主人遛狗，主人手里牵着绳子，小狗总是围绕主人转，但是一会儿在前一会儿在后，一会儿近一会儿远，随机性很强，让人琢磨不定。

股市是经济的晴雨表。但如果只盯着经济面做股票，被宏观经济牵着鼻子走，反而可能被误导。

2007 年中国国内生产总值接近 25 万亿元，2018 年约 90 万亿元，约是 11 年前的 3.5 倍；可是 10 年前的 2007 年 10 月，上证指数高点为 6127，12 年后只有约 3000 点，指数只相当于 10 年前的一半。

当然，上证指数存在统计上的扭曲和误差，如果单计上市时间超过 10 年的股票，整体上约翻了一番，与 10 年债券复合增长相近。但即使这样，与 GDP 的增长幅度也有很大差异，股市和经济在该期间并没有体现同步性。

退一步讲，哪怕股市与经济在某段时间表现同步，只盯着经济的好坏做股票，经济好时就重仓，不好时清仓，同样是不可行的。

2007 年，中国经济一片大好，当时的股市是全球最贵的市场之一，当年上证指数最高点 6124 点时对应大盘市盈率约为 50 倍，市净率为 7 倍多；这时不仅不能买股票，恰恰相反，应该是卖股票的时候。

2008 年秋季，美国爆发次贷金融危机，中国经济严重恶化，坏到不能再坏。当年 10 月，上证指数创下 1664 点历史低点，对应大盘市盈率约为15倍，市净率约为2倍。同样，这时谁要是卖掉了股票肯定会后悔，正确的做法反而是大举买进。

相比较而言，2019年1月4日上证指数创下2440点的阶段历史低点，对应大盘市盈率约为11倍，市净率也只有1.2倍左右。虽然经济表现不乐观，但从历史经验和估值角度来看，无疑已经具备了较高的投资价值。

如果只盯着经济好坏来做投资，就要对宏观经济的走向做出准确预测，通过“精准”把握经济周期的变化而实现“最大化”收益。用经济学界打趣的话说，10位经济学家会开会，有11种不同的意见；美国20世纪有过9次经济危机，可是经济学家却预测对了10次。

经济学其实是一套思维体系，某种角度上来说是哲学的一个分支，学者们并没有共同的判断标准。与自然科学中所涉及的可证伪性概念不同，不容易做实验，统计数据容易主观化，很难通过重复实验来印证命题。

经济学家不是预言家，经济现象无时无刻不在受到市场主体心理的影响，经济学者和其他人一样也难以超脱于此，甚至有时候利益决定立场，喜欢强调“国情”“特殊性”“例外”等来支持自己的论点。经济学家不但要料事如神，还要料人如神，这简直是不可能完成的任务。

因此，经济学的任务并不是预测世界，而是解释和分析世界。

退一步讲，如果经济周期真的可以预测的话，那么世上就不存在经济周期了——因为大家会提前改变自己的行为来规避或应对经济周期，从而最终使得经济周期被对冲掉而难以出现。

这也符合逻辑学上的悖论理论。

著名哲学家罗素曾经提出过一个“罗素悖论”的命题：某个村子的理发师称，“我只给村里所有那些不给自己理发的人理发”，于是有人问他，“你给不给自己理发”，理发师无言以对。如果理发师不给自己理发，他就属于自己所称的理发对象，那么他应该给自己理发；反之，如果理发师给自己理发，因为他说过只给村中不给自己理发的人理发，那么他不能给自己理发。所以无论这个理发师怎么回答，都会自相矛盾。

类似的悖论例子还有：我说的全是谎话，这句话是不是谎话？测不准原理，这个原理准不准？

总而言之，经济的好坏几乎无法预测，经济周期也几乎无法预测。做股票不能只看经济好坏，不能全凭宏观经济做决策。

一个真正的好企业，不管经济和行业状况如何，都能够强化核心竞争力而不断持续发展。至于说有利的条件出现了，如经济面向好了，或者行业状况改善了，但这仅仅是锦上添花的事情，好企业是不会靠这些外在因素混日子的。

第二节

大盘和 GDP 同步吗？

大盘和 GDP 究竟体现何种关系？不妨把二者历史走势做下对比。

首先看下美国情况，选取 17 年时间节点，道指走势从 1964 年到 1981 年，对应点位 874 点到 875 点，基本持平；然而，这期间美国 GDP 增长了 3.7 倍，两者走势出现较大的背离：股指落后了 GDP 约 4 倍。而在 1981 年之后的第二个 17 年里，道指从 875 点涨到 1998 年底的 9181 点，涨了 10 多倍；这期间，美国 GDP 只增长约 1.8 倍，这次两者又出现了背离：股指跑赢了 GDP 约 4 倍。

再来看中国情况，上证指数走势：选取两次阶段性牛市高点至今同样约 17 年的时间为参照，前 6 年，即从 2001 年 6 月的 2245 点前一个阶段高点，到 2007 年 10 月 6124 点后一个阶段高点，上证指数是期初的 2.7 倍，同期 GDP 是期初的 2.3 倍。

后 11 年，从 2007 年 10 月的 6124 点到 2018 年 4 月底的 3082 点，上证指数下跌了五成；2018 年中国 GDP 约为 90 万亿元，2007 年中国 GDP 约为 25 万亿元，同期 GDP 却增长了 3 倍多。

可以看出，前 7 年，上证指数和 GDP 基本吻合；后 7 年，两者出现方向性背离。其结果是：17 年间，上证指数从 2245 点到 3082 点，仅涨了三成多；但同期 GDP 却增长了 8 倍多。上证指数大幅跑输了 GDP 6 倍多。

通过中美股指走势的对比，同样可以发现，大盘涨跌和 GDP 增长并不总是同步，盯着 GDP 去预测股指的涨跌，是行不通的。

不过，从 1964 年到 1998 年，在前一个 17 年和后一个 17 年时间段里，虽然美国道指与其 GDP 走势背离，但这两次方向相反的背离，使得两者在总共 34 年里，又实现了同样的涨幅，都是约 10 倍！

这说明长期来看，股指与经济走势高度相关、高度一致。

经济好比是一棵树，股指好比是树的影子，虽然阳光的角度有所变幻，使影子时长时短，但在根本上，树和影子总是一致的。

人不能两次踏进同一条河流，但历史往往总是相似的。

目前中国 GDP 总量约相当于美国 20 年前的水平，中美经济结构和发达程度在总体上也约相差 20 年。在未来 10 多年里，沪深股市会不会出现类似于美国股市 1981 年之后的走势，修正前期累计的股指和经济的巨大背离，同样上涨数倍乃至近 10 倍，这种可能性也是存在的。

理论上，上涨由两个因素驱动：一是补足股指跑输 GDP“欠账”的 6 倍多涨幅，二是 10 多年后中国 GDP 总量也会接近翻番，两因素叠加，理论上基本可接近 10 倍。

落脚到具体操作上，股指表现是全部个股涨幅加权平均的结果，做股票毕竟做的是个股。大盘上涨对个股而言，仅起锦上添花的作用。

只有把握住企业长期盈利能力，才能把握住其股价的长期走势。长期盈利能力既不取决于行业环境的短期变化和扶持力度的政策变化，也不取决于一次性的资产重组和题材概念，而取决于企业的核心竞争力。这种核心竞争力必须是企业所独有的、长期稳定并难以复制的。这才是资本市场的恒久法则。

投资者的第一要义是深入企业基本层面，及时发现并准确辨别出这种核心竞争力，投资成败很大程度上与此有关。

第三节

大盘归大盘，个股归个股

做股票不必预测大盘，也不必紧盯大盘做交易。事实上，股票涨跌的最终决定因素是其个股基本面，即业绩的好坏，而个股业绩与大盘的涨跌毫无关系。

当然，大盘好的时候股票也会水涨船高。但是，如果企业业绩变坏，大盘涨个股也会跌；反之，企业业绩好，哪怕大盘下跌，个股也会走出独立上涨行情。

如果只盯着大盘做交易，不去关注和研究企业基本面，大盘不好时急于割肉变现，大盘好的时候又匆忙加仓，那就完全成了墙头草，被大盘牵着鼻子走，捡了芝麻丢了西瓜，得不偿失。

大盘是由几千只股票组成的，大盘的涨跌实质上是几千只股票涨跌的综合反映，没有个股的涨跌，哪有大盘的涨跌。

通过预测几千只股票的涨跌来预测一只股票的涨跌，这种逻辑本身就是非常荒唐的。把大盘的涨跌作为先行指标，盯着大盘的涨跌预测个股的涨跌，无疑是本末倒置的行为。

做股票像播种，选股如选种。选错了种子，再辛苦也没用；选对了种子，事半功倍。

种子日后是长成参天大树，还是小草，决定因素是种子的基因，而不是雨水的多少以及气温的高低。“种瓜得瓜，种豆得豆”，大树的种子注定长成大树，小草的种子注定长成小草。

看着大盘做股票，就像只看当下的天气种庄稼一样：天气好(牛市)就种，天气不好(熊市)就不种；今天天气好，先种下去看看，明天天气不好，就挖出来。如此反复折腾，怎么会有收获呢？

同样，一只股票股价的表现是否靓丽，能否成为 10 年 10 倍股，决定因素是企业核心竞争力，并不是大盘的好坏，以及市场资金的多少。

忽视个股基本面分析，只盯着大盘做股票，其实是一种企图赚快钱的短视行为。

如果选对了股票，大盘好的时候，这些股票会涨得更快；大盘不好时候，这些股票一般也很抗跌。牛市涨得多，熊市跌得少，通常是牛股的典型特征。这样，经过几个周期，在长期复利的作用下，这些牛股的表现会大大超越大盘。

我们看美国股市，1964—1981 年共 17 年的时间，道・琼斯指数基本没涨，大盘没涨，可是这期间巴菲特的伯克希尔・哈撒韦公司的投资组合净值却上涨了好多倍，带动其股价大幅跑赢大盘好多倍。

再看中国股市，虽然上证指数 2001 年中曾达到 2200 点，18 年后的 2019 年初还在 2000 多点徘徊，大盘 18 年基本没涨。从深证成指来看，2001 年底 3330 多点，2019 年初 8000 多点，18 年也就上涨了 1 倍多。但这期间，深成指前五大权重股海康威视、美的集团、万科、格力电器、五粮液都上涨了十倍乃至几十倍。正是这些真正代表中国经济、在产业竞争中具有无可比拟的优势、基本面优良的企业，能够穿越牛熊，为投资者带来丰厚回报。

2007 年 10 月 16 日，上证综合指数达到最高点 6124 点，10 年后的同一天，即 2017 年 10 月 16 日，上证指数收盘 3407 点，只相当于 10 年前的一半左右。但据统计，当年存续的 1460 多只股票中，超过 68%的公司，股价已突破了当年上证指数 6124 点的高点。

另外，虽然这 10 年间涨幅惊人的股票多经历了借壳等重大重组，但在涨幅榜前 100 位的股票名单中仍不乏恒瑞医药、贵州茅台、格力电器、华东医药、片仔癀、云南白药等基本面持续良好的快消品股票。可见，在 10 年的时间里，还是大盘归大盘，个股归个股，两者走势其实是迥异的。盯着大盘做个股反而容易被误导，很可能做出错误决策，过早抛掉好股票。

盯着大盘做股票的做法在逻辑上、实践上都行不通，不关注企业基本面，而过度关注大盘走势，颠倒了主次，是舍本逐末的行为。

当然，有的机构资金非常关注大盘走势，这些机构资金很大程度上靠管理费取得收入，每年管理费如果是净值的 1%～2%，累计 10 年下来，管理费可以达到净值的10%~20%。因此，这些资金在意的是资产管理的规模，特别是不能轻易让客户赎回资金。

对于操作者而言，“稳健”是第一要义，做一个几十只、上百只股票的组合无疑是最保险的办法，只要组合表现和大盘别差太多，也别在同行中表现得太“异类”，就不会承担太大的风险。

不过，专业的人做专业的事情，是社会发展的一般规律。客观地讲，机构资金的表现在整体上还是好过一般股民的，即使是在熊市亏钱，机构亏损幅度也相对小些。

赚钱从来就不是一件容易事，相比自己披挂上阵，从头学起的难度，远比委托给水平较高的专业机构做辛苦得多。

第四节 靠仓位调整来“抄底”“逃顶”管用吗?

既然经济周期几乎无法预测，做股票不能全凭宏观经济做决策。那么靠仓位调整实现“抄底”“逃顶”的做法也是难以实现的。

仓位操作是建立在可以准确预测经济、预测大盘的前提下。既然经济和大盘都不好预测，根据经济的好坏和大盘的涨跌“精准”“高抛低吸”的仓位操作手法，也就失去了理论依据。

在股市下跌时，降低仓位的确可以减少一部分损失，但是，一旦股市上涨，则会丧失相应的机会收益，算总账很可能是得不偿失。

另外，就很多仓位操作实际情况来看，在大盘底部区域，随着股市不断下跌，大家往往是不断减少仓位，当仓位降到空仓时，往往是大盘的底部；反之，在大盘顶部区域，随着股市不断上涨，大家往往是不断加大仓位，当满仓时往往是大盘的顶部。看起来整个操作过程事与愿违，本想“抓波段”“高抛低吸”，却把方向做反了，成了“高吸低抛”。其实，很多加杠杆的融资融券客，通常会犯此类的错误，扩大了亏损比例。

事实上，世界范围内，看看那些成功的投资大师，哪个是纯粹通过仓位管理而成功的呢？

做股票选股是关键，好的股票一般不太会理会经济的好坏，而是按照自己的逻辑穿越经济的波动周期曲线上涨，投资者所能做的，无非是坚定持有。如果整天为了些许“价差”而忙于仓位管理，很容易捡了芝麻，丢了西瓜，聪明反被聪明误，错失大牛股。

仓位调整很难实现“抄底”“逃顶”，同样，靠把握周期股的“波动周期”来做价差的盈利模式也是很难做到的。所谓周期股，指的是股价的涨跌和经济周期的波动非常吻合的股票。周期股主要分布在工业产品中，一般来说，钢铁、化工、能源、建材、有色金属、工程机械、设备装备制造、运输等行业都可称之为周期行业。

周期股是大盘的放大器。在经济好转时，周期股业绩转变幅度较大，加之前期跌幅过多，股价会得到一定程度的修复，短期内表现为大盘上涨时它涨得更快；当经济低迷时，周期股首当其冲，最先出现经营面的恶化现象，短期内股价下跌幅度大大超过大盘下跌幅度，让人猝不及防。

总体上来讲，周期股的震荡和波动幅度要大于大盘。既然经济周期无法预测，靠把握经济周期来把握周期股的“拐点”的做法也没有多大的可操作性。投资是场马拉松，不在乎某个时点是否领先，是否被别人超越。事实上，被淘汰的往往是那些忽快忽慢、总是急于短期超越他人的选手，能最终取得胜利的，是那些稳健坚定、按照自己节奏跑下去的人。

第五节

从“5·19”行情到“2·25”长阳的启示

1999 年 5 月 19 日，低迷了约 6 年的上证指数当日拉出一根涨幅达 4.6%的大阳线，从当日最低点 1057 点开始，中国股市走出了一波凌厉的飚升走势，并在之后约 30 个交易日里取得约 70%的涨幅。之后，市场亢奋起来，上证综指不断创出历史新高，并于 2001 年 6 月 14 日达到阶段高点 2245 点，期间演绎了一段持续长达两年的大牛市，这就是中国证券史上闻名遐迩的“5・19”行情。

20 年后，即 2019 年 2 月 25 日，A 股突然出现久违的井喷行情。当日，上证指数跳空高开后一路上涨，收盘全天大涨 5.6%，收出一根长长的大阳线，沪深两市成交额超万亿元。从涨幅和交易量来看，均为历史罕见，可称之为“2・25”长阳。

比较这两次罕见的井喷行情，可以发现很多有意思的现象，获取一些有价值的启示。首先看前后两种情况下的经济总量。1999 年，我国国内生产总值约 9 万亿元人民币，2018 年，我国国内生产总值超 90 万亿元，20 年间，我国经济总量增长了约 10 倍。1999 年，沪深两市总市值约 2.6 万亿元人民币，2019 年第一季度末，沪深两市总市值约 53 万亿元人民币，20 年间，A 股规模扩大了约 20 倍。

可以看出，20 年的时间里，我国资本市场的扩张幅度大大超过了经济发展步伐，资产证券化率，即一国证券总市值与该国国内生产总值的比率，从 20 年前的约 29%，上升到 2019 年第一季度末的约 59%。

再看该期间上证指数涨幅。1999 年，上证指数基本停留在 1000 多点的位置，2019 年第一季度末，上证指数约 3000 点。20 年间，大盘只上涨了 1 倍多。该时间段内，我国股市虽经历了三轮大的牛市和熊市，但股指并没涨多少。如此看来，上证指数和国内生产总值似乎像两张皮一样，是脱节的。然而，我们看看各细分行业龙头公司在资本市场的期间表现就会发现，20 年间我国资本市场并不缺少一大批涨幅惊人的优秀企业，给予投资者超额可观的回报。正是这些企业，才能真正代表中国经济的巨大发展，真正代表中国股市的巨大进步。

食品饮料行业是牛股诞生集中营。比如，以复权股价计，20 年间，伊利股份累计上涨了约 40 倍，生产厨邦酱油的中炬高新累计上涨了 10 多倍；白酒股就更不用说了，这期间，贵州茅台累计上涨了 100 多倍，五粮液累计上涨了 40 多倍，泸州老窖累计上涨了 20 多倍。

医药领域也是价值投资的沃土。这期间，西药股中研发实力超一流的恒瑞医药累计上涨了约100倍，生长激素行业龙头企业长春高新累计上涨了30多倍，综合医药医疗平台企业复星医药累计上涨了10多倍。中药股中也不乏佼佼者，将传统国家保密配方结合现代工艺相结合、多点开花的云南白药累计上涨了100多倍，手握中国第一饮料品牌“王老吉”的白云山（H股）累计上涨了约20倍，东阿阿胶累计上涨了约50倍。

还有金融地产股。20年间，国内最大的两家零售银行招商银行和平安银行，股价分别累计上涨了约15倍和约40倍，地产界的“老大哥”万科A，累计上涨了50多倍。

通过以上对比分析，不难得出一些有益的启示：第一，没必要盯着大盘指数做股票，就算在20年前准确预测了当下股指点位，恐怕1倍多的涨幅早就让投资者避之唯恐不及了，果真如此，岂不错失20年中国资本市场的大好机会。第二，没必要盯着短期行情做股票。拉长时间来看，短期大盘指数100点的涨跌，个股几个交易日几个百分点的波动，相对于几十倍乃至百倍的涨幅，根本就不算什么。第三，国内生产总值、大盘指数、个股表现这三个变量，在20年间表现迥异，它们的发展方向可以说并没有太大的关系，盯着其中1~2个变量去预测度量另外的变量，并不靠谱。

二级市场投资者要做的，无非是找寻出优秀企业，以合理的价格买入，耐心持有就可以了。那么问题来了，何谓优秀企业？如何挑选优秀企业？

往前看，那些曾经的优秀企业已经妇孺皆知，关键是往后看，如何挖掘出未来20年的优秀企业，未来的十倍、百倍股。其实，这其中无捷径可走，唯有不断学习和研究，积累交易经验，在付出一定的时间成本和财务成本后，方可悟出投资真谛。

第十五章　政策利好靠谱吗？

- 自助者天助之
- 仅靠扶持的新兴行业难“新兴”

第一节 自助者天助之

有些投资者热衷于跟踪政府政策走向，看好政策扶持的公司。他们认为，有政府作为后盾，甚至肯拿出真金白银来进行补贴，这样的公司难道不是很有投资价值吗？其实，这是一个认识误区。

在一个自由竞争的市场经济体中，政府职能的最高境界是“无为而无不为”，即把主要精力放在制度创新、公平正义维护和基础教育科研上面来；如果制度完善并能激发各主体创造性，具有较高的科技整体水平和雄厚的人才基础，那么产业的升级和技术的创新，乃至经济的发展则会成为一件水到渠成、自然而然的事情。

如果动不动就搞什么短期行业刺激和产业扶持政策，反而很可能干扰了产业自身发展的规律，产生负面效应。在各种政策干预下，经济领域一向是“一抓就死，一放就乱”，短期脉冲式的供过于求或者求过于供难以避免，扰乱了市场正常的资源配置机制。

投资者如果只盯着政策，不去探究政策背后的原因，不明就里地冲进去，很可能就会成为闹剧的最后埋单者。

当然，在某些特殊情况下，对濒临死亡的产业采取特别的救济措施也是必要的，但这仅仅是为了维护社会稳定的需要，这样的产业一般是已经处于被淘汰边缘的夕阳产业，没有什么投资价值，比如20世纪90年代对纺织业的补贴和救济。

真正的好公司是不需要产业振兴和政策扶持的。“天行健，君子以自强不息”“自助者天助之”，等等，这些俗语说的也是这个意思。好公司必然有自己独特的成长基因，要么源自独有技术，要么源自特有秘方，要么源自全新的商业模式，要么持有特有资源，要么拥有强大品牌，但是从来没听说过哪家好公司是靠政策扶持发展起来的。

反过来讲，从实际情况来看，受政策扶持的产业其发展状况并不好，最后能生存下来企业也是少数，能提供满意投资回报的更是少之又少。

道理其实也很简单：新兴技术产业听起来虽然比较诱人，但是技术产业化和市场化是一项艰巨并且风险极大的工作，成功的概率较小。正因为如此，政府要采取措施来鼓励和吸引各方资本来为新产业铺路埋单，项目投产后市场的淘汰过程会很惨烈，大部分投资可能会失败，最终只有很少一部分可以胜出。

事实上，这个领域是风险投资资金大显身手的场所，股票投资者应避而远之。

第二节 仅靠扶持的新兴行业难“新兴”

在中国，这些年靠政策大力扶持的新兴行业，像光伏、风电、新能源电池、新能源汽车、物联网等，最后的回报并不理想，在股市上的表现也仅仅是昙花一现，缺少长期投资价值。

最典型的就是当初曾被政府寄予厚望，享受过巨额补贴和政策优惠，曾经的中国最大光伏企业无锡尚德，后来却沦落到濒临破产的地步。

再如，受益于高铁发展计划，高度依赖国家投资计划的高铁配套设备制造业曾经风光无限，但其客户对象仅限于个别超级央企，风险高度集中。一旦遇到政策风吹草动，企业经营面便会急剧恶化，股价也会一落千丈。

政策扶持和产业规划并不是决定新兴产业发展的关键。事实上，政策过度干预会使正常投资决策演变成政策决策，使供求状况扭曲变形，并不利于产业的发展。

从近几十年国际几大产业的发展历史来看，PC 产业、电信业、互联网业以及生物制药产业都不是规划出来的，而是市场自发产生的。

在中国，过去几年，光伏、风电、LED、电动汽车这些政策大力扶持过的产业，行业利润状况并不好；反倒是没有政策扶持的银行、地产、食品、医药、白酒等行业，行业利润状况相当不错。

根据实际情况，深圳市政府废止了曾出台的鼓励当地发展 LED 产业的文件，宣告扶持政策的失败。深圳 LED 产业一度是中国 LED 的代名词，文件曾提出要将深圳“建成全国乃至全球重要的 LED 产业研发生产基地”，还定下了年产业规模 1300 亿元以上的发展目标。不仅深圳，在地方政府的扶持鼓励下，全国各地 LED 企业纷纷上马，正常投资决策程序被扭曲。高峰时，中国有几千家 LED 企业，其中 90%的企业经营状况堪忧。几年后，这些项目或搁浅，或清算。

LED 行业之所以走到这种尴尬的境地，很大程度上是被利好政策惯坏的。在政策及地方政府的鼓励下，很多企业主从与 LED 毫无相关的行业转过来，隔行如隔山，比如一些制鞋企业也跑来做 LED。为了能够尽快招商引资，地方不但给予免费土地，还施与慷慨补贴，使得 LED 企业要么只有车间没有产品，要么有了产品没有市场。

盯着政策做股票，是只看外因不看内因，只看表面不看本质的行为，其实有一种博取短期收益的心态作祟，这种做法不足取。

第十六章　买前多研究，买后少交易

- 股市墨菲定律
- 炒股到底赚的谁的钱
- 投资与投机：确定性是根本
- 做投资能靠企业家思维吗？

第一节
股市墨菲定律

墨菲定律的发现者爱德华·墨菲是美国爱德华兹空军基地的工程师。墨菲定律被称为20世纪西方文化三大发现之一，通俗的说法就是越怕出事，越会出事。越害怕发生的事情，就越会发生，正因为害怕发生，所以会过分在意，注意力过分集中，所以越容易犯错误。

墨菲定律并不是一种强调人为错误的概率性定律，而是阐述了一种偶然中的必然性。

墨菲定律在一定程度上适用于股市频繁交易行为。在股市墨菲定律里，频繁交易者往往非常在意输赢的结果，非常在意短期收益，急功近利的想法反而影响了心态，致使交易屡屡出现失误。

比如，你怕跌，它偏偏跌给你看；你盼涨，它偏不涨；你忍不住卖了，一卖它就开始涨了；你忍不住买了，一买它就开始跌了；你看好几只股，买进其中的一只，结果除了买进的那只外，其他几只涨得都很好；你的股票在牛市中总是按兵不动，在熊市中却领跌；买到一只好股票，刚解套的时候就匆忙卖掉了，痛失后期巨大收益；一只账面收益很高的股票准备第二天再涨一点卖出，结果第二天突然被媒体曝出“黑幕”，接连几个跌停；等等。

经历过2005年牛市启动和2008年大熊市的投资者或许有过类似的频繁交易经历：哪怕在2005年阶段低点998点买进股票，但赚了20%后就跑了，当股市继续上涨时，又在高点买进。如此往复，经历过N次买进卖出过程后，大盘涨到6124点，大盘涨了6倍多，但是由于频繁交易，这些投资者收获寥寥。

6124点后，大熊市来临，股票被套后，频繁交易者却停止了交易，对自己的股票采取鸵鸟战术，死捂不放，一直死扛到底，声称不回到成本价决不出货。当大盘跌到1664点阶段低点时，他们看到连被称为华尔街不死猫的雷曼兄弟都破产了，巨无霸 AIG 保险也被美国政府接管了，终于痛下决心，清仓股票，在最便宜的价位卖掉了手中的筹码。

墨菲定律给投资者的启示是，做股票不要贪婪，不要急于求成，不要幻想一夜暴富，更不要为了短线收益而频繁交易。要把心态放好，从容淡定一些，失误自然会越来越少，收益会在不经意间体现。

就 A 股实际运行情况看，频繁交易总是事与愿违。

统计发现，沪深股市账户总数约 1 亿户，但是除去其中的 1000 多万基金账户以及 3500 万左右长年不动的休眠账户，实际交易的股票账户约为 6000 万。考虑到投资者基本都是沪深两市同时开户，这样打个对折，实际投资者为 3000 多万人，其中个人投资者占比 99%以上。

上交所发布的一项统计数据显示，散户以两成资金贡献了八成交易，盈利却不足一成；而机构以 16%的资金赚得市场约 1/3 的盈利，交易占比却不足 15%。

这种以 20%的资金提供约 80%的交易的“二八现象”，说明 A 股离成熟市场还有一段很长的路要走。

《史记》中曾记载，神医扁鹊姓秦氏，名越人，有一次把大家以为已经死去的虢国太子救活了，天下的人都认为扁鹊能使死人复活。但扁鹊却说：“越人非能生死人也，此自当生者，越人能使之起耳。”意思就是：我并不能使死人复活，只因他本该活，我只是促使他恢复自愈能力罢了。

做股票不也是如此吗？投资带来财富，难道不是因为你投资的这个企业本身就有很强的赚钱能力吗？如果这个企业本身就没有赚钱的能力，交易再频繁，又有什么用呢？

第二节

炒股到底赚的谁的钱

企业家创业的目的是赚钱，企业赚的是客户的钱。投资者购买股票也是为了赚钱，那么，投资者赚的是谁的钱呢？是其他投资者的钱吗？

做股票表面看起来是赚了对手盘的钱，但是如果企业做得好，股价上涨，买卖双方其实都没有亏钱，大家是共赢的。说到底，投资者赚的是企业的钱。

企业是财富的创造者，企业做好了，客户或消费者满意了，业绩会好，股价自然会上涨，投资者因此而赚钱。所以，一项对的投资至少是三方共赢：消费者满意，企业盈利，投资者赚钱。

与此相反，有些人纯粹把股票当做交易筹码，在他们看来，股票只不过是一连串交易代码。

有一个华尔街的经典故事非常形象地描述这一现象：两位交易员互相来回交易一箱鱼罐头，每次都以更高的价格成交，于是乎每个交易员的"市值"都在交易中推高。但是有一天，有一个人打开了一罐鱼罐头，发现罐头早已腐败变质。于是接下来鱼罐头价格暴跌，两个交易员损失惨重。

明明知道鱼罐头会越来越臭，越来越不值钱，却还在不停地交易，这就是把股票当作筹码炒作的结果。

当然，很多人对此心知肚明，他们总认为自己可以在罐头打开前获利出货。就像每个玩击鼓传花游戏的人都认为自己不是那个鼓声消失时被砸中的倒霉蛋，或者像每个进赌场的人都不认为自己会输钱一样。可结果呢，往往自己就成了那个埋单者。

有句话说：人们的口袋变了，股票变了，但是华尔街从不会改变，因为人性从来没变。还有一句话：炒股和减肥一样，决定结果的不是头脑而是毅力——工夫在诗外，做股票是对身心素质全方位的考验。

这说明，做股票在某种意义上其实是人性的写照，这也是为什么股票技巧难以模仿的原因。

概括来讲，可以把股市盈利分为赚市场的钱和赚企业的钱。前者表现为把握短期交易性机会，赚取短期市场价差；后者注重于中长周期价值投资，靠业绩的增长来赚钱。

不管是赚市场的钱，还是赚企业的钱，有人认为买卖股票的资金是在买卖方之间流转，一直在上市公司体外循环，没有进入公司，所以这类似于零和博弈，似乎和赌博没什么区别。

事实真的是这样吗？

让我们从企业上市的起源看起。企业 IPO 上市时通过发行股份的方式募集资金，股东 A 通过认购发行股份获得新股东资格，其资金的确是进入了公司账户，用于建设形成新的产能。因此可以说，股东 A 既是证券投资者，也是实业投资者。

在证券市场，股东 A 将股票卖给股东 B，股东 A 获得股东 B 的资金，收回原始投资。股东 B 取代股东 A 成为新的股东，股东 B 的资金以接力棒的形式，取代了股东 A 的资金，实质上也进入了公司，转化成新的产能。所以股东 B 和股东 A 一样，不能仅仅看作是一个证券投资者，在本质上也是实业投资者。

实业投资和证券投资是一枚硬币的两面，互相转化；虚拟经济和实体经济是一对双胞胎，互相支持。从本质上来说，买卖股票的资金并不是游离于公司之外的，持有股票的人是公司产能的最后埋单者。

这就像房产买卖，看似新的房东花了一笔巨款买了一张房产证，其实最终买的难道不是土地、钢筋、水泥、砖头等吗？新的房东难道只拥有那张房产证，而不对这些有形资产拥有完全产权吗？

投资是资金分配的过程，投资人如同园丁，要把有限的养料配给最好的大树。选股如同选树，在这个过程中，园丁既可以选择把大树卖掉兑现收益（卖股票），也可以选择收获果实获利（持股拿分红）。

具体来讲，股票投资与赌博的本质区别体现在以下几点：

首先，诞生方式不同。赌博标的物是单纯的筹码，筹码只是一个符号代表，是人为定义的概念，可以是有形的，也可以是无形的。股票投资标的物是企业，企业有实实在在的生产能力，是一个有形的生产单位实体。

其次，生长方式不同。赌博的筹码是僵死的，不会生长。股票投资标的物是有灵魂的、活生生的，可以不断成长并发展壮大。比如，贵州茅台于2001年上市，上市当年净利润约3.3亿元，2018年净利润约352亿元。10多年间成长迅速，这期间贵州茅台没有配股和增发，只有送股和转股，净利润没有被摊薄，净利润增长百倍以上，股价自然要上涨百倍以上，这就是股价大幅上涨的简单逻辑。

再次，盈利方式不同。赌博纯粹靠运气赢钱，无规律可循。股票投资本质上靠企业的业绩来赚钱，有基本的规律可循，这个规律与经济规律有关。

还有，交易本质不同。赌博交易是为了兑现赌注。股票交易是对企业价值进行市场定价。从这个角度来讲，股票交易和市场上低买高卖的商品交易一样，体现了价格发现功能。因此说，哪怕是赚取短期价差的股票交易行为也是一种投资，并不是赌博。

最后，后续发展方式不同。对于上市公司来说，可以通过增发新股、配股、发债等方式来再融资。企业发展得好，股价就会上升，就更容易募集更多的资金用于扩大再生产，产生新的利润来源，从而形成资本回报的良性循环。

顺便说一下期货。很多做股票的人也做期货，包括做股指期货，但是股票和期货有着本质的不同。

期货的标的物毕竟是大宗商品，如农产品、矿石、石油、煤炭等，本身无法复制增生。会计核算里有句术语是“有借必有贷，借贷必相等”。期货对弈也是如此，每张期货合约的背后都有一个空单和一个多单，“有盈必有亏，盈亏必相等”。羊毛出在羊身上，除了多空双方的资金外，期货市场没有其他资金，期货对弈的结果不会是共赢，必然有一方是输家，甚至双方都是输家。

因此，做期货用来进行套期保值，或者在特定用途的模型中进行量化对冲就可以了。如果一味炒作，靠赚取短期利差赚钱，还是不要去冒险为好。

第三节

投资与投机：确定性是根本

投资和投机，是一个老生常谈的话题了，传统观点从动机与目的、持有期限、风险倾向和承受能力、分析方法等方面，进行过大致区分。

其实，投资和投机很难区分。既不能看操作时间的长短，也不能看投资规模的大小；既不能看是否有专业人士操盘，也不能看投资标的种类。不能简单地说做实业才叫投资，炒股票、期货、房产的就都是投机。不能以结果的成败来定性，不能说赚钱的就叫投资，亏钱的就叫投机，不能胜者为王败者寇。

商品流通的本质是低买高卖，背后的指挥棒是市场需求，在这个过程中商品价格得以发现。改革开放前，民间私下的买卖行为甚至被看作是投机倒把，有触犯法律的风险。其实，“投机”调剂了商品在时间和空间上的余缺，使畸高或畸低的价格得以修正，最终引导资源在时间和空间上得以优化配置。

因此，只要是合法的行为，哪怕是投机，也不能简单以“好”或“坏”来定性。

在市场经济中，如果一项合法合规的商业活动盈利了，表明其必然满足了一定社会需求，并以货币的形式获得了社会认可。那么这项商业行为就是创造了财富，并为社会做出了贡献。

做股票也是如此，赚钱表明为金融资源的有效配置提供了正效应，亏钱表明提供了负效应，背后的指挥棒是投资回报。

因此，投资和投机在道德上没有高下之分，投资也好，投机也好，只要没违法，就无所谓“好”“坏”；如果都赚钱了，就是做对了事情。

其实，一个规范健康的市场是不会给投机者以太多生存空间的；

反之，一个有缺陷的市场会纵容投机，使投机大行其道，甚至会迫使投资者转变成为投机者。市场监管者与其花费大量财力和精力“打击”投机者，不如做好市场机制建设和制度建设的基础性工作。

如果非要找出投资和投机，或者说投资家和投机者的区别的话，简言之，那就是对确定性的把握程度。

这是因为，投资前所做的一切研究，包括对宏观经济，以及微观经济层面的企业基本面分析、财务分析和管理层考察等，总的目的就是要弄清楚是否值得投，确定性到底有多大，能把握到什么程度，等等。

风险的专业化定义就是指不确定性。任何投资，虽然风险和收益总是成正比的，但操作者都在尽一切努力争取把收益做大，把风险缩小，求取尽可能大的回报，尽可能地做确定的事情。

相反的极端例子就是赌博，赌博全靠随机的运气，没有一点确定性可言，几乎全是听天由命。无疑，赌博是最典型的投机，赌徒是最典型的投机者。

曾有人总结说，幸福的婚姻其实只需要两条就足够了：找到一个好人，自己做一个好人。与此类似，大凡成功的投资也只需要两条就足够了：找到有价值的投资标的，然后做个坚定的价值投资者。

具体而言，在资本市场就是锁定你认可的、业绩确定的公司，做个组合，把有限个股跨周期的风险分散对冲掉，然后尽量减少交易频次，安心等候兑现收益，在此过程中尽可能地远离所有可能的冒险之举，远离投机。

第四节

做投资能靠企业家思维吗？

企业家“entrepreneur”是舶来词，原意是指“冒险事业的经营者或组织者”。经济学大师约瑟夫·熊彼特说过，一个人如果要成为企业家，就必须要不断创新、创新、再创新。而创新来自永不停歇的进取，进取心则来自野心。野心让人冒险，冒险带来创新。

冒险并不是个贬义词，投机是种冒险，但冒险并不意味投机。事实上，有别于投资家，企业家往往是最喜欢冒险的群体。

既然是冒险，就会有莫测的风险，成功了，自会名利双收；失败了，可能会“跳楼”。正如海尔董事长张瑞敏所讲的那样：“我第一次听到企业家这个说法，是在一个外国人的报告里，当时他说中国有厂长，没有企业家。厂长不是企业家，厂长是职业经理人。那个外国人说，很简单，你们有没有遇到厂子干不下去的时候，厂长去跳楼的？有跳楼的那就叫企业家，没有跳楼的那就不叫企业家。”

事实上，创新是小概率事件，大多数创新是失败的。正因为创新的风险大，成功率低，所以敢于创新的人才备受尊敬。创新是商业世界最稀缺的资源。创业者的可贵之处，在于其明明知道成功概率很低，却还义无反顾地去探索、去试错、去冒险。

个别人创新，很容易失败；一群人创新，一定会成功。因为创新也好，成功也好，往往是试错试出来的，没有足够多的基数来做分母，是很难筛出来那个成功的分子的。

可见，能不能冒险，有无冒险精神才是投资家和企业家的本质区别所在。

冒险，一方面是企业家的成功要素，另一方面却是投资家的天敌。如果有人做投资却偏偏喜欢冒险，靠冒险发了财，那仅仅表明他运气太好，是一个成功的投机分子而已。

很多人投资科技股，可能有意无意用的是企业家或者说是创业家思维。科技意味着创新，相较其他类股，科技股需要更多的试错来找到成功的路径。做企业可以试错，但做投资可不能靠试错。投资不是试错试出来的，靠试错投资，小试小损失，大试大损失，实际上和碰运气差不多了。

就投资而言，要取得投资收益，确定性是第一位的。投资家对冒险很敏感，是最不愿意冒险的群体。因此，真正的投资家对风险极其厌恶，并总想穷尽一切办法来规避风险。我们常说的、最基本的投资原则，如不熟不做、不打无准备之仗、保住本金、不要把鸡蛋放在同一个篮子等，无不折射出投资家对冒险的厌恶。

做股票，靠的是投资家思维，不能靠企业家思维。

第十七章　余钱投资，不借钱

- 做企业能借钱，炒股不能借钱
- 余钱投资才从容

第一节

做企业能借钱，炒股不能借钱

借钱其实是很普遍的事，可以看到，天下几乎没有不负债的公司，一家企业如果不和银行打交道而想做大几乎是不可能的，“借钱”在商业上是再平常不过的事情，大家也把它俗称为“钱生钱”。

比如，最有钱的银行，银行的资产负债率普遍在90%以上，本质上不过是从居民手里把钱借来，然后再贷给别人。我们看中国最大的银行工商银行，目前年报显示，工行总资产约27.7万亿元，资产负债率约91.5%，负债合计约25.4万亿元。

也就是说，全国人民把20多万亿元的钱以较低的利息存在了工行，工行再转手以较高的利息贷出去，工行只要从中净赚取1%的净息差，就是一笔天量利润。报表显示，工行年度净利润约3000亿元，也确实约相当于总资产的1%。从中可以看出，“钱生钱”的魔力会有多大。

保险公司也是如此。我们看中国平安，平安当前年报显示，总资产约7.1万亿元，总负债约6.5万亿元，资产负债率约90.4%。净利润约1070亿元。和工行一样，中国平安从购买保险的居民获得的这6万多亿元的资金，日后是要偿还的。用这笔借来巨额资金，中国平安转手进行投资(证券基金、股权实业、债券定存等投资)，取得投资回报，只要能赚取1%的差值，就是上千亿元的利润贡献。

还有房地产公司，资产负债率一般在80%~90%之间。也就是说，地产企业每拿出1个亿元的原始本金，考虑到施工企业垫资因素、销售预售款因素等，会撬动10倍甚至几十倍的资金运作，杠杆率其实非常高。房地产企业，很大程度上可以看作是金融企业。

“如果你欠银行100美元，你会有麻烦；但如果你欠银行1亿美元，有麻烦的是银行。”越有钱的企业，欠债越多。企业如此，国家也是这样。

我们看美国，最富有的国度，目前美国国债总规模已超过22万亿美元，相当于美国人均负债接近7万美元。22万亿美元是什么概念？根据美国商务部公布数据，目前美国GDP总量为20.5万亿美元。也就是说，美国国债总额已超过国内生产总值，国家负债率超过100%。

其实，这也是美国富有的原因：从世界各地借钱，依靠其超强的投资能力，把这些钱投入到更有效率的、更有回报的项目中，通过“钱生钱”赚取差价，不断积累财富。

荀子说：“君子生非异也，善假于物也。”“借钱”在本质上是借方充分利用并整合外部闲置资源，获取更大收益的行为，即“君子善假于物也”。

做企业、做生意如果不借贷，只依赖于自有资金寻求发展，这就像愚公移山只靠自己的家族子孙肩挑背扛一样，精神虽然可嘉，但实际上是行不通的。

然而，对于普通投资者来说，借钱加杠杆买股票是投资之大忌。

我们看，专业机构很少加杠杆买股票，比如证券公司正相反，他们把资金或股票借给加杠杆的客户，即融资融券，以此赚取稳定利息收入。

借钱投资有三大致命危害。

首先，做股票心态非常重要，而借钱投资以一定杠杆比例放大了收益和亏损。在人性的驱使下，投资者很容易情绪化，过度乐观或者过度悲观，变得固执，失去理性和冷静的判断力，听不进中肯意见，很可能导致正常的投资行为演变为情绪化的赌博行为。

其次，借钱投资如同注射了兴奋剂和催化剂，加快了投资者“高抛低吸”的操作频率。由于太在乎每一次操作结果，往往被行情牵着鼻子走，使“高抛低吸”的初衷沦落成为“高吸低抛”的结局。

再次，借钱投资往往在行情好，融资标的股价上涨时加大借贷金额和比例，持股成本越来越高，在牛市高峰期借了太多的钱，风险巨大，一旦调整，会出现较大比例亏损。反之，行情不好，融资标的股价下跌时，往往减少借贷金额和比例，在股价处于低位时不断卖出标的，放弃了低价吸筹的大好良机，当股价出现反转时，难以获取最大收益。

最后，加杠杆投资在熊市来临，或重仓个股遭遇突发事件时，极易出现爆仓，以至于将本金亏得一文不剩，从此出局，永远再无翻盘的机会。

不借钱投资，不做融资融券，不做杠杆投资，这是普通投资者的底线和红线，一定不要突破。

有人会说，我可以采取“波段操作”的方式，在股市将要上涨时借钱买股票，在股市下跌前清仓获利还钱就可以了。

但事实一次次证明，所谓的“高”或“低”总是在波段走完，事后才看出来的，实际上任何人在事前也预测不出“波段”的高低。

总而言之，借钱投资相当于约定了某数额（较高的市场借贷利息）固定回报的委托理财，如果达不到固定回报，必须自己掏腰包补上，这样的投资方式风险太大，就算是巴菲特也不敢接手。

目前券商提供的融资融券服务，利息成本约为8%，资金成本其实很高。中国大型国有银行这么有钱，发行的理财产品，即使变相约定固定回报的话，年化收益率也一般处于4%~5%左右的低水平，大幅小于融资利息约8%的水平，如此财大气粗的银行也不敢把理财固定回报定在融资利息的水平。

是的，巴菲特在一定范围内是在做杠杆投资，但旗下的伯克希尔·哈撒韦公司发行的一般是10年、15年期以上的低息长期债券（一般在2%~5%），这期间不会遭遇被个别债权人逼迫还款的危机，一般人怎么拿得到这样的低息长钱呢？

事实上，巴菲特是用做实业的手法来做股票投资的，这种手法别人学不来。

简单来讲，实业投资不用看股价，只看业绩，实业投资主要靠业绩分红取得回报；股票投资分红回报不高，能高于银行存款利息就不错了，投资者主要靠买卖价差取得回报，几乎没人指望分红发财。

因此，一个实业投资项目，投资人不会要求一年内就要盈利，三五年后盈利是常有的事情，但是投资股票，几乎没人有耐心等三五年，三五个月不上涨就很难再坚持下去了。同样，考核PE投资人的投资能力，大家可以等上三五年，而考核一个股票基金经理的投资能力，一般只有一年期限。

巴菲特收购保险公司，利用保险公司作为平台，获得超长期限的低息资金，并以此为杠杆投资于股票。巴菲特平时不盯股票行情，不关心短期股价走势，只是像实业投资那样专注于公司本身基本面就可以了。

其实对于大多数人而言，并不具备足够的学习和研究的时间、精力和能力。理性的选择，要么找到靠谱的机构投资者，让专业的人做专业的事，要么放弃不切实际的高回报目标，选择适合自己的定投ETF基金产品，获取略高于定期存款和国债的稳定投资回报就可以了。

提醒那些看到行情转好，就头脑发热加杠杆追高，甚至高比例配资的投资者，做投资难，做A股投资更难，加杠杆做投资更是难上加难。对于绝大多数投资者来说，杠杆最好还是不要碰的好。

须知，杠杆投资不仅单单是把双刃剑，更是把长短不一、一端钝化、一端锋利的双刃剑，收益和风险严重不匹配，普通投资者应坚决敬而远之。

第二节 余钱投资才从容

说到价值投资，不同的人有不同的理解和做法。不管有多少理论阐述，也不管有什么样的表现形式，有一点是基本相似的，那就是“买入并持有”，即首先以合适的价格买入优秀的公司，然后在适当的中长周期内持有下去。

第一步其实不难，甄别优秀公司，判断价格高低，通常这只需要专业知识就可以了。难就难在第二步，能否在非常时期持有下去，这考验的是信念和毅力。

历史一次次证明，最终能坚守下去的总是少数。在股市上涨时，持股是一件很容易的事；行情持续下跌时，持股就变成了一种煎熬。

若仅比一般投资者能坚持，那么很可能会卖在最低点，因为当别人都割肉离场，你走得稍晚时，这时或许就是股市的底部了，你走时正走在了最低点。

只有像真正的价值投资者那样“咬定青山不放松”，才能“守得云开见日出”。无疑，这个过程可能比较痛苦，很折磨人的，尤其对于账面亏损的人来说更甚。

只是，仅仅靠毅力就能长期坚守吗？事实上，毅力往往只能决定能否比别人多坚持些，但很难保证始终能坚持到底，真正起决定作用的，其实是资产配置的方式。

往小处说，若股市里放着个人的全部财产，若指望证券账户下个月或下个季度赚出旅游费用或买车开销，那怎能做到不受股市波动情绪化的影响，不动摇坚定理念呢？往大处说，如果对机构资金如基金的表现考核是按天计算，对资金的回报要求是按月按季度结算，对基金经理的优劣判断是按年进行，那么，又怎么能保证大资金不会像大散户一样，追涨杀跌，见风使舵？

所以说，对广大普通投资者而言，一定要确保投入股市的资金不能是借债借来的钱，最好是余钱，即划出了教育支出、医疗支出和不动产支出等必需支出的剩余部分。也就是说，个人投资支出应该是个人终身收入计划中剔除了必要消费支出的剩余部分。

这个原则，同样适用于一个经济体：从总量的角度考虑，某一时期的总产出，除去净出口及政府支出后，剩余部分是投资和消费的总和。

投资可以补充资本累积，抵消其当期折旧和耗损，为后一期的生产提供新增生产要素。而生产的最终目的是消费，即使当期的投资可以使后期的总产出倾向于变高并进而扩大消费，但产出为消费服务，供给满足需求，这个核心是不变的。

对于一个经济体来说，过度强调投资，甚至硬性挤占消费的份额转做投资，那就不仅可能使资源错配，还容易造成无效和低效产能的重复建设。保持消费和投资的合理比例，也是一个经济体协调发展，防止经济大起大落的需要。

如果普通投资者都秉持余钱投资原则，那么，作为整体的市场，其波动必然会少很多、小很多。在一个波动幅度和频率较小的市场，多赢和共赢的局面会比较容易形成，每个交易主体都比较容易赚钱。同时，多赢又使得各交易主体预期稳定，资金更着眼于长期回报，不会随意进进出出，市场波动也会随之减少。于是，良性循环的局面就形成了。

然而，目前现实却是投资者并没有足够多的余钱来投资。这也不奇怪，我国还是一个发展中国家，从整体来看，国民财富还没有过多富余，很难指望处处需要开销的中国普通家庭拿出足够多的闲置资金来稳定股市。美国证券市场之所以走得稳健，一个重要原因就是养老基金在市场中起到了主导作用：美国家庭普遍富足，家庭富余资金很大程度上转换成养老资金投入股市。有这些长期资金作支撑，其证券市场的波动自然会小很多。

不过，话说回来，富裕国家的家庭有足够多的富余资金，由众多家庭单位贡献的社会工作时间、工作投入和工作积极程度，在总趋势下是递减的，因此，其经济增长速度由于总的社会必要劳动时间的减少，在总趋势下也是递减的。发展中国家反而有更大的发展潜力，只要制度和改革到位，经济增长速度会显著高于富裕的发达国家。

而决定一国证券市场状况的核心要素，恰是经济增长的速度，并非经济总量。经济增速快，说明企业成长得也快，说到底，企业的成长性才是股市行情上涨最坚实的基础。

到此可以发现，成长性和稳定性其实是证券市场的悖论，两者难以兼顾。成长性必然伴随较大的波动性，波动小的市场稳定有余、成长不足。

认清了这点，就会明白用余钱投资原则的重要性和必要性。对于普通投资者而言，拿出余钱，投资优秀企业，像罗杰斯所说的那样：“我很懒，不喜欢频繁买进卖出，我喜欢低价买入然后长期持有，我在中国买入的股票，甚至可以持有几十年。”也不失为一种可供参考借鉴的办法。

第十八章　固守能力圈，知易行难

- 活到老、学到老
- 看得见、摸得着

第一节 活到老、学到老

据报道，一位老船长常年在河上驾船，从未发生过事故。有人问他是不是对河中的暗礁险滩全部了然于心。老船长说，不是，其实我只要找到一条熟悉的安全通道，把船开进这条通道，暗礁险滩就会与我无关了。

投资也是如此。建立自己的能力圈，知道自己能做什么，不能做什么，能做的尽力而为，坚忍不拔，不能做的，敬而远之，绕道走开，这不仅是人生智慧，更是投资智慧。

比如，投资策略里的做多和做空，巴菲特告诫大家别去做空股票。想必凭巴菲特的水平，判断股票的高估和低估，并不是一件难事。也就是说，通过做空，巴菲特也有能力赚钱，但巴菲特知道“有所为，有所不为”的道理，固守自己的能力圈，平日研究好股票还来不及，哪有闲工夫在差股票上浪费时间呢？

《孙子兵法》有云：“古之所谓善战者，胜于易胜者也。”意思是：投资者通过持久的学习、研究和思考，对特定行业、特定公司获得超出大多数人更深的理解，做出比大多数人更准确的判断，这种在圈子里的独特能力，就是自己的能力圈。

投资市场真正比拼的不一定是谁赚得更多，赚得最快，而是谁亏得更少，活得更长。“一年翻倍易，三年翻倍难”，说的也是这个道理。就像《西游记》里孙悟空在地上给唐僧画的圈，不出圈可保安全无事，出了圈随时碰见妖魔鬼怪。在投资过程中，如果不研究企业基本面，不熟悉企业真实经营状况，贸然下注，这本身就是在圈子外冒险，栽跟头是迟早的事情。

秉持不熟不做的投资原则，对标的了如指掌，只做懂的公司，不碰不熟悉的公司，以牛刀杀鸡的办法来做股票，才不会失手。能做到这一点，就回避了投资中的种种暗礁险滩，可以确保最大限度的确定性和安全性，从而在投资的马拉松中取得胜利。

苏格拉底曾对他的弟子说，他是一个“无知”的人：他画了一个圆圈，对弟子说，圆圈内代表我们已知的部分，圆圈外是我们未知的部分，圆圈越大，它所接触到的未知部分也就越多。也就是说，知识越多的人就是越“无知”的人。

可见，能力圈的培养是一个漫长艰苦的过程，来不得半点投机取巧。做投资真应了那句古话：活到老，学到老。

第二节 看得见、摸得着

掌握足够的信息是投资决策的基本前提。参照产业分类，市场信息可以分为上游信息、中游信息和下游信息。

上游信息主要是上市公司管理层提供的信息。位置决定立场，管理层一般倾向于报喜不报忧；如果公司有 10 个正面消息和 10 个负面消息，管理层只告诉你 8 个正面消息和 2 个负面消息，原则上也没有说谎，但是听者很容易被误导，所以上游信息的可信度比较低。中游信息主要是经销商和渠道商提供的信息，可信度高了一些。下游信息主要来自消费者，可信度最高。

大多数股民用“耳朵”来做股票，听到别人做什么就跟着做什么，热衷于打听小道消息。他们做股票没有主见，总是盯着别人的股票，总觉得邻居家的草坪看起来比较绿、比较好。机构投资者主要用“眼睛”做股票，他们的决策依据是个股书面研究报告和价值分析报告等。

只有极少数投资者用“腿”和“嘴”来做股票，他们亲力亲为，眼见为实，不是在办公室里仅仅看看书面报告就“运筹帷幄”，而是到市场终端实地调研，不仅向售货员和消费者了解销量、产品评价和使用反馈信息，还经常打电话到上市公司进行核实。

股票价值报告、行业报告和宏观经济报告要关注，产品的市场销售状况和消费者的想法更要关注。只有做到这样，才可以把各个渠道得到的信息加以验证和对照，去粗取精，去伪存真，从而做出正确的决策。

要想获取企业更全面更深入的信息，不仅要充分利用“耳朵”和“眼睛”的渠道，更要利用“嘴”和“腿”的渠道，即不仅要多听、多看，更要多问、多跑。

“多问、多跑”，就是在选股时，要“看得见、摸得着”，要亲力亲为，亲身感知感受产品性能，不能只靠别人的价值报告或投资建议。

有些投资者会抱怨没有条件、没有时间、没有精力去实地调研企业。比如，投资矿业企业无法去矿山调研，投资石化企业无法去油田调研，投资光伏企业无法去电站调研，等等。

机构投资者有大量专职研究员，信息优势明显。与机构投资者相比，从一开始，普通投资者就落后了一步，处于信息不平等状态。

那么，如何消除这种差距呢？其实也很简单，投资者只做自己有能力获取信息的产品就可以了，即在自己的能力圈里投资。

比如，快消品就很容易获取第一手信息：快消行业盛行终端为王，快消品遍布于生活中的方方面面、角角落落，从社区小型连锁超市到城区大卖场，从同事办公桌上摆放的东西到家人的皮包，无处不在。

投资者自己也是快消品的消费者和体验者。大家每天不知不觉地在使用不同品牌、不同种类的商品，只要在购物时稍加留意，就可以获取及时的资讯。

除了自己的亲身体会，还可以问问身边的家人、亲戚、同事、朋友对产品的感受和评价。只要够勤奋，善于做个有心之人，在商品信息的获取上，普通投资者不但不会输给机构投资者，而且还很有可能超过他们。

如果做个有心人，一边逛商场，一边就可以发现许多商业信息和投资线索。

比如，商场一楼所售产品一般以奢侈品或高档商品为主，毛利率和利润率很高，如化妆品、品牌服饰、珠宝等。这是由于一楼的客流量最大，租金最高，只有很赚钱的产品才可以承担这么高的租金。

再如，在大卖场和超市，离结账台摆放较近的产品主要以快消品为主，而大件商品一般都摆放在偏僻的地方，原因就在于虽然单件快消品金额并不大，但却比大件商品更容易赚钱。其实，“大”的产品不一定很赚钱，比如在世界500强企业中，生产起重机、卡车、集装箱、汽车，甚至房地产的企业哪有生产医药、食品饮料和智能手机等小件消费品的企业做得更大、更赚钱呢？

还有，在商品的摆放上，与消费者目光最近（基本上与视线平行）的商品一般销量比较好，周转也比较快。而那些赚钱少，周转慢的产品一般摆放在货架底层，顾客要蹲下来才能找到。不过，对于精明的消费者来说，货架底层的商品或许是不错的选择，这类商品一般价格水分较小，相对来讲性价比高一些。尤其在药店，往往是那些不搞什么噱头，摆放在不起眼位置的传统低价常用药更管用。

投资者还可以通过查看商品生产日期来判断商品流转速度。通过对比不同出厂日期，可以发现更新鲜、更临近日期的商品周转更快，卖得更好。

同时，如果时间充足的话，还可以观察一下什么年龄的人买了什么样的商品，尤其是“90后”“00后”的消费者，他们是未来的消费主力。

总之，在大卖场或商场待上一天，仔细观察商品出货情况，就可以获得最没有水分、最可靠的一手数据，会比坐在电脑前看十天报告得到的还要多，还要有价值。

不过话说回来，“知易行难”，很多人为了省几块钱可以去几个菜场比较菜价，为了省几十块钱可以花费一天的时间逛遍整个城市的商场，但是几十万元、上百万元的投资却懒得动动腿、动动嘴，半辈子的积蓄往往几分钟就做了草率决定！

有一个故事很有趣：大草原上有两个人不幸在旅游中遭遇狮子。这时其中一个人马上蹲下来换上他的跑鞋，另一人不解地问，换跑鞋有什么用呢？就算换上也跑不过狮子啊！他说，没错，我的确跑不赢狮子，但我只要跑赢你就可以了——做投资也是如此，只要你的信息比别人更全面一点，做的功课更多一点，哪怕是一点点，那么你就可以在宝藏出现时抢先一步拿到它，在风险来临时早一步离开它。

投资者不一定要做最快的跑者，不需要做掌握最多信息或者最快拿到信息的人。但是只要比平均水平跑得快，比大多数人更勤奋，就一定能够在资本市场上获利。

第十九章　投资组合

- 股票组合的“君臣佐使”
- 组合投资的本质：时间和空间的有机统一
- 疑股不选，选股不疑

第一节

股票组合的“君臣佐使”

当投资者非常看好某只股票时，很可能重仓、甚至全仓买入，把宝全部押在上面，希望股价短期翻几倍，并美其名曰“集中兵力打歼灭战”。

然而，实际情况却往往事与愿违。经常会出现的现象是，刚买一点某只股票时，还可以赚点小钱。但是，在乐观情绪的驱使下，大举重仓时，厄运也同时来临，股价突然掉头逆转而下，不但侵蚀了账面盈利，还继续造成大额亏损，导致投资失败，这就是重仓股的“魔咒效应”。

失败的原因也很简单。所谓“重仓股”，大多是短期内被市场追捧的热门股票。在开始阶段，投资者一般比较谨慎，以观望为主，不会贸然买进。但是，随着时间的延长，股价不断上涨，这时投资者认为这种“趋势”会一直延续下去，往往按捺不住内心的冲动，开始买入。

在短期市场热度或“概念”还没有冷却前，股票一般还会继续上涨，投资者也会相应获得一些账面盈利，尝到甜头后，会大幅追加投入。于是没多久，这只股票就成了重仓股。

这时，投资者会把希望全部寄托在这只重仓股上，就像“情人眼里出西施”一样，和这只股票谈起了恋爱，只看到这只股票的好，对风险却视而不见，或者通俗地讲就是“屁股决定脑袋”，渐渐丧失了理性。

于是，股价上涨时，觉得是自己的判断准确无比；股价下跌时，则不断寻找理由安慰自己，在自我欺骗和自我麻醉下，丧失了平仓自救的勇气，直至被深度套牢，甚至还会做出借钱补仓的傻事，最终的结果就是惨败在这只深爱的重仓股“滑铁卢战役”上。

单一持股或重仓持股会使收益和风险高度集中，好的时候股价翻上天，差的时候股价掉到脚脖子根。从投资心态来看，投资者的喜怒哀乐全部系于这只股票，容易变得患得患失。这样，心态一乱，头脑也变得不再清醒，被这只股票的股价波动牵着鼻子走，成了股票的奴隶。哪怕抓到一只好股票，可能也会乱交易，最后没赚多少钱，甚至还亏钱。

看看世上的投资大师，哪个不是在做组合投资呢？不论公募私募，有谁听说过只持有单一股票的？像可口可乐这样的优秀公司，巴菲特持有时间 20 多年，期间投资金额约 13 亿美元，盈利却高达 150 亿美元，在很大程度上成就了巴菲特。即使这样，巴菲特也没有把全部身家都放在上面，始终作为组合的一部分，控制着一定的仓位比例。

做投资的人总是希望自己重仓的股票市值可以稳定增长。但是，从实际情况来看，个股的稳定增长几乎是不可能的。有人曾研究过美国所有大公司中盈利增长波动最低的几家典型公司如沃尔格林、百威英博、高露洁、思科和百事公司，截取了这 5 家公司 1998—2007 年 10 年间的盈利增长数据进行分析，发现除了沃尔格林之外，其他的 4 家公司和其余的几百家公司一样，没有一家公司可以维持 7 年以上的稳定盈利增长。

同时，选取 5 家中国公司进行研究，分别是贵州茅台、五粮液、张裕 A、山西汾酒、云南白药。这 5 家公司近 10 多年来穿越牛熊，股价上涨少则几倍，多则几十倍。但是通过数据分析发现，除了贵州茅台和云南白药之外，其他 3 家公司都出现过负增长。五粮液和张裕 A 的盈利在 2002 年都下降得很厉害，山西汾酒更是出现了 3 次以上的负增长，下降的幅度相当大。即使是贵州茅台和云南白药，虽未曾历过负增长，但是盈利波动也很大，任何一只个股都难以做到盈利的稳定增长。

因此，单只个股几乎做不到盈利的稳定增长，只有组合才可以平滑各个股票之间的盈利波动，对冲个股之间的业绩风险。在组合的基础上，盈利的稳定增长才有可能实现。

投资和中医有很多相通之处，在投资组合方面表现更甚。

我们知道，中医通过望闻问切开方子，讲究“一人一方，千人千方”，这是中医辨证施治、精准治疗和个性化治疗的体现；就一个方子而言，还要讲求各方剂成分“君臣佐使”的配伍原则。

市场上有不同的投资主体，不同的投资者有不同的持仓，即“一人一仓，千人千仓”；就同一持仓，根据自己的喜好，会有不同的个股组合，每位投资者的每个组合，都有属于自己的主仓、底仓、次仓等仓位品种，都在有意无意遵循某种“君臣佐使”的配伍原则。

其实，不仅在中医开方和投资组合中有“君臣佐使”，生活中方方面面都会有“君臣佐使”。譬如说吃饭，《黄帝内经》中说，“五谷为养、五畜为益、五果为助、五菜为充”，食品营养学也要求蛋白质、淀粉、脂肪、维生素等维持合理的搭配。点一桌菜宴请客人，也会有荤有素，有冷有热，有干有湿，有软有硬，拼搭不厌。一个社会中的人，既是人夫(妻)、人父(子)、人兄(弟)，也是别人的同事、同学、师友，等等。

投资和中医还有一点很像，那就是都没有标准答案。中医大夫和基金经理的工作很类似：对同一患者而言，不同的中医大夫，各自根据不同的医学理解、行医体会和临床经验，可能会开出不同的药方，但都能取得同样的效果，达到治疗疾病的目的。对同一客户而言，不同的基金经理，按照各自的投资逻辑，对应不同的基金产品，做得好的话，客户买哪个产品都能赚钱，都能实现盈利的目的。还有，中医开方，一般只开一周或半月的用量，吃完后还要再去看医生，医生会根据病情的变化调整原来的方子。基金经理做股票也是如此，其组合品种和权重也不是一成不变的，每过一段时间也会有调仓换股，如果不调整，就算你全仓只买入一只股票——贵州茅台，从 2007 年底到 2015 年初，也有近 8 年的时间，没有上涨。投资本来是种享受，如果你的股票 8 年了还在原地踏步，你如何能安之若素？别说享受了，没急出毛病来就是万幸了！

可见，投资之道和中医之道，大家路径不见得一致，但和而不同，最终是殊途同归，都可以达到同样的目的。不好说你和我不一样，我的就是对的，你的就是错的，厚此薄彼。中医学和投资学一样，都没有标准答案。如果研究越深，就会发现根本的理论，会越来越广远，越来越模糊，越来越中庸，没有绝对的正确，也没有绝对的错误，正确和错误之间，是可以互相转化和相通的（物无美恶，过则为灾）。在学习和实践中，中医和投资根本上都是只可意会，难以言传的，主要看如何去理解和运用。不同的中医师和不同的投资者，在各自的范畴里，都可以自成一家，自成一派，自圆其说，自我实践，自给自足，自得其乐。

市场上有很多投资者，世上也有很多中医，但中医大师和投资大师一样，都是极其稀少的，可遇而不可求。经常听到说，学中医必须先有古文功底，这不仅是阅读中医经典著作的需要，更重要的是，学好中医，还要有深厚的国学功底。“工夫在诗外”，中医思想其实是中国传统文化和哲学的集中体现，如果不懂国学，就很难领悟中医思想的精髓，很难成为中医大师。

投资不也是如此吗？老中医经常抱怨，如今中医学毕业的博士，只知道死读书，连个方子都开不出来。同样，哪怕是经济学博士毕业，如果没经过实践的锻炼，去做基金的话，很可能会手足无措。

就像中文系毕业的不一定会成为作家，基金经理、中医，都不是多读几本教科书就可以速成的。简单地说，一个是知识功底，一个是实践，一个是悟性，三者缺一不可。

对于一个理性的投资者来说，投资组合是必须坚持的重要原则。

做投资只持有一只股票，指望“毕其功于一役”，这种赌徒式的做法无异于出海不带救生艇，万一翻船，后果不堪设想，哪怕前 9 次都赚取了暴利，但只要第 10 次看走眼做错了一次，就会把之前累积的财富消耗殆尽。可谓“成也萧何，败也萧何”。

第二节

组合投资的本质：时间和空间的有机统一

我们都知道，时间和空间是宇宙的基本构成要素。宇宙万物，包括人类在内，无不存在于这样一个特定的时空架构里。说到“存在”，有种说法认为汉字“存在”的构成就蕴含了时间和空间的概念：“存”“在”两字不同之处就是一个里面是“子”，一个里面是“土”。“子”寓意子时，十二时辰的开始，代表时间的概念；“土”寓意大地，天地人三才中的“地”，代表空间的概念。因此，“存在”一词寓意时空的有机统一。

既然一切的存在都是时空的有机统一，那投资股票这种存在，本质上也是时间和空间的有机统一。通俗点讲，所谓时间要素，指的就是“择时”；所谓空间要素，指的就是“择股”。

“择时”大家都明白，买卖股票如果没踏上那个“点”，交易时机错了，肯定亏钱。如果再进一步讲，涉及对应中国经济不同阶段，选择何种股票的问题，就像人生不同阶段要做不同的事一样，在十几年前那个靠投资拉动的时代，投资的重点就是要围绕“五朵金花”(煤炭、汽车、电力、银行、钢铁等重化周期股)来进行，而目前这个消费拉动的时代，投资的标的自然要锁定“吃、喝、玩、乐、健康”这些主题布局。当然，往细说，还有很多做法，比如为何重创新药、轻仿制药，重消费升级、轻消费降级，等等，都涉及时间的概念，在此不一一细述。

投资组合的空间概念呢？说到空间，就回避不了维度的概念。空间的维度，我们小学学的是一维的概念，即从左到右一条线，最右边是一个箭头，中间是零，左边是负数，右边是正数；中学学的是二维的概念，就是直角坐标系，一个 X 轴，一个 Y 轴；大学学的是三维的概念，就是矢量图，带方向。大家试想一下，如果要立一个东西，就给它查一下牢靠不牢靠？显然，如果在地上插一杆旗子，很容易倒。如果是两个支点呢？比如吊桥，两边各一个吊臂，这当然要好些了，但遇到大点的洪水，也容易被冲垮。三个支点呢？比如，古代的容器，很多就是三条腿，“三足鼎立”，这就比较稳固了，如果支撑腿不断，理论上永不会倒。

这就给我们一个启发，一个投资组合，如果想对冲些风险，控制整体回撤，那至少也得覆盖三个以上的行业。按照这种思路发展下去，每个行业里面，选股最好也不要单一，最好也要三个左右。当然，选择些随机性的行业和个股，纳入组合作为补充和调剂，类似于中药组方里加进甘草和大枣来调和百药药性一样，也不失为一种好的办法。

目前，A股和H股上市公司共有4000多家，一个投资组合选多少只股票合适呢？

公募基金一般持有几十只、上百只股票，所以业绩表现和大盘偏离不多；私募基金持股要少一些，一般也在10~20只，业绩表现与大盘偏离稍多些。

一般投资者，做股票需要进行基本面研究，需要阅读各类报表。就一只股票而言，首先是上市公司定期会计报告，包括季报、半年报、年报，再加上不定期的各类公告，合计几十份。其次是券商发布的个股研究报告，也要十多份。再次还有报纸杂志、专业期刊以及自媒体所涉及的相关文章，也要几十份。

这么看来，仅一只股票，要做到基本了解，一年就要阅读约百份报告或文章。如此推算，研究10只股票以上，就要看上千份报告或文章，这还不包括研究备选企业和竞争对手所需投入的时间。

据说巴菲特一天要看几十份投资报告，通过个人的投资经验，把诸多繁杂的信息化繁为简，以此来摸清市场规律。

因此，由于时间和精力的限制，对于普通投资者来说，投资组合不宜超过5只，最多不超过10只。多了就顾不过来了。这些股票可以涉及3~5个行业，只关注行业龙头，即坚守“数一数二，不三不四”的选股标准就可以了。

专业投资者，比较合适的投资组合数量是10~20个，另外有10~20个长期跟踪备选。

段永平曾说过，我从头到尾真正投资过的公司，最多五六家，卖掉了一些，我持有的公司一般在3家左右。我们看巴菲特的投资组合，也就10多只。

就组合中各股票的权重而言，一般来讲，如果有10个以上股票的组合，单只股票权重占比原则上不要超过15%，最大一般不要超过20%。特殊情况下，如果某只个股有非常好的历史性建仓良机，最高也不宜超过25%。

统计学显示：持有2只股票，能将单纯持有1只股票的非系统风险减少 46%；持有 4 只股票，能将其非系统风险减少 72%；持有 8 只股票，能将其非系统风险减少 81%；持有 16 只股票，能将其非系统风险减少 93%；持有 32 只股票，能将其非系统风险减少 96%；持有 500 只股票，能将其非系统风险减少 99%。

国内外的公募基金，组合持股数量一般都至少几十只，目的就是回避非系统风险，但这却回避不了系统风险，在系统风险下，大部分股票都不能幸免，所以公募基金能超出市场表现的也是少数。

每个投资者都可以结合自己的爱好、知识积累和生活经验来决定组合的种类。对于组合中的每只股票，不必强求百发百中，不要指望每只股票都可以成为 10 倍股。

作为投资人，智慧比聪明重要，心态比智慧重要。一个好的组合可以有效对冲市场风险，使人保持从容的心态，而这正是做投资的最基础性要求，看似简单容易，却很难做到。

第三节 疑股不选，选股不疑

俗话说，疑人不用，用人不疑。选股也是如此，疑股不选，选股不疑。

投资需要定力，不符合自己要求的股票哪怕别人说得天花乱坠也不要碰；而一旦选定股票，就不要轻易被短期股价涨跌所干扰，甚至怀疑自己当初的选股逻辑，轻率地卖掉。

一般来讲，企业在不同的发展阶段，会有不同的股价表现，有时会高估，有时会低估。在某一时点，组合中有的股票可能涨得很好，以至于过分高估；有的股票一再下跌，以至于过分低估。

但总体上来说，东方不亮西方亮，组合中总会有赚钱和亏钱的股票，一个好的组合可以平滑不同个股在不同时期、不同发展阶段的表现，使整体净值呈现平稳向上的态势。

实际上，从中外股市历史来看，一些优秀的公司在长周期里总是要经历几次风波和股价的大幅波动。

有人统计过2008年3月到2018年3月沪深两市涨幅前10的公司，包括伊利股份、恒瑞医药、长春高新等。数据显示，长期来看，这些股票回报率虽高，但股价都曾遭遇几轮腰斩。很多个股创出新高后出现最大回撤幅度均超过60%。

数据还显示，这10只股票中每只至少出现过5次回撤幅度超过20%，10家回撤幅度超过20%的次数均值为8次。也就是说，牛股和差股，在波动幅度和次数上，其实差不多。

同样，就美国道琼斯指数而言，在经历1929年黑色星期二、珍珠港事变、朝鲜战争、苏联爆炸第一颗原子弹、苏伊士运河危机、古巴导弹危机、肯尼迪遇刺、越南战争、水门事件、尼克松辞职、伊拉克入侵科威特、“9·11”恐怖袭击等大事时，该指数曾有过很多次大幅下跌，但最终不改其长期走牛的趋势。其实，好股票在经历大的危机事件时，股价才会出现深度调整，而这正是建仓或补仓的良机。

投资大师彼得·林奇曾说过，一个组合有60%以上的股票表现良好就相当不错了。这是因为在实践操作上，表现良好的股票少则上升几倍，多则几十倍、几百倍，少数股票可以贡献组合大部分的收益。从长周期来看，即使有一两只股票出了问题，并不会影响整体组合净值的上升趋势；几十年后，最终的结果或许就是一亿元和八九千万元的差别而已。

有人统计过巴菲特几十年来的投资组合，发现其选股成功率大约为65%。巴菲特重仓过14只股票，其中仅7只股票表现比较优异，但是仅四大金刚可口可乐、宝洁(合并了吉列)、华盛顿邮报、运通就赚了约300亿美元，贡献了大部分收益，成就了这个世界巨富。

据统计，假如均等投资10只股票建立一个组合，每只股票每年复合上涨10%，10年后总体收益率约是160%；如果组合里有1只10倍股，总体收益率约是235%；如果有2只10倍股，总收益率约是310%；如果有3只10倍股，总收益率约是380%。由此可见好股票在组合中的重要性。

从长期来看，在股票投资组合中，提供80%收益贡献的往往是那些数量占比为20%的少量股票。因此，就算组合中有一些股票表现不尽如人意，只要能抓住个别优秀的股票，其整体回报也会相当可观，这就是股票买卖的“二八规律”。

第二十章　中长周期投资不等于中长期投资

- 个股“生命周期”的复利效应
- 赚业绩的钱与赚估值的钱
- 股价过千、市值过万的贵州茅台透支了吗?
- 市场对贵州茅台的几点误解
- 文化不自信，投资难长久

第一节

个股“生命周期”的复利效应

投资要做中长周期投资，请注意这里指的是中长周期投资，不是中长期投资。

这是因为，再好的企业，也有衰落的一天，一味长久无限期持有，本身就是思想僵化的表现。当然，不排除优秀的百年企业，持股不动一般好于波段操作；但牛股也会有长时间的低迷期，也会有经营周期的变化，对于专业投资者而言，把握个股中长期的“生命周期”，适当进行仓位的调整，不失为一种最大化收益的办法。

周期循环是自然界、社会乃至人体生命的基本规律。做股票可以不看经济周期，但是一定要把握个股“生命周期”。个股“生命周期”不同于个股“波段”，区别在于：“周期”与内因，即企业基本面相关；“波段”与外因，即炒作因素相关。

一般来说，中长周期投资比短期波段操作回报更为丰厚而稳定。大智慧总是好过小聪明，把握大的趋势比拘泥于小的趋势成功率更高。在复利的作用下，中长周期投资往往会取得超额收益。投资者如果不把主要精力放在中长周期投资上，而是整日埋头追逐短期波段操作那点蝇头小利，其实是一种“捡了芝麻丢了西瓜”的行为。

个股股价短期走势无法预测，短周期投资操作起来难度非常大。一般来说，个股股价短期表现往往与业绩无关，而是与市场预期有关，况且这种预期是杂乱的，带有很多非理性的成分，受人的心理影响很大，行为金融学专门研究这种社会心理。

即使有短期利好促使股价上涨，但此种机会也很难把握。因为短期利好发布时，股票开盘就涨停，根本买不到；能买到的时候，这时股价很可能已是阶段高点，谁冲进去买谁就很可能高位站岗，高位套牢。即使在高位侥幸获取一点收益，相对巨大风险而言，实际上收益和风险是严重不匹配的。

从长期来看，个股股价与业绩100%相关，这需要一个股价变动周期来验证，短则几个月，长则几年。从这个角度来说，中长周期投资可以依据专业知识、操作经验以及逻辑分析等来把握，可操作性较强，确定性较高，成功概率较大。

中长周期投资和短期投资的关系可以用一个小故事来说明：老和尚让小和尚端一碗水到山上。起先，小和尚只关注碗里面水的波动，不看山路，结果到了山上，水基本上洒光了。于是老和尚告诫小和尚走路其实更要看路，小和尚又走了一次，终于成功地把一碗水端到山上。

中长周期投资和短期炒作的关系其实就是看路还是看碗的关系。

中长周期投资取得超额收益的秘密隐藏在复利里。复利是指一笔资金除本金产生利息外，在下一个计息周期内，以前产生的利息也计算利息的计息方法。简单理解，就是利滚利的概念。而银行存款的计息方式是单利，不是复利。

复利的威力有多大呢？1626年，德拉瓦印第安人以60荷兰盾，即24美元的价格将曼哈顿岛卖给荷兰人。据统计，如果以年息6.5%计算复利，约400年后，这笔资金现在可以达到惊人的1.3万亿元美元！

数据显示，如果在约200年前拿出1美元投资，到现在，投资于美国股市可以达到约70美元，投资于企业债可以达到约1000美元，投资于国债可以达到约300美元。而剔除掉通货膨胀和币值上升因素后，从购买力来看，200年前的1美元相当于如今的约20美元。

长期来看，股市收益率远远大于房市、债市和黄金。道理也很简单，财富毕竟是企业创造的，企业是创造财富的母体。因此，企业价值应该大于其他资产价值，股票是企业证券化后的凭证，收益率当然会高于其他形式。

美国近百年来GDP年均增长约为5%，这期间股市平均上涨约为10%，以这个速度计算股市复利，50年可以上涨几十倍，100年上涨约上千倍。从这个角度来讲，股票是抵抗通胀的好武器。

不过话说回来，判断投资回报高低的标准，也不是简单机械地以投资时间的长短来认定。有的个股成长周期长，则可以做长期投资；有的个股成长周期短，则可以做短期投资。

1897 年的道琼斯工业指数最初由 12 只蓝筹股组成，如今只剩下通用电气一只股票，其他的要么已经退市，要么被兼并了。据统计，世界 500 强企业的平均寿命约为 40 年。这些好公司寿命长短不一，企业生命周期不尽相同，一味长久持有也不是好办法。

其实，“长”与“短”的关系是辩证统一的。据统计，1926—1996 年的 70 年里，标准普尔指数中 500 种样本股票所取得的丰厚回报几乎都是在个股表现最好的 60 个交易月内完成的。60 个月折合 5 年，只占 70 年的约 7%，7%的时间虽然不长，却提供了大部分收益。但是如果没有中长周期的坚定持有，就不可能把握得住这 7%的宝贵时间。

再如，统计数据显示，过去 20 年，如果能一直长期投资美国股市，业绩回报是年均 7.81%。但是如果错过了市场表现最好的 20 天的话，那么年均收益将会下降到 1.70%。也就是说，平均每年只错过重要的一天，业绩回报就减少了约 80%。

可见，把握个股的生命周期非常重要。如果一项投资在短时间内把握住了个股周期行情而盈利，那么就是正确的投资；反之，一项投资在长时间内把握错了个股周期行情亏钱了，虽然持股时间很长，也不能说是正确的投资。

总之，要想充分享受把握个股“生命周期”的复利效应所带来的资本增值的乐趣，不仅要看谁眼光好，还要看谁做得更早。巴菲特 11 岁时就开始买股票，可他还是感叹自己出道晚了。

投资的人生，越早，越主动。

第二节

赚业绩的钱与赚估值的钱

长期来看，决定资本市场收益的根本因素当然是业绩表现。不过，资本市场无时无刻都处在波动中，有时波幅甚至超过同期业绩变化幅度；短期来看，股价涨跌和业绩变化却基本没关系。市场参与者对估值的认识有分歧，才导致了股价的异常波动。

由于业绩和估值是资本市场两大考量因素，所以可以把资本市场的诸多操作模式，大体分为两类：赚业绩的钱与赚估值的钱。

所谓赚业绩的钱，是指着眼于经营性资产盈利的确定性，寻求稳定的业绩回报，并辅之以高比例分红率作为补充回报的做法，其往往和价值投资、中长周期投资以及基本面分析联系在一起，也被称作赚公司的钱。

此类标的公司一般为蓝筹股，细分行业龙头，市场占有率领先且稳定，成本和收入都较易锁定，利润比较好算。加之其估值水平较为稳定，PE 中枢在 20 倍左右，在极端情况下，牛市一般不超过 30 倍，熊市一般也不低于 10 倍。其股价的涨跌主要取决于业绩的变化，其分红率一般高于同期银行一年期定期存款利率，因而备受公募资金的青睐，经常作为仓位的压舱石品种。

所谓赚估值的钱，是指在标的公司业绩尚未完全兑现时，给予其更乐观、更良好的预期，提升其可接受的估值水平（如市盈率、市净率和市销率等），变相“拉动”股价上升，从而实现收益的做法，其往往与主题炒作、短期投机和技术分析联系在一起，也被称作赚市场的钱。

此类投资标的一般为概念股、题材股和重组股，典型的如 2015 年把市场各方全都“教育”了一遍的全通教育：先是借助稀缺性教育股概念，估值被推升至市盈率约 200 倍的水平，然后又借助预期中的盈利性资产增发重组概念，股价一度上冲至每股 467 元的天价纪录。结果是来得快，去得也快，如今股价已从最高点跌落了约 90%。

实际上，在具体操作中，上述两种做法总是掺杂在一起的。一只股票，在某一阶段的收益可归结为赚了业绩的钱，在另一阶段，也可归结为赚了估值的钱。

赚估值钱的，不仅有所谓的“妖股”，也有真正的成长股。沃尔玛、微软和苹果，分别是 20 世纪 80 年代、90 年代和 21 世纪第一个 10 年新经济的典型代表。在各自的辉煌 10 年中，均录得了数十倍的涨幅。倘若截取任意时点来看，其市盈率也可能高达百倍以上，高股价中有一定的高估值因素。如果因此清仓，就会错失大部分收益。

进一步，若将业绩因素和估值因素叠加，会有以下四种组合表现方式：

第一种，既赚业绩的钱，又赚估值的钱。

比如 2017 年的白酒股，尤其高端白酒股如贵州茅台、五粮液、洋河股份等，年初静态估值约 20 倍，得益于乐观的增长预期，年底静态估值升至约 30 倍，就业绩来看，贵州茅台 2017 年净利润增长 62%，五粮液增长 43%，由于业绩和估值双升，其股价在短短一年内上涨了 1 倍多。

还有可口可乐，20 世纪 90 年代业绩增长了约 3 倍，市盈率由最初的约 15 倍升到约 45 倍；两个因素叠加，使得其股价 10 年增长了约 10 倍。而巴菲特在约 30 年前以约 15 倍市盈率时的价格重仓买入，在第一个 10 年里获取了约 10 倍的回报。

第二种，赚了业绩的钱，但亏了估值的钱。

还是以可口可乐为例。在 21 世纪以来的 10 多年里，其业绩又增长了约 3 倍，但市盈率却从约 45 倍回落到约 15 倍。两个因素互相抵消，股价基本没涨。

还有 A 股曾经的“四朵金花”中钢铁行业中的龙头宝钢股份，2008 年净利润 60 多亿元，2017 年净利润 190 多亿元，10 年间盈利多出 2 倍多。然而，其估值从当时的 PE30 倍以上滑落到目前的不到 10 倍，致使目前股价只有 10 年前的一半左右。

大秦铁路也是如此，10 年间盈利翻倍了，但估值降得比盈利多得多，股价也只有当初阶段高点的 1/3 左右。

第三种，亏了业绩的钱，但赚了估值的钱。

比如 2016 年宣布被微软收购的领英（LinkedIn）：在整个 2015 财年，基于美国通用会计准则，其净亏损为 1.66 亿美元，大大高于上年同期的净亏损 1600 万美元。其股价自 2015 年 2 月创下每股 276 美元高点后，一路下跌，至 2016 年上半年几近腰斩。但不久微软宣布收购领英，微软基于自身专业判断，确定了较高估值水平，并以此估值确定收购价，致使其股价单日暴涨约 50%，投资者在一年内的损失被基本弥补了。

A 股中的中兴通讯，10 年前每年还能盈利 20 多亿元，2018 年却巨亏约 70 亿元，纵观其 10 年盈利变化，有时赚钱，有时亏损，盈亏相抵，10 年基本没赚什么钱。但得益于市场对 5G 通讯良好的预期，中兴通讯虽然业绩不好，但估值上去了，10 年后，股价反而涨了 2 倍多。

第四种，亏了业绩的钱，也亏了估值的钱。

此类主要是一些工业股，如煤炭、钢铁、化工、工程机械等周期股，在遭遇经济下行期时，业绩倒退，估值水平大降，股价雪上加霜，跌幅巨大。

中国铝业，这只 10 年前那轮牛市的大牛股，2007 年曾经盈利约 102 亿元，2018 年盈利只有约 9 亿元，业绩巨幅下降。如今讲估值已没有了意义，股价连当初高点的 1/10 都不到。还有中国船舶，10 年前股价一度超过贵州茅台，成为当时的第一高价股，2008 年盈利约 42 亿元，10 年后的 2018 年盈利只有约 5 亿元，股价只有当初高点的 10%多一点了。

赚估值的钱和赚业绩的钱，是资本市场投资的两种手法，孰是孰非不可简单定性。

事实上，成长性好的公司往往估值较高，投资高成长性股才能赚到估值的钱。但是，高成长性是对未来的预期，具有高度不确定性，只有足够多的人乐观预期达成一致，才能维持住过高的估值。这就要求投资者不仅能把握好自己，还要能猜透别人的心思；如果不明就里跟风，很容易步入透支未来的陷阱中不能自拔。

另外，业绩好的公司往往估值低，预期较为明朗，因此也失去了想象空间，股价涨幅在短期来看不温不火，但投资者不需看“别人”的脸色、看资本市场的脸色决定取舍，只要把握好公司基本面，假以时日，终会获取满意回报。

资本市场投资者，有的是“鹰击长空”，有的是“鱼翔浅底”，大家借着各自的思路和理念“百舸争流”，只要合法合规，就没有什么可说的。

赚估值的钱看起来“来钱快”，但需要高超的技巧、灵活的应变力、领先的信息优势，是少部分人玩的游戏。大部分投资者在大部分交易时间里，还应老老实实去赚业绩的钱，像做企业那样去做股票，踏踏实实地赚钱方可睡得好觉。

说到底，赚业绩的钱终究比较可靠。在约 20 年里，可口可乐估值由低转高，又由高转低，回到原点，但其业绩却增长了 10 倍，其股价也增长了 10 倍，这已是很不错的投资收益了。

第一高价股贵州茅台于 2001 年上市，至今 10 多年间净利增加了约百倍；上市时按发行价计市值约为 80 亿元，市值目前约为 1.5 万亿元，市值累计上涨了约 200 倍，期间股价复权涨幅和市值涨幅一致，均为约 200 倍。10 多年间贵州茅台市盈率虽然在 10 多倍到 50 多倍区间波动，但从长周期看，其股价涨幅和业绩涨幅基本一致。

美国资本市场的第一高价股，是巴菲特管理下的伯克希尔·哈撒韦公司。巴菲特致股东的信中显示：过去 50 年，伯克希尔股价由 19 美元升至 14.62 万元，涨幅接近 7700 倍，年复合增长率为 19.4%，远超标准普尔指数 9.9%的增长率(约上涨了 110 倍)。

目前，其市盈率约 20 倍，7700 倍的涨幅全由业绩贡献；尤其是，其股价年化涨幅虽只比标准普尔指数多约 10%，但累积 50 年后，在复利的神奇作用下，期间涨幅却超出了 70 倍。无疑，伯克希尔的投资者赚取的也是业绩的钱。

因此，赚业绩的钱，中长周期持有，应是普通投资者最主要的操作方法；专业高手，可辅之以既赚业绩的钱，又赚估值的钱，适当把握反转拐点机会，但应适可而止，仅作补充而已。

第三节

股价过千、市值过万的贵州茅台透支了吗?

目前，贵州茅台市值约 1.5 万亿元，已经超过了中石油的市值，其股价是否涨过头了？要弄清这个问题，不妨来参考可口可乐千禧年前后，两个10年段的股价表现。

可口可乐上市百年以来，股价累积上涨了约5万倍。20世纪80年代末，巴菲特50多岁时，开始大举买入可口可乐，累计投资约13亿元美元，盈利高达约150亿元美元，收益远超投资组合中其他股票。可以毫不夸张地说，没有可口可乐，就没有巴菲特的投资传奇。然而，千禧年前后两个10年段，可口可乐股价的走势却是迥异的。千禧年前一个10年段，即20世纪90年代，可口可乐业绩累计增长了约3倍，市盈率由最初的约15倍上升到约45倍。两个因素叠加，显现戴维斯双升效应，股价在这个10年段涨了约10倍。

千禧年后一个10年段，即21世纪00年代，可口可乐业绩又增长了约3倍，但市盈率却从约45倍回落到约15倍。两个因素互相抵消，股价在这个10年段基本没涨。

再看贵州茅台。贵州茅台上一个阶段低点是2014年1月，复权股价只有不到100元，如今5年多过去了，股价已突破千元，累计涨了10倍。该期间，其净利润从150多亿元升到350多亿元，市盈率从7~8倍升到当下的约35倍，业绩涨了2倍多，估值涨了约4倍，两者叠加，同是戴维斯双击效应，股价涨了10倍以上。这看起来，是不是和千禧年前一个10年段，可口可乐的股价表现很像？

那么问题来了，接下来，贵州茅台会不会也和千禧年后一个10年段可口可乐的股价走势一样，重蹈停滞不涨的覆辙？问题的关键，主要聚焦在成长性和估值两点，具体可参考以下几个要素。

首先是产量。2018年茅台基酒产量约5万吨，系列酒产量约2万吨。由于茅台酒生产周期约5年，大致推算，4~5年后，茅台酒可供销量约5万吨。2018年茅台酒实际销量约3.2万吨，从3.2万吨到5万吨，大致推算未来几年，茅台酒可供销量年均增长可达约一成。

在2018年度股东大会上，贵州茅台董事长称，茅台酒扩建工程将在2020年完成，系列酒扩建工程将在2021年竣工，届时茅台酒将有5.6万吨的产能，系列酒也将有5.6万吨的产能，两者合计近12万吨的生产能力是贵州茅台未来无可比拟的竞争优势

其次是价格。先看出厂价。2018年初茅台酒出厂价在5年没有上涨的情况下，上涨约18%至969元/瓶。介于出厂价和终端市场价的

中间差价，即渠道毛利高达1000多元/瓶，而五粮液的普五酒出厂价约800元/瓶，市场价1100多元/瓶，渠道毛利约300多元/瓶，比茅台酒少不少。相较而言，茅台酒出厂价还有很大的上涨空间，渠道商毛利将从超额收益回归到均值水平是大势所趋。

再看市场价。20世纪80年代，茅台酒8元/瓶，目前市场价约2800元/瓶，30年间市场价涨了约300倍，同期累计通胀倍数(CPI累计上涨倍数)只有约10倍，茅台酒大幅跑赢平均物价上涨水平。未来茅台酒市场价仍有较大上涨空间，涨幅应不小于CPI。

由此可见，市场价和出厂价上涨的双重叠加，可为贵州茅台未来收入的增长提供有力支撑。

第三是自营占比。茅台酒经销商总数最高时达3000家，目前贵州茅台正缩减经销商数量，大力扩展直销占比。2018年贵州茅台共缩减了400多家经销商，2019年上半年又缩减了约100家经销商。2019年茅台酒计划投放量3.1万吨，其中经销商合同量约1.7万吨，剩余约1.4万吨理论上都可用于自营。

2019年7月，贵州茅台历史上首次面向电商直接招商，拟选择3家服务商，共计供货400吨茅台酒。2019年8月，茅台酒首批全国商超招商结果出炉，华润万家、大润发、物美等商超巨头拿下茅台酒经销资格，成为贵州茅台酒首批全国商超、卖场的经销商，初步共获400吨茅台酒配额。此外，贵州本地的商超招标结果显示，贵阳星力百货集团有限公司、贵州华联综合超市有限公司和贵州合力购物有限责任公司成了贵州本地的茅台酒首批商超、卖场服务商。贵州茅台年度股东大会上，董事长曾谈及公司对商超、电商渠道的定位，称“它们只能算渠道，不能算经销商。不给固定计划、不给固定价格、每个人可能不一样”。

可以肯定的是，以上直接招商供货价不会按照969元/瓶执行，会有一定幅度的上浮。可以预计，这仅是个开头，今后陆续会有更多批次的直销流量出现。过去，贵州茅台自营占比仅为个位数，今后提升力度会较大，未来自营占比提升到双位数是确定性事件。自营意味着贵州茅台不仅可以赚取制造利润，还可以赚取渠道利润，这对利润率的提升大有裨益。

第四是产品结构。茅台基酒不仅可以用于生产飞天和五星普茅产品，还可以生产年份酒、生肖酒、精品酒、纪念酒等“非标”产品，“非标”产品市场售价和毛利率均高于普茅产品。目前茅台基酒储备达20万吨以上，在市场一瓶难求的情况下，通过包装调整和产品结构优化等措施，茅台酒盈利质量和利润率水平会进一步提升。

综合以上来看，未来若干年，贵州茅台每年两位数的收入增长应该问题不大。在三项费用（销售、管理、财务）基数基本不变的前提下，收入的增长会带来利润更快的增长，利润率会进一步提升。

估值上，可参考可口可乐和世界第一洋酒公司帝亚吉欧，两者业绩增长目前仅维持个位数水平，但由于盈利的稳定性以及无可取代的行业龙头地位，海外市场给出的正常估值水平就是20多倍。考虑到更高的成长性水平，茅台正常估值不会低于前者。

“一年翻倍易，三年翻倍难”，赌一次可能翻倍，赌三次有几人能翻倍？做贵州茅台，不能靠“赌”，还得靠扎扎实实的基本面研究。贵州茅台的商业模式，提供了经济学研究的经典案例；贵州茅台的股价走势，诠释了资本市场的内在机理。理解了贵州茅台，至少就理解了中国资本市场的一半。

需要说明的是，在此只是拿贵州茅台作为阐述投资思路的案例来用，并无推荐之意。况且，以上内容仅是依据目前基本面情况而言，至于说今后如何，还须依据当时最新情况来定。

第四节
市场对贵州茅台的几点误解

对茅台，无论是产品本身，还是股价，一向市场争议很大，有一些模糊认知，在此简单列举如下，略做分析澄清。

误解一：茅台是权贵酒，是腐败酒。

对茅台酒，经常听到的一句话就是，“喝的人不买，买的人不喝”。意思就是，茅台酒那么贵，谁会舍得掏钱买来自己喝呀，那些买茅台酒是用来送礼的。能喝上茅台酒的人，是别人上的贡，是不需要自己花钱的。似乎茅台和送礼、腐败沾上了边。其实，送礼和腐败关茅台酒什么事！难道中国没有茅台，就没有送礼和腐败了吗？没有茅台，人家会送人头马路易十三，还可以送金条等。相比送洋酒、送金条，送茅台难道就更坏吗？消灭了茅台，消灭了人头马和金条，就能消灭送礼和腐败吗？况且中国自古几千年来就有送礼的习俗，准女婿第一次上门不送点茅台、五粮液，能说得过去吗？孩子高考中第，家里有新丁降生，不开瓶茅台、五粮液，那能叫庆祝吗？

茅台之于送礼和腐败，风马牛不相及，别把茅台和送礼挂上钩，也别把送礼和腐败挂上钩。

误解二：茅台不能涨价，否则老百姓都喝不起了，这怎么行！

正如拉菲红酒、路易十三，是洋酒中的好酒，是国外的奢侈品。茅台，是白酒中的好酒，是我们自己的奢侈品，很难得的国产奢侈品。

品质好的、稀缺的才能叫奢侈品。因其高品质和稀缺性，价格才会高高在上。试想，如果奢侈品定个普罗大众的亲民价，会出现什么后果？要么是一抢而光，根本买不到；要么是计划供应，有关系有门路的人才可以买得到，这才会助长腐败！几十年前的茅台，不就是计划供应吗？普通老百姓，就算有钱，能买得到茅台吗？让天下的老百姓都能喝得起茅台，就像让天下的人都能住上黄浦江的江景房，让天下的莘莘学子都能上北大、清华一样，是个不现实的口号，是永远不可能实现的美好愿望。

好的东西，难道不应该卖个好价格吗？价高者得，难道不是市场经济最公平的交易法则吗？如果好的东西不是价高者得，那谁还会好好读书，努力工作赚钱？社会还会进步吗？

由此可见，茅台就应该涨价，涨到市场交易中的公允价格，或者说市场均衡价格。

目前，茅台的市场价就是2800元一瓶。所谓的一瓶难求，并不是买不到茅台，而是没有办法以茅台官方指定的1499元的价格买到茅台。茅台每年的产量是既定的，每年总要生产那些酒，如果我们买不到平价的茅台，那么什么人买到了，大家想过吗？不涨价，难道就更公平吗？

当年，孙中山撰写发表了万言《上李鸿章书》，核心思想就是提倡“人尽其才，地尽其利，物尽其用，货畅其流”。在一个自由市场中，商品价格不受管制，售价按供求规律由市场自发形成，做到“货尽其价”，这难道不是市场经济的应有之义吗？

误解三：茅台涨价，只是肥了少数人，大部分人是吃亏的。

如果茅台涨价了，到底谁会从中受益？茅台涨价，这里说的是出厂价上涨，酒厂收入自然上涨，利润上涨会更快。比如，出厂价上涨50%，导致收入增50%，而利润不是增50%，而是增加100%！

为何？很简单，原来一瓶酒出厂价1000元，茅台利润率50%，净赚500元，如果涨价到1500元，每瓶多赚500元，利润翻倍。利润自然归股东享有，股东是谁呢？

首先是国家。因为茅台约2/3的股份掌握在国资手里，所以最受益的是国家财政，具体讲是贵州省的财政，或者说是贵州省的老百姓。茅台对于贵州省，对贵州老百姓的重要性，那简直好比三星对于韩国的重要性一样。目前茅台集团占全省工业增加值的20%，上缴税收约占全省总额的14%。如今的贵州，除了茅台和央企的省属分支公司，还有什么支柱企业呢？没有了。贵州一直是贫困省，GDP总量1.5万亿元(约等于目前贵州茅台总市值)，在全国一直是排名倒数，总量甚至赶不上苏州一个城市的水平。还经常入不敷出，一直有财政赤字，历年都要从中央，也就是全国人民那里领取2000多亿元的财政补贴。

目前茅台出厂价接近1000元一瓶，理论上，如果茅台出厂价涨到2000元一瓶，也会有经销商挤破头皮来进货，这样就可以使茅台每年再多出1000亿元收入。更为重要的是，这多出的1000亿元都是利润啊，这对贵州省的财政支持力度会有多大！其次是广大基民，即购买基金的老百姓。除去国资，茅台剩下的约1/3的股份，其中约一半被各类基金持有，目前共有1800多只基金持有贵州茅台股票，持有数量超过1亿股。最后是中小投资者，即股民，这部分都是在股市里自愿买卖成交的，任何人都可以在任何时间买股份，不受任何限制。正如有人说买不起房子，可是买得起房产股啊。那么，喝不起茅台，可以买得起茅台股票。

当然，股东中还有少许投资大咖，以及港股通持股，但占比很少。

所以，总体上讲，茅台涨价这件事，只要是单纯的市场行为，市场行为的必然结果就是各方利益的最大化，这也是经济学的基本原理。

误解四：贵州茅台市值涨到10万亿元，你忽悠谁呢？骗我做接盘侠啊？怎么可能！

前阵子券商中金出了个报告，说贵州茅台10年后可以达10万亿元市值。报告一出，举世哗然，10万亿元，怎么可能？目前A股总市值才50多万亿元，一家公司市值就10万亿元，甚至超过工商银行市值，这怎么可能！

在这里并不赞成对股价进行各种形式的预测。做股票最好不要预测股价，尤其是不要预测短期股价。因为股价是市场给出的，而在大多时候市场是错误的，大多数人也是错误的，大多数人买卖所形成的股价，在大多时候也是错误的。就算到时你预测对了股价，但这个股价本身可能就是错误的，这有什么意义呢？预测股价本身可能就是个悖论，把大把的时间放在一个悖论上，其实是不明智的。

但是，就中金报告观点的可能性而言，它却的确存在。我们看10年前，上证指数3000点，目前指数还在3000点徘徊，大盘指数没涨，并不是这些股票没涨没跌，而是因为其中有的股票涨了，有的跌了，涨跌抵消了，所以指数原地踏步。上涨的股票，如贵州茅台、五粮液、恒瑞医药都涨了10倍以上；下跌的也不少，主要是重化工业类股票，在此不一一列举。然而，股指不涨，并不代表总市值不涨。10年前，A股总市值20多万亿元，目前总市值已经到50多万亿元了。

由此推断，就算10年后大盘指数还是原地踏步，总市值也不会停留在目前水平。如果像前10年一样翻倍，到时总市值可到百万亿元以上。其实，到时中国GDP约200万亿元，以很低的50%证券化率计，股市总市值百万亿元已经是很保守的估计了。

如此一来，贵州茅台市值10万亿元，占比也不会超过10%，并不夸张。苹果、微软股票市值在美国股市占比约5%，腾讯在恒生指数成分股中占比10%左右，这些优质资产在总市值占比都不算低。

贵州茅台目前市值已经1万多亿元了，10年到10万亿元，就是10年10倍股的概念，10倍股平均年化上涨26%，也不是很夸张的目标。前20年，贵州茅台就是这么走过来的，不到20年涨了约200倍，年化数据甚至高过10倍股。

再重申一下，写这些并不是预测贵州茅台的股价，这里只是简单说明中金报告的可能性。

误解五：茅台不死，熊市不止。

目前，A股投资者过亿元，而贵州茅台股东人数不到9万户。也就是说，持有贵州茅台的投资者，在全部股民中占比，连千分之一都不到。所以，你能指望那些占比达99.9%的没买贵州茅台的人说贵州茅台的好话吗？如果你看好贵州茅台，就会买，就属于那个0.1%群体；如果没买，自然就是不看好的，就属于那个99.9%的群体。

贵州茅台股东数永远是极少数的，所以永远不会被绝大多数人看好。如果像贵州茅台这样的绩优股都倒下了，又怎么能指望牛市来临。喊出“茅台不死，熊市不止”的，可能是些不喜欢做绩优股、买了其他股被套的人。幻想来次不管什么好坏股票都涨的牛市，幻想那些买贵州茅台的资金转而来做他们自己股票的救兵，这未免不太现实吧。

第五节
文化不自信，投资难长久

在很长一段时间里，世界上存在着对中国文化的误解，很多人总觉得中国文化过于保守，在一定程度上过时了。近代大学者梁漱溟则认为，以儒家文化、道家文化为代表的中国文化不但不过时，还超前了，超前于时代，其实是人类文化的早熟品。

随便举个例子就可以看出中西方文化的差别：中国文化提倡“己所不欲，勿施于人”，有种站在对方立场替对方着想的意味，体现了“以人为本”“推己及人”的人文关怀思想，有很大的包容性，“有容乃大”。因此，中华文明虽数次经外来文化的侵入，但却能绵绵不绝，从未间断，并在这个过程中，不仅能很好地同化外来的文化，还能吸收有用和积极的东西改造自己，总体上是不断发展更新的。西方文化有种“己所欲，施于人”的意味，总想把自己认为好的东西灌输给别人，为达目的甚至动用强制力甚至武力解决，这不但可以从近代西方殖民扩张中得到体现，还可以从当代中美贸易争端中看出一些端倪。

再举一个例子就是有关中医和西医的话题。自从近代西医传入中国，围绕中西医的争论就没有停止过。国民政府时，以汪精卫为代表的政府，甚至差点效仿日本废除汉医(中医在日本被称为汉医)的行动，以政府的名义废除中医。这种片面地认为旧的都是坏的，新的都是好的，彻底“破旧”，才可以真正“立新”的想法，未免头脑简单化了。人家日本彼时全盘中化，此时全盘西化，无非是在外来文化中做出不同时代的不同选择。可中医是我们自家创造的，我们自家的文化啊，拿自家文化挥刀自宫，怪不得曾说过“引刀成一快，不负少年头”，你倒是快活了，世上也不缺那颗“少年头”。如果真这样，身死后哪怕“洪水滔天”，倒是不关你的事了。

关于中西医，这里举的例子是成语故事“徙薪曲突”：客人看到主人家炉灶边堆积着柴草，烟囱是直的，便提醒主人将柴草远离烟囱，重新造一个弯曲的烟囱，防止火灾。主人不以为然，不久家中果然失火，大家一同来救火，把火扑灭了。主人置办酒席，答谢大家，但却没邀请那个提出预防建议的客人。

中医重在“治未病”，强调调理身体，要求从整体观念辨别症状，仔细甄别同因异果、异因同果等内在机理和外在表现的关系，然后采取个性化的诊疗手段(一人一方和千人千方、同病异治和异病同治等)，通过培养扶正人体自身的固有能力来祛除疾病。中药以药物的偏性纠正人体的偏性，偏性没了，身体自然就健康了(正气存内、邪不可干)。所以，中药的方剂用了几百年、几千年没有变化，都是一直管用的，将来还可以接着用下去。对那些致病的因素，中医不会戴有色眼镜，简单把它们定性为“好”和“坏”，中医注重“平衡中和”的理念，认为在一定条件下，“好”或“坏”是可以互相转化的，转化对了，身体也就好了。中医的药方也好，针灸也罢，看似简单，没有涉及细胞结构、分子结构那些层面（话说回来，古代哪有显微镜来搞这些研究，难道人类没发明显微镜前，得病就只能活活等死吗?），但按照中医那套办法去做，防患于未然，能让你少得病，不得病，尤其是不得大病。

西医重在“治已病”，就是研究针对什么病采取什么办法治疗。如果一个人担心得肿瘤去医院排队挂个号，对医生说，我还没得肿瘤，请你给我开点药吃别让我得肿瘤吧，真这样的话，估计医生真会把这人当病人看。西医开刀也好（解剖学上优势明显），靶点也罢，手到病除，药来病去，主要还是把重心放在如何对付“敌人”的思路（西医辨病），与中医主要着眼于人的“命”有所不同（中医辨证）。西医主要研究对象是人的“病”，就是在西医眼里，看到的主要是“敌人”，“敌”“我”分明，不管“敌人”有多强大，总要想出更厉害的办法把“敌人”干掉、消灭，该割的割（手术切除），该杀的杀（抗生素、放化疗等），只要眼前的敌人不见了，就意味着大功告成。所以，西药一般研制一批，淘汰一批，一种药很少有能管用几十年的。这是因为“敌人”随时在更新，在变化，在进化。“道高一尺魔高一丈”，你得跟在“敌人”后面，不停试验新的解决办法。

应该说，根本上中医西医无所谓高下优劣之分，在不同方面有不同价值，谁也不能取代谁（近年来体现了一定的殊途同归的迹象，如西医针对肿瘤的生物药联合小分子化学药的多联用药办法和免疫疗法，与中医的中药复合制剂的“扶正”理念，在思路上有异曲同工之处）。

通过“徙薪曲突”的故事，大家可以仁者见仁，智者见智，体会一下中国文化的博大精深。世界科学大会曾经做出过反思：科学并不是评判世界的最高标准，因为科学只是为人类服务的工具，只是个服务者，人类发展才是最高评价标准。引申开来，难道医学的对象就是疾病吗？医学的对象难道不应该是人本身吗？所以世界医学大会也曾反思过，认为医学的目的并不是治病，而应是健康。

回到投资上，我想首先应该对中国文化有信心，文化自信有了，才会对我们这个国家有信心，对我们这个国家的经济有信心，这样，投资的信心才会真正树立起来，不然所谓的价值投资，所谓的长周期投资，都只能是自欺欺人的空话罢了。

第二十一章 “三三制”交易法

- 别和股票“结婚”
- 好马？还是好骑手？
- 甄别“黑天鹅”，把握罕见机会
- 家庭资产配置的“三三制”

第一节

别和股票"结婚"

有投资者自认为买了好股票，买入后就不管不问，不论涨跌多少，一竿子到底，死捂不放，持有几年甚至几十年，不做任何交易。

其实这不符合发展的观点：任何一个好公司，谁也不能保证明天还是不是好公司，明天是什么样子，要靠明天的实际情况来判断，做股票也要"与时俱进"。

今天人类发明了数码相机，明天柯达公司就已经开始没落了(具有讽刺意义的是，世界第一部数码相机恰恰就是柯达公司发明的)。

在古希腊，哲学家是最受尊敬的人，当时的哲学家赫拉克利特曾放弃王位而选择做一名哲学家。当赫拉克利特说出"人不可能两次踏进同一条河流"这句话时，他的学生克拉底鲁进一步说，连一次都不能——世界每时每刻都不是在静止状态中，万事万物都处于动态的变化当中。

因此，好企业在变化中，好企业的认定标准也在变化中。如果以过去的看法指导现在，或者以现在的看法指导未来，就很可能犯刻舟求剑的错误。

众所周知，美股"漂亮 50"诞生于 20 世纪 60 年代末期，在 1968 年 12 月至 1982 年 7 月震荡市期间，"漂亮 50"平均收益率约为 157%，而同期标准普尔下跌约 1%，"漂亮 50"市场表现非常亮眼。

但好股票并不永远是好股票。据统计，目前美股"漂亮 50"名单中，6 家公司已被收购，12 家已退市，经历半个世纪，"漂亮 50"公司股价和业绩表现走向分化。一些公司业绩和股价表现都不如意，如露华浓、施乐、雅芳等，从 1968 年末至今，股价年化涨幅只有约 2%，近年来，雅芳盈利出现了困难，露华浓、施乐等还一度出现过亏损。

当一只股票符合自己的投资逻辑时，要坚定地持有；当偏离投资逻辑时，要有卖出的勇气，不能一味死守不放。俗话说，“会买的是徒弟，会卖的是师傅”，说的就是调仓换股的重要性。

还有的投资者，做股票不着眼未来，只盯着过去，仅仅因为某只股票历史涨幅很大而不敢买入，错失投资机会。

其实，白马股相对于蓝筹股更具投资价值。蓝筹股多指业绩稳定的大型传统工业股及金融股。蓝筹股经常与价值投资画等号，其实这被误读了。比如，中石油曾经是中国最赚钱的公司，盈利稳定，是国民经济支柱企业，可以说是标准的蓝筹股，但是投资中石油并不意味着会赚钱。

一般来讲，蓝筹股稳定有余，成长性不足。在中国证券市场实践中，投资蓝筹股不仅很难取得超越市场平均水平的回报，而且很有可能会亏钱。

事实上，白马股较蓝筹股更具成长性。美国股市几十年的发展史告诉我们，快消品行业是最容易诞生“老白马”的地方。历史不会简单重复，但是历史规律却是实实在在存在的，发达国家走过的路可以成为发展中国家的参照标杆。

一方面，长期来看，业绩是股价的最终决定因素。另一方面，股价表现和业绩几乎从来都没有同步吻合过，实际上，在相当长的时间里，股价和业绩是扭曲的，市场定价往往是错误的。

因此俗语说，短期来看，股票市场是投票器；长期看，股票市场是称重机。

股票交易的本质，是在过高和过低两个方向来对股价进行修复。股票交易存在的前提，其实是市场估值的扭曲和定价的错误，如果市场永远是正确的，那么就没有交易存在的必要了。

市场往往是非理性的。作为参与市场中的一个微小分子，任何人都无法改变市场，唯有去适应并顺应这个市场，才可以活得更久、更好。在股票估值严重偏离内在价值时，适当进行调仓换股和买卖操作其实是很必要的。

巴菲特曾在 20 多年前投资过可口可乐，当时买入市盈率约为 15 倍。在其投资组合中，可口可乐一直是第一重仓股，由于可口可乐市值不断增长，其在组合的权重约维持在 20%上下波动。

在第一个 10 年，可口可乐为巴菲特贡献了约 10 倍的回报。但是，在 20 世纪 90 年代末期，可口可乐市盈率达到约 45 倍时，巴菲特并没有卖出可口可乐。于是，在第二个 10 年，可口可乐基本上没给巴菲特提供回报。考虑到资金成本和机会收益，巴菲特投资可口可乐的后 10 年，整体收益很可能是负的。

巴菲特自小就推销过可口可乐，一直关注可口可乐，由于找不到便宜的买点，直到 50 多岁才开始买进。也就是说，50 多岁之前，在没有持有可口可乐的时候，巴菲特认为可口可乐是高估的，不会买入；50 多岁以后，当持有可口可乐时，股价高估时，巴菲特却没有卖出。前后逻辑似乎有些不一致。或许，巴菲特当时对高估值的可口可乐的成长性还是比较乐观的，认为未来的高成长可以消化高估值。

其实，可口可乐股票流通性非常好，是可以承受得住相当程度减持的，即使持股比例很高，适当减些仓位也是可以的。从已发生的案例看，包括创始人在内的大股东的减持行为，所造成的后果并未如想象中的那么严重，并没有引发股价大度下跌甚至崩盘。例如，当初马化腾减持腾讯后，腾讯股价不但没有下跌，后期还出现了大度上涨，根本没妨碍这只股票在 10 年的期间里上涨百倍，以至于减持后马化腾本人也产生了些许悔意。

对于曾给自己带来高额回报的股票，时间久了，难免会产生感情，即使估值很高了，也舍不得减持，这是人之常情。但是，股票仅是获取财富的工具，大可不必和股票“结婚”，厮守一辈子。

汇源果汁的创始人朱新礼曾说过，“企业要当儿子养，但是要当猪卖，因为这是市场行为”。创业是如此，做股票亦如是。

第二节

好马？还是好骑手？

做股票的经常会被问到一个问题：是好的马重要，还是好的骑手重要？即，是好的股票重要，还是好的交易重要？

相对来说，好马比好骑手更重要。就算骑手不高明，如果骑到好马，也可以取得不错的成绩；反过来讲，就算骑术很好，如果骑到不好的马，想取胜也很难。

当然，如果投资者能骑上一只“老白马”，长期持股不动也可以获利多多。但是，如果能有好的骑术，掌握好马的性情，甚至做到与马心神合一的状态，最大化投资收益，这难道不是件锦上添花的事吗？

在具体操作层面，“三三制”交易法可作参考。

当一只股票已经高估很多，透支了未来业绩，不如先减仓 1/3，腾出资金投资其他潜在收益更高的股票，不要试图赚取最后一个铜板。

当减仓被股价走势所佐证后，可以再减掉剩余的 1/3 仓位，如此不断循环往进。反之，等这匹“老白马”估值下降，投资价值凸显后，再行增仓，方法相同。

当建仓一只股票时，先期不要买入太多，先试探性地买入所分配资金量的 1/3。如果建仓后股票出现下跌，就不要急于加仓，等跌幅达到 30%左右时，再试探性买入所分配资金剩余量的 1/3。如果股票再次下跌，则等到跌幅再一次达到 30%左右时，再一次买入所剩余资金量的 1/3。之后如果继续下跌，则坚决不再追加资金，不再买入。待到股价涨到历史成本价以上，开始盈利的时候再考虑追加买入。

“三三制”交易法不能保证你以最低价抄底成功，但是却可以使你不至于踏空，不至于错过历史性大牛股。那种抱有在 6124 点逃顶，在 1664 点抄底的贪婪想法的人根本就不适合进入股市，因为就算全世界的钱都被他赚走了，或许也不会满足。

证券市场瞬息万变，机会稍纵即逝，有时候确认一个决策的正确性非常耗时，很可能在犹豫不决之时，市场走势已经开始逆转，机会很快溜掉。因此先行买入少部分仓位的办法有助于捕捉战机，避免踏空。

需要注意的是，决定是否加减仓，不是以自己所持股票的涨幅和盈利为标准，不要想当然地总是拿赚钱多的股票“开刀”，也不要不断补仓亏损品种以图摊低成本。加减仓标准应参考当下时点的估值，以自己原始成本作为减仓或加仓的根据，止盈或止损的做法，其实是刻舟求剑的思维。

“三三制”交易法不仅适用于白马股，同样适用于被套股。

股民通常的做法是，一旦不小心股票被套，干脆就采取鸵鸟战术，不看、不管、不问，自我麻痹，寄希望下一个牛市的来临。

如此一来，经历一个熊市后，亏损巨大。如果亏损超过 50% 以上，即使若干年后牛市来临，股价至少翻倍，才会得以解套。虽然解了套，但毕竟错过了机会收益，如果早点换股的话，还能在其他股票上面赚钱。

其实，股神也不是百发百中，巴菲特承认曾花大约 4 亿美元买过一家制鞋公司，最后全部赔光。事实上，巴菲特一生中曾投资过 200 多家公司，但是持有超过 3 年的只有 20 多家。

知错就改，亡羊补牢，留下足够的本金，才会东山再起。

当然，一次性全部清仓的做法也不足取。一是投资者难以找到最佳减持点位，二是从心理上来讲也下不了手，反而会一直拖延下去。

在“三三制”交易法下，首先减仓 1/3，留下 2/3 继续观望。如果股价反弹，那么还有 2/3 的股票没有错过收益；如果股价下跌，至少有 1/3 的股票挽回了损失。如此这样，心态会相对好一些。心态一好，也就会容易发现自己的错误，及时纠错，以便把握新的投资机会。

第三节

甄别“黑天鹅”，把握罕见机会

有一个修理管道的故事，说是有一个管道修理师傅来到居民家里，进门后，看似随意敲了一下管子就解决了问题。师傅要收 100 元的修理费，居民很惊讶，说你只不过是敲了一下管子而已嘛。师傅说，是的，敲管子只收 5 元，而知道在哪里敲则收 95 元。

一般来讲，一个正确的交易行为至少包括三个要素：买什么、何时买、何时卖。知道买什么并不难，知道在何时买、何时卖要比知道买什么难得多。

巴菲特、彼得·林奇等投资大师的投资组合每年乃至每月都会公布，但是世上并没有人靠模仿这些组合，成为巴菲特第二或彼得·林奇第二。

原因也很简单，很多人只是“知其然”，但是并不“知其所以然”。巴菲特或彼得·林奇的组合可以复制，但是巴菲特或彼得·林奇的投资思路却无法复制。

事实上，很少有人会跟着巴菲特或彼得·林奇的组合去买股票，他们甚至觉得自己更聪明，按自己的来做收益更高。

一般来讲，有两种差别较大的买入风格。

一种是较保守的投资风格。在这种风格下，当股票估值横比纵比均很低时才行买入，即估值不但与当前其他股票相比很低，而且从历史上看也很低。投资大师本杰明·格雷厄姆是这种风格的倡导者，格雷厄姆被称为“低风险”投资家，建议投资者购买尽量低估的股票并尽量实现多元化组合。

另一种是较激进的投资风格。投资大师菲利普·费雪是这种风格的代表，他和本杰明·格雷厄姆恰恰相反，被称为“高风险”投资家。费雪认为对于成长型企业，在任何时候任何价格都可以介入。费雪倾向于重仓持有高成长型股票，其组合也高度集中化，仅买入极少品种的股票。费雪成功投资的股票是摩托罗拉和德州仪器，投资 20 年回报约 20 倍。

总起来讲，两种风格各有利弊。就像刀和枪两种武器，各有所长。投资者应当结合自己的性格、年龄、资金量、专业能力等要素来确定自己的投资风格。刀也好，枪也罢，总之要扬长避短。

费雪被称为最伟大的成长型投资大师，格雷厄姆被称为价值型投资之父，他们同为巴菲特的启蒙老师，巴菲特吸取了两者的理念与精髓，并融会贯通到自己的投资实践中，形成了自己独有的投资风格，可谓“刀枪”合一。

就中国股市实践来看，成长性要比估值更重要一些，费雪风格比格雷厄姆风格似乎更有效一些。

这是因为，就某一时点而言，你很难判断出股票的估值是高还是低。估值的认定标准常用的是市盈率(PE)和市净率(PB)。就说市净率，比方说一台印钞机的PB怎么算？是不是它印出的钞票除以这台机器的购买价格？这样一算，印钞机的PB是不是大得惊人？难道这就高估了吗？还有茅台，有人说茅台市净率10倍以上，银行股市净率才1倍左右，所以茅台严重高估。可你看看茅台那些生产设备，坛坛罐罐包装机什么的，相比产品的售价，简直可以忽略不计。况且，茅台净资产里大部分都是现金，它账上有1000多亿元现金在那儿趴着呢。所以，以这样的估值标准来判断企业的价值，是不是有些生搬硬套？

事实上，印钞机的好坏，是看它的印钞能力；企业价值的高低，是看它的赚钱能力。估值指标永远只能做参考，唯指标论，不去把握企业的基本面，不分析企业核心竞争力，其实是本末倒置了。

再说，你说很多股票高估了，比如在某个时点，很多绩优股如贵州茅台、恒瑞医药、海天味业、迈瑞医疗、药明康德、长春高新、片仔癀、我武生物等，单看市盈率，确实不低，可过一阵子，当它们业绩继续增长，股价也涨上去了，再回过头来看，当初对股价过高的估值判断，是不是太武断了，是不是被蒙蔽了眼睛？所以说，价格的高低，以及估值的高低，很难说清楚。所谓价格，即非价格，只是明面的价格，未来的价格，肯定和当下的价格不一样。当下的价格，谁说就一定是对的？我们真的就能定出当下价格的高低吗？真的看看所谓的估值就能决定股票的买卖吗？

目前的A股，实际投资组合中，费雪风格的股票，权重可以适当多一些。有的股票虽然有点高估，但由于成长性好，业绩增长快，略高的估值会被逐渐修正。

反过来讲，如果企业缺乏成长性，虽然估值很低，但是业绩增长缓慢，市场对此类股票也会渐渐失去耐心，给予的估值可能一直很低，股价持续低迷。

拿目前的银行股来说，普遍低估，PE低的如四大行工农中建只有五六倍的样子，高的如招行PE约10倍的样子。10年来，得益于良好的成长性，招行估值一直高于其他银行股很多，看起来似乎比较贵一些。但看看10年的走势，其他银行股如今刚刚涨回到原来的价格，招行股价却一马领先，股价已经翻倍，比其他银行股多涨了1倍。

一般情况下，由于品牌溢价因素，消费股估值会高于其他股票。品牌商誉越高，内涵越丰富，估值溢价越高。面对高估值，投资者望而却步，习惯性采取观望的态度，总想等股价调整一下，最好跌倒和其他股票一样的估值，再考虑买入。

事实上，消费股抗跌性较强，跌幅一般小于大盘。退一步讲，如果消费股真的跌过大盘了，投资者反而如同叶公好龙，缩手缩脚，担心公司出了什么还没公布的大事情，不敢买进。

其实，回过头来看，对于10年10倍股，股票可以从1元涨到10元，其实在任何价位买入，都不晚。比如以1.5元的价格买入，虽然多付了50%，但对于未来10元的价格，这点差别有那么重要吗？

估值和成长性永远是一对矛盾，估值低，股票的成长性一般不好，成长性好的股票估值肯定不便宜。就像女人的外貌和脾性，常常难以兼得。又低估、成长性又好的股票是稀缺品，出现的机会稍纵即逝，可遇而不可求，通常很难碰得到。但如果真地出现了，那就是千载难逢的建仓良机。

品牌是一把双刃剑。在正常情况下，企业为维持来之不易的品牌美誉度，会不断提高产品品质，投入资源加强品牌壁垒效应，为业绩提供保证。但是如果遭受一次突发危机事件，由于具有较高的知名度，负面冲击相应也很大，在短时间内会对市场和消费者心理造成重大冲击，致使股价遭遇重挫，出现深度调整，这时很有可能提供了绝佳买点。

中国资本市场出现过很多个股“黑天鹅”案例，如三聚氰胺事件之于伊利、蒙牛，自当时阶段低点算起，10年后，蒙牛股价上涨约10倍，伊利涨幅达20多倍。再如塑化剂事件之于茅台，自2014年初阶段低点起，5年后，茅台股价累计上涨10多倍。

不过，并不是所有的企业都能从危机事件中走出来。有些企业经历危机事件后大伤元气，一蹶不振，业绩反而不如以往。

能否从危机事件中快速走出来，不但是对管理层经营能力的考验，也是对该品牌客户忠诚度的考验。因此，危机事件要结合企业基本面、行业背景、品牌忠诚度、品牌寿命等综合因素来考量。

比如三聚氰胺事件之于伊利、蒙牛，如果连伊利、蒙牛这样的龙头企业都出现了食品安全事件，整个行业也好不到哪里去。企业可能会倒闭，但是行业不会消失，消费者不可能因为出现过一次食品安全事件而改掉喝牛奶的习惯。因此，经过整顿后，消费者还是会选择这些龙头品牌企业的产品。

需要注意的是，对于一些替代性较强的品牌产品来说，可能要另外考虑。例如，一条“八瓶三株口服液喝死一位老汉”的报道，就足以将三株这个曾经无比辉煌的企业彻底打垮。保健品毕竟属于可替代品，况且平时也不常吃，当事情发生时，消费者要么不再吃，要么转而吃其他品牌的保健品，于是这家企业就很可能倒掉。

第四节
家庭资产配置的“三三制”

根据经济学常识，就一个国家而言，社会财富可划分为存量和流量。简单来讲，存量是历年 GDP 的剩余累计数，流量是本年 GDP 的新增量。

就一个家庭而言，家庭财富同样可分为存量和流量。存量就是现有的财产总量，包括动产及不动产，流量就是本年的总收入。显然，家庭存量财富是历年收入的剩余累计数及其孳息。

作为 GDP 核算方法的收入法可以把以上概念贯通联结起来。收入法核算 GDP，即从收入的角度，把生产要素(资本要素和劳动要素)在生产中所得到的各种收入相加来计算，具体来讲，就是把劳动者得到的工资、资本所有者得到的利息及利润相加来计算，计算公式可简化为：GDP＝劳动者报酬+生产税净额+固定资产折旧+营业盈余。

由此可见，GDP 在总量上流向了三个渠道，即劳动者、政府和资本方。劳动者对应于劳动收入；政府对应于税收；资本方对应于固定资产折旧和营业盈余，其中折旧是对初始投资的补偿，即对设备、厂房等生产性资本投入的补偿。

于是，我们就可以把天底下所有工作类型划分为两类：打工者和老板。打工者主要获得劳动报酬，老板主要获取资本收益。显然，谁都想从打工者变为老板，但老板的资本也不是天上掉下来的，归根结底，老板之所以有钱，那是其原始劳动收入经长年累月积攒，运营有道，钱生钱的结果。

那么，对于普通家庭而言，可不可以把工资收入节省出来，通过投资的方式，获取尽可能多的财产性收入，从而实现从打工者到老板的身份转变呢？这看起来似乎是可行的，但答案基本是否定的，因为成功的可能性微乎其微，在统计学上没有意义。

原因在于，我们忽视了一个事实，即几乎每一个成功的老板，其发家致富用的并不是自己的钱，而是别人的钱。因为他用对了别人的钱，从而才成就了自己。不信，看看媒体上那些创业大咖们，哪一个不是争取到了别人的投资才把自己的企业做大的？就连投资大师巴菲特、索罗斯、彼得·林奇等，哪一个不是通过成功打理了别人的钱，才让自己有钱的？

有句俗话：玩自己的钱是农民，玩别人的钱才叫金融，说的就是这个道理。可见，哪怕是老板或资本家，严格来讲，其主要的收入并不是财产性收入，而是劳动收入。

所以说，天底下有无数的普通家庭，如果每一个家庭都拿出全部积蓄投入股市，多少有些不理智。

资本市场有两个根本属性：风险性和波动性。

风险性是股权和债权的根本区别之一，只要是投资于企业，做了企业股东，那就必然要承担企业经营不善甚至破产倒闭的风险。客观讲，这种风险应由全社会来承担，金融则承担中介的角色，表现形式就是由专业的投资机构接受委托来运作这部分资金，将风险分散化，个人或家庭是没有能力承担、也承担不起这样的风险的。

波动性是股权(PE)投资和股票投资的主要区别之一。由于资本市场价格的虚拟性，同样一个企业，业绩稳定上升，如果没有上市，你会觉得不错；如果上市了，遭遇熊市，股价可能跌落一半，你很可能会坐不住，在很低的价位抛掉了。

在资本市场，投资者可能没输在价值判断上，而输在心理承受能力上。

可以借鉴的建议是，把家庭每月收入的剩余分成三份，采取“三三制”的资产配置办法，即一份配置股权，如股票或股票型基金；一份配置债权(包括信托)，如债券或债券型基金或理财产品；一份配置不动产如房产，形式上可以是按揭购房还贷，也可以是房产投资。三者兼顾，不可偏废。

那种把全部所得只用于炒股、或只买房、或只买理财产品(包括P2P 等)的做法都是不足取的，这很有可能让你遇到大类资产错配风险，而且也很难纠错。

如果这样做，那就意味着在全部资产中，股票投资只占约 1/3。即使股票投资全部满仓操作，也会多一份从容，把精力放在企业基本面研究上，不再被短期的价格波动所干扰，“不忘初心”(当初建仓逻辑)，拿得住这些好股票，预期的投资回报自然最终水到渠成。